新编21世纪高等职业教育精品教材 / 财务会计类 / 中国特色高水平高职学校建设项目成果 / 浙江省普通高校"十三五"新形态教材 / 浙江省会计优势专业建设项目成果

Operations Management

营运管理

主编◎雷 舰

中国人民大学出版社

·北京·

前言

为促进各单位（包括企业和行政事业单位）加强管理会计工作，提升内部管理水平，促进经济转型升级，财政部于2016年印发《管理会计基本指引》。在高职院校财务管理中引入管理会计，可对高职院校营运管理、全面预算管理、成本控制、绩效评价、投融资风险管理等方面进行多维度、全过程、精细化的管理，使高职院校财务管理更加科学化、制度化。同时，为了更好地进行高职会计专业（群）人才培养，整合现有财务管理专业国家教学资源库（备选库）资源，优化财会类专业课程逻辑结构，我们特编写了本教材。

本教材采用新型立体化教材开发技术，通过组建由课程专家、行业专家、骨干教师组成的教材开发团队，对教材相关知识点、技能点、能力点进行认真分析和研讨，以《管理会计基本指引》和相关会计专业技术资格考试大纲为参考标准，结合高职学生特点重构了相关知识与能力目标，合理地选择教学案例，设计学习领域情境，搭建了各类课程立体化教学资源，使得教材结构能够更好地与工作过程相对接，最大限度地培养学生的专业能力、方法能力和社会能力。在体例上，本教材以理论知识与专业实践相结合、专业学习与职业考证相结合为原则，按照高职学生的认知规律，设计与编写项目具体岗位内容，每一个项目包括知识目标、能力目标、素养目标、引导案例、项目小结、知识巩固与技能训练等主要内容。

本教材由长期从事会计教学与科研的骨干教师和会计行业实务专家共同编写，由雷舰老师担任主编，拟定编写大纲，对全书进行总撰和定稿；浙江金融职业学院彭博老师、廖子乐老师参与了相关课程资源的建设工作。由于编者专业水平和实践经验有限，书中难免存在不足之处，敬请各位读者批评指正。

编者

2022年10月

目录

项目一

认知营运管理和营运资金

【知识目标】

- 理解营运管理的概念
- 理解营运资金的概念及特点
- 熟悉营运管理的相关理论
- 理解营运资金管理的原则
- 掌握营运资金管理的目的
- 理解营运资金管理的影响因素

【能力目标】

- 能够识别并理解营运管理应用环境
- 能够掌握营运管理的程序

【素养目标】

- 培养学生爱岗敬业、忠于职守、尽心尽力的敬业精神
- 培养学生诚实守信的品质，说老实话，办老实事，不弄虚作假，不泄露机密
- 培养学生全面熟悉本单位营运管理应用环境、主动加强营运资金管理的职业精神

任务 1

认知营运管理

一、理解营运管理的概念

营运管理，是指为了实现企业战略和营运目标，各级管理者通过计划、组织、指挥、协调、控制、激励等活动，实现对企业生产经营过程中的物料供应、产品生产和销售等环节的价值增值管理。

（一）形成闭环管理

企业进行营运管理，应区分计划（Plan）、实施（Do）、检查（Check）、处理（Act）四个阶段（简称 PDCA 管理原则），形成闭环管理，使营运管理工作更加条理化、系统化、科学化。

（二）营运管理工具

营运管理领域应用的管理会计工具方法，一般包括本量利分析、敏感性分析、边际分析和标杆管理等。

企业应根据自身业务特点和管理需要等，选择单独或综合运用营运管理工具方法，以更好地实现营运管理目标。

扫一扫

知识拓展：本量利分析

扫一扫

知识拓展：利润敏感性分析

（三）营运管理程序

企业应用营运管理工具方法，一般按照营运计划的制定、营运计划的执行、营运计划的调整、营运监控分析与报告、营运绩效管理等程序进行。

二、识别营运管理应用环境

（一）理解营运管理应用环境

企业营运管理的应用环境包括组织架构、管理制度、信息系统以及相关外部环境等。

1. 组织架构

组织架构是企业的流程运转、部门设置及职能规划等最基本的结构依据，常见的组织架构形式包括中央集权制、分权制、直线式以及矩阵式等。同时，组织架构也指企业按照国家有关法律法规、股东会议、企业章程，结合本企业实际，明确董事会、监事会、经理层和企业内部各层级机构设置、职责权限、人员编制、工作程序和相关要求的制度安排。

2. 管理制度

管理制度是对一定的管理机制、管理原则、管理方法以及管理机构设置的规范。它是实施一定的管理行为的依据，是社会再生产过程顺利进行的保证。合理的管理制度可以简化管理过程，提高管理效率。管理制度由具有权威的管理部门制定，在其适用范围内具有强制约束力，一旦形成，不得随意修改和违规。

3. 信息系统

信息系统是由计算机硬件、网络和通信设备、计算机软件、信息资源、信息用户和规章制度组成的以处理信息流为目的的人机一体化系统。信息系统主要有五个基本功能，即对信息的输入、存储、处理、输出和控制。

4. 外部环境

企业外部环境，是对企业外部的政治环境、社会环境、技术环境、经济环境等的总称。企业战略重新评审不仅要对企业当前使命、目标、战略、政策进行评价，而且要对企业环境进行分析，以确定其中所存在的关键战略要素。

（二）建立健全组织架构

为确保营运管理的有序开展，企业应建立健全营运管理组织架构，明确各管理层级或管理部门在营运管理中的职责，有效组织开展营运计划的制定审批、分解下达、执行监控、分析报告、绩效管理等日常营运管理工作。

（三）建立健全管理制度体系

企业应建立健全营运管理的制度体系，明确营运管理各环节的工作目标、职责分工、工作程序、工具方法、信息报告等内容。

（四）建立完整的信息系统

企业应建立完整的业务信息系统，规范信息的收集、整理、传递和使用等，有效支持管理者决策。

三、营运管理程序

（一）制定营运计划

1. 理解营运计划概念

营运计划，是指企业根据战略决策和营运目标的要求，从时间和空间上对营运过程中各种资源所作出的统筹安排，主要作用是分解营运目标，分配企业资源，安排营运过程中的各项活动。

2. 营运计划分类

（1）按计划的时间，营运计划可分为长期营运计划、中期营运计划和短期营运计划。

（2）按计划的内容，营运计划可分为销售、生产、供应、财务、人力资源、产品开发、技术改造和设备投资等。

3. 遵循原则

（1）系统性原则。企业在制定计划时不仅应考虑营运的各个环节，还要从整个系统的角度出发，既要考虑大系统的利益，也要兼顾各个环节的利益。

（2）平衡性原则。企业应考虑内外部环境之间的矛盾，有效平衡可能对营运过程中的研发、生产、供应、销售等存在影响的各个方面，使其保持合理的比例关系。

（3）灵活性原则。企业应当充分考虑未来的不确定性，在制定计划时保持一定的灵活性和弹性。

4. 营运计划制定注意要点

（1）企业在制定营运计划时，应以战略目标和年度营运目标为指引，充分分析宏观经济形势、行业发展规律以及竞争对手情况等内外部环境变化，同时还应评估企业自身研发、生产、供应、销售等环节的营运能力，客观评估自身的优势和劣势以及面临的风险和机会等。

（2）企业在制定营运计划时，应开展营运预测，将其作为营运计划制定的基础和依据。企业应用多种工具方法制定营运计划时，应根据自身实际情况，选择单独或综合应用预算管理工具、平衡计分卡、标杆管理等管理会计工具方法；同时，应充分应用本量利分析、敏感性分析、边际分析等管理会计工具方法，为营运计划的制定提供具体量化的数据分析，有效支持决策。

扫一扫 知识拓展：平衡计分卡

扫一扫 知识拓展：标杆管理

（3）企业应当科学、合理地制定营运计划，充分考虑各层次营运目标、业务计划、管理指标等方面的内在逻辑联系，形成涵盖各价值链的、不同层次和不同领域的、业务与财务相结合的、短期与长期相结合的目标体系和行动计划。

（4）企业应采取自上而下、自下而上或上下结合的方式制定营运计划，充分调动全员积极性，通过沟通、讨论达成共识。

（5）企业应根据营运管理流程，对营运计划进行逐级审批。企业各部门应在已经审批通过的营运计划基础上，进一步制定各自的业务计划，并按流程履行审批程序。

（二）执行营运计划

1. 分解落实

经审批的营运计划应以正式文件的形式下达执行。企业应逐级分解营运计划，按照横向到边、纵向到底的要求分解落实到各所属企业、部门、岗位或员工，确保营运计划得到充分落实。

2. 逐月下达

经审批的营运计划应分解到季度、月度，形成月度的营运计划，逐月下达、执行。各企业应根据月度的营运计划组织开展各项营运活动。

3. 建立监控机制

企业应建立配套的监督控制机制，及时记录营运计划执行情况，进行差异分析与纠偏，持续优化业务流程，确保营运计划有效执行。

4. 滚动预测

企业应在月度营运计划的基础上，开展月度、季度滚动预测，及时反映滚动营运计划所对应的实际营运状况，为企业资源配置的决策提供有效支持。

（三）调整营运计划

1. 调整原则

营运计划一旦批准下达，一般不予调整。宏观经济形势、市场竞争形势等发生重大变化，导致企业营运状况与预期出现较大偏差的，企业可以适时对营运计划作出调整，使营运目标更加切合实际。

2. 分析评估不确定因素

企业在营运计划执行过程中，应关注和识别存在的各种不确定因素，分析和评估其对企业营运的影响，适时启动调整原计划的有关工作，确保企业营运目标更加切合实际，更合理地进行资源配置。

3. 分析调整方案影响

企业在作出营运计划调整决策时，应及时分析和评估营运计划调整方案对企业营运的影响，包括对短期的资源配置、营运成本、营运效益等的影响以及对长期战略的影响。

4. 规范营运计划的调整

企业应建立营运计划调整的流程和机制，规范营运计划的调整。营运计划的调整应由具体执行的所属企业或部门提出调整申请，经批准后下达正式文件。

（四）营运监控分析与报告

企业的营运监控分析，是指以本期财务和管理指标为起点，通过指标分析查找异常，并进一步揭示差异所反映的营运缺陷，追踪缺陷成因，提出并落实改进措施，不断提高企业营运管理水平。

1. 建立营运监控体系

为了强化营运监控，确保企业营运目标的顺利完成，企业应结合自身实际情况，按照日、周、月、季、年等频率建立营运监控体系，并按照PDCA管理原则，不断优化营运监控体系的各项机制，做好营运监控分析工作。

2. 监控的基本任务

营运管理监控的基本任务是发现偏差、分析偏差和纠正偏差。

（1）发现偏差：企业通过各类手段和方法，分析营运计划的执行情况，发现计划执行中的问题。

（2）分析偏差：企业对营运计划执行过程中出现的问题和偏差原因进行研究，采取有针对性的措施。

（3）纠正偏差：企业根据偏差产生的原因采取有针对性的纠偏对策，使企业营运过程中的活动按既定的营运计划进行，或者按照《管理会计基本指引》对营运计划进行必要的调整。

3. 监控分析内容

企业营运监控分析至少应包括发展能力、盈利能力、偿债能力等方面的财务指标，以及生产能力、管理能力等方面的非财务内容，并根据所处行业的营运特点，通过趋势分析、对标分析等工具方法，建立完善营运监控分析指标体系。

4. 监控分析步骤

（1）明确营运目的，确定有关营运活动的范围；

（2）全面收集有关营运活动的资料，进行分类整理；

（3）分析营运计划与执行的差异，追溯原因；

（4）根据差异分析采取恰当的措施，并进行分析和报告。

5. 建立监控机制

企业应建立预警、督办、跟踪等营运监控机制，及时对营运监控过程中发现的异常情况进行通报、预警，按照PDCA管理原则督促相关责任人将工作举措落实到位。企业应将营运监控分析的对象、目的、程序、评价及改进建议形成书面分析报告。分析报告按照分析的范围及内容可以分为综合分析报告、专题分析报告和简要分析报告，按照分析的时间分为定期分析报告和不定期分析报告。

（五）营运绩效管理

1. 建立绩效管理委员会

企业可以建立营运绩效管理委员会、营运绩效管理办公室等不同层级的绩效管理组织，明确绩效管理流程和审批权限，制定绩效管理制度。

2. 制定绩效管理指标体系

企业可以以营运计划为基础，制定绩效管理指标体系，明确绩效指标的定义、计算口径、统计范围、绩效目标、评价标准、评价周期、评价流程等内容，确保绩效指标具体、可衡量、可实现、相关以及具有明确期限。

3. 落实绩效管理指标

绩效管理指标应以企业营运管理指标为基础，做到无缝衔接、层层分解，确保企业营运目标的落实。

任务 2 认知营运资金

引导案例

***ST 猛狮 2019 年上半年亏损 4.3 亿元，营运资金紧张**

【背景资料】

*ST 猛狮 2019 年上半年实现营业收入 5.34 亿元，同比下滑 29.26%；净利润为 −4.29 亿元，上年同期为 −3.08 亿元；扣除非经常性损益后净利润为 −2.89 亿元，上年同期为 −3.44 亿元。

报告期内，公司实现营业收入 5.34 亿元，同比下滑 29.26%，主要是因为公司业务开展受制于营运资金紧张的状况，营业收入下降。

报告期内，公司各板块的经营规模及相关业务的开展均受制于资金状况，导致公司整体营业收入低于上年同期，且处于经营亏损状态。但是公司通过经营战略调整和业务调整，取得一定的成效，扣除非经常性损益后的亏损金额已较上年同期有明显的下降。由于公司逾期债务问题暂未能解决，按原合同计提相关罚息违约金数额较大，因此整体亏损比上年同期上升。

资料显示，锂电池业务为公司主要核心业务，包括锂离子电芯制造、蓄电池系统（PACK）、电池管理系统（BMS）研发制造及锂电池回收等。公司研发生产三元锂离子电池、磷酸铁锂电池，包括圆柱、方形及软包三种形态，主要应用于新能源汽车和储能系统。

【思考讨论】

请简要分析 *ST 猛狮 2019 年营运资金紧张的原因。

一、识别营运资金及特点

（一）理解营业活动与营运资金关系

所有企业设立的目的都是盈利或创造价值，不同的只是为谁实现盈利或创造价值。但不管是为谁实现盈利或创造价值，都需要开展营业活动，而营业活动的开展都离不开资金的支持。因此，营运资金概念与营业活动紧密相连，对营业概念的不同理解，也就会有不同的营运资金概念。

1. 三种活动构成营业活动

企业的全部经济活动由经营活动、投资活动和筹资活动三部分构成。经营活动是为企业创造价值的主要业务，而投资活动则附属于经营活动而存在，并以服务于经营活动为目的。不论是从企业的使命，还是从资金运动的过程和内在逻辑来看，经营活动和投资活动才是具有共性的经济活动，也应该是企业的主要经济活动。经营活动与投资活动的共性就在于，一方面，两者都是企业运用资本旨在实现资本增值的活动，另一方面，两者都是企业的主要活动，如果企业没有了运用资本的经营活动和投资活动，筹资活动就失去了意义，因此，筹资活动必须依附于经营活动和投资活动而存在，是从属于经营活动和投资活动的辅助活动。将企业全部经济活动划分为营业活动（经营活动、投资活动）和筹资活动，既是企业营业观念拓展的体现，又是理顺业务和财务关系的科学选择。

2. 业务管理人员与财务管理人员对活动关注点不同

从事经营活动和投资活动的业务管理人员可能关心的是在这些日常运营活动中需要投入的流动资金总额，其心目中的营运资金就是指营业活动所占用的全部流动资产，而财务管理人员更关注营业活动的流动资金以及流动资金的融资需求，即营业活动的流动资金净需求，是指流动资产扣减营业活动自身可以融通的资金（如应付账款、预收账款、应付职工薪酬、应交税费等营业性流动负债）后的净额。

扫一扫

财务微课堂：营运资金的概念及管理目的

（二）掌握营运资金概念

营运资金是指在企业生产经营活动中占用在流动资产上的资金。营运资金有广义和狭义之分。

1. 广义营运资金

广义的营运资金是指一个企业流动资产的总额。这是一个具体的概念，主要用来研究企业资产的流动性和周转状况。而这些具体的营运资金控制、持有状况确定等的管理，是企业日常财务管理中的重要部分。广义营运资金的计算公式为：

广义营运资金＝流动资产总额

2. 狭义营运资金

狭义的营运资金是指流动资产减去流动负债后的余额。这是一个抽象的概念，并不特指某项资产，但它是判断和分析企业流动资金运作状况和财务风险程度的重要依据，这个概念主要在研究企业的偿债能力和财务风险时使用。因此，企业营运资金的持有状况和管理水平直接关系到企业的盈利水平和财务风险两个方面。营运资金的内容则包括流动资产的管理和流动负债的管理。狭义营运资金的计算公式为：

狭义营运资金=流动资产−流动负债

（三）掌握营运资金的特点

要想有效地管理企业的营运资金，就必须认真研究营运资金的特点，以便在企业营运资金运作过程中采取有针对性的措施。营运资金一般有以下特点：

1. 营运资金周转期短

企业占用在营运资金上的资金，周转速度较快，其周转期较短，通常是在一年或一个营业周期内收回。因此，企业在营运资金的供应上，可以根据这一特点，采用短期的筹资方式来解决，如短期银行借款、商业信用等。

2. 营运资金形态波动大

营运资金的实物形态除了按货币资产、储备资产、生产资产、成品资产、结算资产之间顺序转化外，其占用的数量也会随着企业内外经营条件的变化而变化，时高时低，波动很大。因此，企业在流动资产管理上，必须合理配置各项流动资产，并根据波动情况，随时调整其数量。

3. 营运资金变现能力强

营运资金中的大部分资产一般都具有较强的变现能力。即便在企业出现紧急状况时，相比长期资产，营运资金更容易变现而获得现金，以满足企业生产经营中的急需。

4. 营运资金来源多而灵活

营运资金的来源渠道多，其筹集的形式也多，期限的选择较为灵活。

二、熟知营运资金管理的理论

（一）理解基于要素的营运资金管理理论

1. 要素分类

由于营运资金贯穿于整个经营活动，伴随着企业的增值过程，因此分析各类具体营运资金项目对企业营运资金效率的影响对于提升企业营运资金管理具有重要的意义。但要素分类侧重于对单个项目（如存货、应收应付账款）资金运用效率的关注，人为地将本来密切相关的各项目分开研究，忽略了营运资金管理的整体性。划分方式见表1-1。

表 1-1　基于要素的营运资金管理项目

流动资产项目	流动负债项目
货币资金	短期借款
应收账款	应付账款
应收票据	应付票据
应收利息	预收账款
预付账款	应付职工薪酬
其他应收款	应交税费
存货	其他应付款
其他流动资产	其他流动负债

2. 基于要素的营运资金管理内容

基于要素的营运资金管理，实质上就是对企业流动资产、流动负债各项目进行的管理活动，主要包括应收应付账款的管理及对企业存货的管理。

(1) 应收账款管理。应收账款是企业将产品赊销给客户而产生的。通常情况下，企业为了能够在不断加剧的市场竞争中求发展，会采取赊销的方式销售商品，扩大市场份额。企业一般用应收账款回收率这一指标衡量其管理绩效。如果出现大量的应收账款不能收回，即企业的坏账损失，会很大程度上增加营运风险。

(2) 应付账款管理。伴随着经济的逐步发展，愈来愈多的企业逐渐开始关注商业信用的使用。最初对商业信用的使用方式是企业的应付账款，这是由于企业从供应商处取得材料，但并未第一时间支付货款而产生的，供应商给予企业一段时间的缓冲。后来，应付票据这一方式也得以发展。企业短期资本主要得益于这两种方式的运用，但是需要明确的是，企业在运用这两种方式时，应权衡利弊，不能因为无限拖延货款而影响与供应商的关系。

(3) 存货管理。存货包括库存商品、在产品、原材料等。企业为应对市场波动，通常会在仓库中存放一定数额的存货，以保证生产需求，而且充足的存货也可以满足不同客户的不同偏好。但是囤积过多的存货，不可避免地会增加相应的管理成本，如支付给管理人员的工资、仓储费及保险费等，如果将这些资金用于其他项目，必然会增加企业的利润。存货管理的最终目的是科学、合理地权衡成本与收益，使用尽可能低的成本为企业带来更高的收益。

(二) 理解基于渠道的营运资金管理理论

1. 渠道分类

当要素理论的弊端显现出来之后，学者们开始探索新的分类方式，逐渐引入渠道管理理论，并开始将营运活动划分为采购活动、生产活动和营销活动。这样的划分方式，可以使得企业对营运资金采取更合理、更有效的管理。

2. 渠道内容

（1）采购渠道。采购渠道是指将生产活动所需要的材料、产品从供应商转移到企业仓库所经过的路线。这一环节关乎着企业的采购计划执行，包括企业能否购买到质优价廉的原材料，企业采购数量是否合适，避免发生不必要的仓储成本等问题。现代企业对于供应链的重视程度也在不断增加，而采购活动就是其中重要的一环，企业应该与供应商建立和谐关系，这不仅能够保障企业的采购途径，降低成本费用，最为重要的是，还可以使企业利用商业信用，延迟采购款的支付，起到融资作用。但企业也不能毫无节制地无偿占用这部分资金，避免长期建立的信用遭到破坏。

（2）生产渠道。生产渠道是连接采购渠道和营销渠道的桥梁，企业产品在这一渠道生产，并且达到增值目的。这一环节主要包括企业还在加工过程中的在产品，若在产品数量过多，不仅会造成存储成本的增加，也意味着其占用了更多资金。对于应付职工薪酬，因为企业的薪资通常存在预提的情况，所以会在短期内无偿占用职工的工资，企业应将其合理利用，提高资本使用率。其他应收与应付款通常是由于企业非日常经营活动产生的，但企业也不能忽视对它们的管理，尽量合理地使用资金。

（3）营销渠道。营销渠道是企业实现价值增值的最直接的途径，企业采购原材料将其加工成产成品，最终还是要将产品销售出去才能达到资金回笼的目的。企业的这一渠道直接面向客户，关乎着市场份额的扩充和销售收入的实现，企业必须加以重视。另外，企业也应重视营销人员的职业素养，掌握市场动态，确保良性的资金循环过程。

三、营运资金管理的原则及目的

（一）营运资金管理原则

企业的营运资金在全部资金中占有相当大的比重，而且周转期短，形态易变，是企业财务管理工作的一项重要内容。实证研究也表明，财务经理的大量时间都用于营运资金的管理。企业进行营运资金管理，应遵循以下原则：

1. 保证合理的资金需求

企业应认真分析生产经营状况，合理确定营运资金的需要数量。企业营运资金的需求数量与企业生产经营活动有直接关系。一般情况下，当企业产销两旺时，流动资产会不断增加，流动负债也会相应增加；而当企业产销量不断减少时，流动资产和流动负债也会相应减少。营运资金的管理必须把满足正常合理的资金需求作为首要任务。

2. 提高资金使用效率

加速资金周转是提高资金使用效率的主要手段之一。提高营运资金使用效率的关键就是采取得力措施，缩短营业周期，加速变现过程，加快营运资金周转。因此，企业要千方百计地加速存货、应收账款等流动资产的周转，以便用有限的资金服务于更大的产业规模，为企业取得更好的经济效益提供条件。

3. 节约资金使用成本

在营运资金管理中，企业必须正确处理保证生产经营需要和节约资金使用成本两者之间的关系。企业要在保证生产经营需要的前提下，遵守勤俭节约的原则，尽力降低资金使用成本。一方面，企业要挖掘资金潜力，盘活全部资金，精打细算地使用资金；另一方面，企业要积极拓展融资渠道，合理配置资源，筹措低成本资金，服务于生产经营。

4. 保持足够的短期偿债能力

偿债能力的高低是企业财务风险高低的标志之一。合理安排流动资产与流动负债的比例关系，保持流动资产结构与流动负债结构的适配性，保证企业有足够的短期偿债能力是营运资金管理的重要原则之一。流动资产、流动负债以及两者之间的关系能较好地反映企业的短期偿债能力。流动负债是在短期内需要偿还的债务，而流动资产则是在短期内可以转化为现金的资产。因此，如果一个企业的流动资产比较多，流动负债比较少，说明企业的短期偿债能力较强；反之，则说明短期偿债能力较弱。但如果企业的流动资产太多，流动负债太少，也不是正常现象，这可能是流动资产闲置或流动负债利用不足所致。

（二）营运资金管理目的

1. 管理目的

营运资金的管理目的必须符合企业整体财务管理的目的。一般来说，营运资金管理的目的是通过管理活动的实施，保证企业具有足够的流动性，并同时努力提高企业的盈利能力。企业应合理确定现金持有量，保持良好的流动资产结构，加快应收账款的回收等，使企业整个营运资金按照营运资金政策预定的目标运营，促使企业实现价值最大化。

2. 具体做法

为达到这一目的，在营运资金管理中，要求做好以下几点：(1) 合理确定企业营运资金的占用数量；(2) 合理确定短期资本的来源结构；(3) 加快资本周转，提高资本的利用效率。

【想一想】营运资金是不是持有越多越好？

四、营运资金影响因素

企业是一个资源投入与资源获取的循环，是一个内外协调平衡的经济生态系统。对企业循环的血液——资金流的影响因素包括两大方面：一方面是不可控的因素——外部环境，被动接受和适应，动态关注及规避风险；另一方面是可控因素——内部管理，效率因企业而异，主动控制并进行优化。企业的内部营运资金就在外部环境与内部管理中牵制流转，创造企业价值。

（一）外部环境因素

1. 宏观经济环境

企业的经济环境主要由社会经济结构、经济发展水平、经济体制和宏观经济政策四个要素构成。经济环境直接或间接地对企业战略、企业人力资源、企业财务、企业销售等方面的管理产生着广泛而深刻的影响。企业只有在充分注重对经济环境进行研究和分析的基础上，同时考虑到企业自身能力，才能制定出适应经济环境、企业发展的战略和对策，才能实现持续经营、快速发展的目标。

2. 产业环境

产业环境是指对处于同一产业内的组织都会产生影响的环境因素。与一般环境不同的是，产业环境只对处于某一特定产业内的企业以及与该产业存在业务关系的企业产生影响。企业产业环境调查应重点考察所处行业或想进入的行业的生产经营规模、产业状况、竞争状况、生产状况、产业布局、市场供求情况、产业政策、行业壁垒和进入障碍、行业发展前景等。

3. 组织环境

组织环境是一个组织生存的外部条件，它在影响一个组织的管理业绩方面有着极其重要的影响。在当代，由于全球化的影响，组织赖以生存的外部环境越来越趋于多变、剧变，因此管理者必须非常重视对环境因素的了解和认识。

（二）内部管理因素

1. 治理结构

要积极推行现代企业管理制度，利用现代企业科学合理的治理结构，明确相关各方责任、权利和义务，让企业能够自主理财，使企业能够真正从资产增值上获得财富的积累与有效分配资金的内在驱动力。

2. 资金管理体制

营运资金管理通常是指企业的流动资产管理和为维持流动资产而进行的短期融资活动管理。营运资金管理主要涉及营运资金适用数量和营运资金筹集的最佳方式，通过营运资金的政策安排，使两者适度结合，达到最佳营运资金管理效果。在营运资金管理中，企业需考虑该资产（除现金外）变现所需要的时间及该资产变现比率的稳定程度。营运资金管理包括两方面的内容，即营运资金的筹措管理和营运资金的运用管理。营运资金的筹措管理主要指企业利用内部资金转移机制实现资金的最佳配置，营运资金的运用管理主要在于确定现金、应收账款、存货等营运资金的最佳持有水平。

3. 商业模式、信息化水平

正确的商业模式选择对企业持续经营发展具有正向的影响，但是企业的营运资金管理必须与之相匹配，才能更有效地推动企业发展。在信息经济时代，管理者运用信息手段实现财务管理创新，营运资金管理也不例外，一个企业要维持正常的运转就必须拥有适量的营运资金，要运用现代信息手段来加强营运资金管理。

项目小结

营运管理，是指为了实现企业战略和营运目标，各级管理者通过计划、组织、指挥、协调、控制、激励等活动，实现对企业生产经营过程中的物料供应、产品生产和销售等环节的价值增值管理。

营运管理一般按照制定营运计划、执行营运计划、调整营运计划、营运监控分析与报告、营运绩效管理等程序进行。

营运资金有广义和狭义两种：一是广义营运资金，等于流动资产总额；二是狭义营运资金，等于流动资产减去流动负债的净额。

营运资金管理的目的是通过管理活动的实施，保证企业具有足够的流动性，并同时努力提高企业的盈利能力。

营运资金管理的相关理论包括资金周转理论、风险与收益权衡理论、渠道管理理论和客户关系管理理论。

营运资金管理应遵循以下原则：保证合理的资金需求、提高资金使用效率、节约资金使用成本、保持足够的短期偿债能力。

知识巩固与技能训练

一、单选题

1. 营运资金管理的首要任务是（　　）。

A. 满足合理的资金需求　　B. 提高资金使用效率

B. 节约资金使用成本　　D. 保持足够的短期偿债能力

2. 下列选项中，不属于营运资金的特点的是（　　）。

A. 来源具有灵活多样性　　B. 数量具有波动性

C. 实物形态具有一致性和易变现性　　D. 周转具有短期性

3. 下列各项中，可用于计算营运资金的算式是（　　）。

A. 资产总额－负债总额　　B. 流动资产总额－负债总额

C. 流动资产总额－流动负债总额　　D. 速动资产总额－流动负债总额

4. 营运资金管理的目的是（　　）。

A. 保证足够的流动性　　B. 保证足够的盈利性

C. 在保证盈利性的前提下保证流动性需求　　D. 以上观点都正确

5. 下列关于流动资产和流动负债的说法中，错误的是（　　）。

A. 流动资产具有占有时间短、周转快、收益高等特点

B. 企业拥有较多的流动资产，可在一定程度上降低财务风险

C. 流动负债又称短期负债，具有成本低、偿还期短的特点

D. 流动负债以应付金额是否确定为标准，可以分成应付金额确定的流动负债和应付金额不确定的流动负债

二、多选题

1. 关于企业持有较少的流动资产说法正确的有（　　）。

A. 公司会维持较高的流动资产与销售收入比率

B. 会导致较低的投资收益率

C. 原材料投资将从紧

D. 企业的营运风险较高

2. 某企业拥有流动资产 100 万元（其中永久性流动资产为 30 万元）、长期融资 400 万元、短期融资 50 万元，则以下说法正确的有（　　）。

A. 该企业采取的是激进融资战略　　B. 该企业采取的是保守融资战略

C. 该企业收益和风险均较高　　D. 该企业收益和风险均较低

3. 营运资金管理是企业财务管理工作中很重要的内容，其管理的范畴包括（　　）。

A. 流动资产管理　　B. 非流动资产管理

C. 流动负债管理　　D. 非流动负债管理

4. 某企业拥有流动资产 200 万元（其中永久性流动资产为 130 万元）、长期融资 400 万元、短期融资 150 万元，则以下说法正确的有（　　）。

A. 该企业采取的是激进融资战略　　B. 该企业采取的是保守融资战略

C. 该企业收益和风险均较高　　D. 该企业收益和风险均较低

5. 下列关于营运资金管理原则的说法，不正确的有（　　）。

A. 营运资金的管理必须把提高资金使用效率作为首要任务

B. 加速资金周转是提高资金使用效率的主要手段之一

C. 企业要千方百计加速存货、应收账款等流动资产的周转

D. 保持足够的偿债能力是营运资金的管理原则之一

三、判断题

1. 营运资金持有量越多越好。（　　）

2. 营运资金管理的目的是在保证流动性的前提下使得资产收益水平最大。（　　）

3. 广义的营运资金是流动资产减去流动负债后的余额。（　　）

4. 企业拥有较多的流动资产，可在一定程度上降低风险，提高收益。（　　）

四、计算题

钱塘公司 2021 年流动资产为 100 万元，流动负债为 80 万元，2021 年年末流动资产增长为 120 万元，流动负债增长为 90 万元。请问：钱塘公司 2021 年年初的营运资金为多少？2021 年年末的营运资金为多少？2021 年需要增加多少营运资金？

项目二

营运资金需求预测

【知识目标】

- 理解营运资金预测的重要性
- 熟悉营运资金需求量影响因素
- 掌握流动资金占用率和流动比率法
- 掌握销售百分比法
- 掌握资金习性预测法
- 熟悉营运资金预算的内容
- 掌握营运资金预算的方法
- 了解营运资金预算的编制程序

【能力目标】

- 能够运用流动资金占用率和流动比率法预测营运资金需求量
- 能够运用销售百分比法预测营运资金需求量
- 能够运用资金习性预测法预测营运资金需求量
- 能够编制营运资金预算

【素养目标】

- 培养学生爱岗敬业、忠于职守、尽心尽力的敬业精神
- 培养学生诚实守信的品质，说老实话，办老实事，不弄虚作假，不泄露机密
- 培养学生能够熟悉企业营运资金需求量的影响因素，并运用多种方法进行营运资金需求量预测

任务 1
分析营运资金需求量影响因素

引导案例

销售强劲却破产

【背景资料】

山西有一家小型机械生产企业，该企业的销售势头强劲，在大力营销的同时，小心谨慎地管理其存货与应收账款，但销售的增长导致其资产投资必须有更大的增长。该企业虽然盈利，但成长的投资需求远远超出其获取现金流量的能力。该企业为了维持生产能力和营销水平，不断举债，最后导致破产。

这家企业失败的关键性原因在于：成长投资需求的增长与现金流量的增长速度不相匹配，形成高额负债，债务比重加大了企业的财务风险，最终酿成财务危机。

现金流管理在中小企业发展中起着非常重要的作用。对于发展中的企业而言，以下几种情况将会导致现金流危机，必须引起足够重视：(1) 业务飞速成长的时期；(2) 潜在的付款周期到来；(3) 收款周期过长；(4) 存货过大，周转速度较慢时。因此，防范成长型企业出现现金流风险的重点是库存、应收款和应付款。

资料来源：王竹泉，孙莹．营运资金管理．北京：中国财政经济出版社，2016.

【思考讨论】

营运资金需求量的预测有何意义？

一、理解营运资金预测的重要性

透过企业破产实例中的“黑色倒闭”现象，营运资金管理的重要性可见一斑，这类“黑色倒闭”企业依然能够盈利，甚至盈利丰厚，但由于资金流断裂导致周转难以维系、到期债务无法及时偿还，看似立足短期的营运管理能力却成为企业能否长期健康发展的重要因素。如何安排营运资金投资并及时做好融资安排，实现营运资金流动性和盈利性的有机统一，成为营运资金管理研究的核心问题。一个财务管理者必须作出两个决策：一是企业运营需要多少营运资金，二是如何筹集企业运营所需要的营运资金。而进行有效的营运资金需求预测则成为该问题研究的重要方面，进行科学的营运投资需求预测是企业安排融资的重要依据，是企业营运资金管理的现实起点。

实务中，企业融资安排过程谨防出现因资金持有冗余导致的资金浪费问题，以及资金持有不足导致的资金链断裂危机，而无法进行科学的营运资金需求预测成为造成上述问题的直接原因之一，因此如何进行有效的营运资金需求预测意义显著。

二、营运资金需求量影响因素

企业生产经营活动对资金的需求，主要起因于资金运动过程的时间差，如收入和支出之间存在的时间差、企业付款和收款之间存在的时间差等。这种时间差是企业的生产经营活动性质所决定的，因此这种资金需求是企业正常运营的要求，只要企业运营就有营运资金需求。决定营运资金需求的因素主要有：

扫一扫

业务挂图：营运资金需求量影响因素

1. 企业的行业特点

一般地，创造附加价值低的企业（如商业企业），营运资金需求低；创造附加价值高的企业（如设备制造企业）生产与付款周期长，存货需求大，因而营运资金需求高。对于营运资金需求低的企业，营运资金管理的重点是如何利用短期资金，特别是闲置资金；对于营运资金需求高的企业，营运资金管理的重点是如何及时、合理地筹集资金和加速资金周转。弄清不同行业、不同企业资金管理的不同重点，是判断资金管理水平的重要依据。

2. 企业的生产规模

企业的资金需求和来源都随企业的经营规模而变化，因此营运资金需求也必然随生产经营规模而变化。随着企业生产规模的扩大，通常情况是企业资金需求和资金供应的矛盾更加突出，引起营运资金需求的增加。主要原因是：资金来源紧张，企业利息负担加重；资金占用不合理的情况多，资金大量沉淀。

3. 市场的变化

在物价上涨时期，营运资金需求会增加。对于工业企业，一方面，由于流动负债的增加，不足以抵补原材料涨价而增加的资金需求，另一方面，企业的应收账款并不能随通货膨胀而增值，这两方面促成企业的营运资金需求增加。在企业产品滞销的情况下，资金占用并不立即减少，也有可能形成营运资金需求的增加。

4. 企业资金管理水平

存货、应收账款、应付账款的管理，直接影响营运资金需求。加速存货和应收账款的周转，会使资金需求下降；顾客付款期的延长和企业支付期的缩短，也会使资金需求增加。对于资本密集型的企业来说，营业外支出如固定资产报废、出售净损失等支出，对流动资金的需求也有较大影响。

任务 2

预测营运资金需求量的基本方法

营运资金需求预测的基本方法主要有流动资金占用率和流动比率法、销售百分比法、资金习性预测法等，这些方法的共性就在于将资金需求量与销售收入或者业务量相联系。

一、流动资金占用率和流动比率法

运用这种方法可利用以下公式进行预测：

流动资金占用率＝流动资产/销售收入×100%

流动资产＝销售收入×流动资金占用率

流动比率＝流动资产/流动负债×100%

流动负债＝流动资产/流动比率

营运资金＝流动资产－流动负债

由于流动资产包括货币资金，流动负债包括短期借款，而短期借款又增加了货币资金，因此，短期借款不会改变营运资金的计算结果。那么，对于这种方式预测出的营运资金需求，其融资的途径是什么呢？通过增加短期借款是否可以有效缓解这种资金需求？这些是可以进一步思考的问题。

【工作实例 2-1】 钱塘公司为预测营运资金需求量，拟采用流动资金占用率和流动比率法预测下一年度营运资金需求量，公司当年流动资金占用率为 30%，流动比率为 2，预测下一年度两项比率保持不变，下一年度的销售收入大概为 2 000 万元。请确定公司下一年度的营运资金需求量。

解： 下一年度流动资产＝2 000×30%＝600（万元）

流动负债＝600/2＝300（万元）

下一年度营运资金需求总量＝600－300＝300（万元）

扫一扫

财务微课堂：销售百分比法预测资金需要量

二、销售百分比法

（一）基本原理

销售百分比法是以资金与销售额的比率为基础，预测未来资金需要量的一种方法，其原理是根据预计的销售额预测资金的需要量。根据资产负债表中资金占用与销售收入变动关系的不同，资产负债项目可以分为两类：一是与销售额的变动成同比例变动的项目，二是不随销售额的变动而变动的项目。在资产负债项目分类的基础上，作出预计的资产负债表，可以推算出在一定预计销量下的资金需要量。

销售百分比法有两个基本假设：一是假定某项目与销售额的比率已知且固定不变，二是假定未来销售预测已经完成。

销售百分比法的基本原理利用会计等式表示为：

资产＝负债＋所有者权益

追加筹资以后的等式可表示为：

资产＋Δ资产＝负债＋Δ自发性负债＋Δ外部负债＋所有者权益＋Δ留存收益＋Δ外部股权筹资额

还可以进一步转化为：

Δ资产＝Δ自发性负债＋Δ外部负债＋Δ留存收益＋Δ外部股权筹资额

（二）分析步骤

销售百分比法的具体步骤如下：

1. 将资产负债表中的资产负债项目划分为变动项目和不变项目

变动项目，是指随销售额的变动而同步变动的项目，主要包括货币资金、应收账款、存货等流动资产项目和应付账款、应付票据、应交税费等流动负债项目，但短期借款一般不作为变动项目。与变动项目相对应的是不变项目，如固定资产、长期投资、短期借款、长期负债和实收资本等，它们在短期内都不会随销售规模的扩大而相应改变。

2. 计算基年各变动项目销售百分比

其计算公式为：

某变动项目销售百分比＝该项目金额/销售额×100%

资产销售百分比＝各资产类变动项目销售百分比之和
＝资产类变动项目总金额/销售额×100%

自发性负债销售百分比＝各负债类变动项目销售百分比之和
＝负债类变动项目总金额/销售额×100%

3. 计算预计留存收益增加额（Δ留存收益）

其计算公式为：

Δ留存收益＝预计销售额×销售净利率×(1－股利支付率)

4. 计算外部融资需求量

其计算公式为：

外部融资需求量＝Δ资产－Δ自发性负债－Δ留存收益
＝资产销售百分比×新增销售额－自发性负债销售百分比×新增销售额－预计销售额×销售净利率×(1－股利支付率)

【工作实例 2-2】假设钱塘公司 2022 年的销售收入为 1 000 万元，销售净利率为 10%，净利润的 60%分配给投资者。2022 年 12 月 31 日的资产负债表（简表）见表 2-1。

表 2-1 资产负债表（简表）

2022 年 12 月 31 日　　单位：万元

资产	期末余额	负债和所有者权益	期末余额
货币资金	100	应付账款	150
应收账款	150	长期借款	450
存货	250	实收资本	300
固定资产净值	500	留存收益	100
资产总计	1 000	负债和所有者权益总计	1 000

该公司 2022 年计划销售收入比上年增长 20%。根据历年财务数据分析，公司流动资产与流动负债随销售额同比率增减，公司现有生产能力尚未饱和。假定该公司 2022 年的销售净利率和利润分配政策与上年保持一致，请预测该公司 2023 年外部融资需求量。

解： 预测该公司 2021 年外部融资需求量可通过如下步骤计算：

首先，计算资产和自发性负债的销售百分比：

$$\text{资产销售百分比}=(100+150+250)\div 1\,000\times 100\%=50\%$$

$$\text{自发性负债销售百分比}=150\div 1\,000\times 100\%=15\%$$

其次，计算外部融资需求量：

$$\begin{aligned}\text{外部融资需求量}&=\Delta\text{资产}-\Delta\text{自发性负债}-\Delta\text{留存收益}\\&=\text{资产销售百分比}\times\text{新增销售额}-\text{自发性负债销售百分比}\\&\quad\times\text{新增销售额}-\text{预计销售额}\times\text{销售净利率}\times(1-\text{股利支付率})\\&=1\,000\times 20\%\times 50\%-1\,000\times 20\%\times 15\%-1\,000\times(1+20\%)\\&\quad\times 10\%\times(1-60\%)\\&=22\ (\text{万元})\end{aligned}$$

三、资金习性预测法

（一）资金习性

扫一扫

财务微课堂：高低点法预测资金需要量

资金习性是指资金的变动同产销量变动之间的依存关系。按照资金同产销量之间的依存关系的不同，资金可分为不变资金、变动资金和半变动资金。

不变资金是指在一定的产销量范围内保持不变的那部分资金，如为维持营业而占用的最低数额的现金、固定资产和原材料的保险储备等。

变动资金是指随产销量变动而同比例变动的那部分资金，如最低储备以外的现金、存货、应收账款等。

半变动资金是指受产销量变动的影响，但不成同比例变动的资金，如一些辅助材料占用的资金。半变动资金也可以划分为不变资金和变动资金。

（二）资金习性预测法应用

资金习性预测法就是根据历史上企业资金占用总额与产销量之间的关系，把资金划分为不变资金和变动资金两部分，然后结合预计的销售量来预测资金需要量的一种方法。

资金习性预测法的基本预测模型为：

$$Y = a + bX$$

式中，Y 为资金占用量；X 为产销量；a、b 分别为不变资金和单位产销量所需的变动资金。

通过将历史数据代入模型，用高低点法或回归分析法得出 a、b 值后，再将预计销售量代入已知模型，即可计算出预计资金需要量。

1. 高低点法

高低点法是在相关范围内，根据资金量的最高点与产销量的最高点之间的线性关系，以及资金量的最低点与产销量的最低点之间的线性关系，推算出资金中不变资金（a）和单位产销量所需变动资金（b）的数值，进而计算出预测期的资金需要量。

根据资金习性预测法的基本预测模型可知：

$$Y_H = a + bX_H$$

$$Y_L = a + bX_L$$

根据上面两式解得：

$$b = \frac{Y_H - Y_L}{X_H - X_L}$$

$$a = Y_H - bX_H \text{或} a = Y_L - bX_L$$

$$y = a + bx$$

式中，x 表示预测期产销量；y 表示预测期资金需要量。

注意：高低点的选择以销量为依据。

【工作实例 2-3】某企业历史上资金占用与销售收入之间的关系见表 2-2。

表 2-2 企业销售收入与资金占用表

年份	销售收入（元）	资金占用（元）
1	120 000	80 000
2	140 000	90 000
3	136 000	88 000
4	160 000	100 000
5	158 000	110 000

要求：

（1）采用高低点法计算不变资金和单位变动资金。

（2）当第 6 年的销售收入为 190 000 元时，预测其需要占用的资金数额。

解：计算步骤如下：

（1）采用高低点法计算不变资金和单位变动资金：

根据高低点选取原则，应选择第 1 年和第 4 年分别作为低点和高点。

$b=(100\ 000-80\ 000)\div(160\ 000-120\ 000)=0.5$

$a=80\ 000-120\ 000\times 0.5=20\ 000$

$Y=20\ 000+0.5x$

（2）预测其需要占用的资金数额：

$Y=20\ 000+0.5\times 190\ 000=115\ 000$（元）

2. 回归分析法

回归分析法是根据有关历史资料，用数学上最小平方法原理，计算能代表平均资金水平的直线截距和斜率，建立回归直线方程，并利用其预测资金需要量的方法。

回归直线方程以及截距和斜率的计算公式为：

$$Y=a+bx$$

$$a=\frac{\sum x^2\sum y-\sum x\sum xy}{n\sum x^2-\left(\sum x\right)^2}$$

$$b=\frac{n\sum xy-\sum x\sum y}{n\sum x^2-\left(\sum x\right)^2}$$

【想一想】销售百分比法与资金习性预测法两者的共同点和区别在哪里？

【工作实例 2-4】某企业 2018—2022 年的产销量和资金占用量见表 2-3，请预测 2023 年产销量为 86 000 件时的资金需要量。

表 2-3　企业产销量与资金占用量

年度	产销量（x）（万件）	资金占用量（y）（万元）	xy	x^2
2018	8.0	650	5 200	64
2019	7.5	640	4 800	56.25
2020	7.0	630	4 410	49
2021	8.5	680	5 780	72.25
2022	9.0	700	6 300	81
合计	40.0	3 300	26 490	322.50

解：将表中数据代入截距和斜率的计算公式：

$$a=\frac{322.5\times 3\ 300-40\times 26\ 490}{5\times 322.5-40^2}=372$$

$$b=\frac{5\times 26\ 490-40\times 3\ 300}{5\times 322.5-40^2}=36$$

预计 2023 年产销量为 86 000 件时的资金需要量为：

$372+36\times 86\ 000=3\ 096\ 372$（元）

任务 3

资金需求量预算

一、营运资金预算的内容

营运资金根据用途不同分为经营活动营运资金和投资活动营运资金。经营活动营运资金根据具体业务流程类型不同，具体构成项目也不同。在采购流程中，营运资金项目主要包括应付票据、预付账款、应付账款、原材料、部分占用的固定资产等；在生产流程中，营运资金项目主要包括在产品库存、应付职工薪酬、其他应收款等；在销售流程中，营运资金项目主要包括产成品存货、应收账款、预收账款、应收票据、应交税费等。以上这些项目是流程管理模式下营运资金管理的主要对象，也是基于业务流程下营运资金预算管理的分解对象。营运资金预算内容即营运资金预算应当涵盖的范围主要有：营运资金项目的期初期末余额、当期发生额、在各业务流程环节的占用额、短缺额、闲置额等，以及通过这些基础内容计算分析得出以上的周转性、盈利性、整体性等指标。

（一）经营活动营运资金预算

经营活动营运资金预算是经营预算的组成部分，经营预算是指与企业日常业务直接相关的基本生产活动的预算，通常是在销售预算基础上编制而来的。

（二）营销渠道营运资金预算

营销渠道营运资金预算是经营活动营运资金预算的起点。

（1）销售收入预算（销售量预测）。销售收入预算是整个预算编制工作的起点，也是其他各项预算的主要编制依据，是对销售规模的估计。具体内容应包括预计销售收入、产品种类和型号、预计的货款回收速度等。

（2）营销费用预算。营销费用预算主要包括营销人员工资、业务招待费、差旅费、服务费、发货运输费、售后材料费和其他项目。

（3）营销渠道管理费用预算。营销渠道管理费用预算主要包括营销部门所发生的办公费等的预算。

（4）营销渠道固定资产预算。营销渠道固定资产预算是对营销都门固定资产的预算，包括固定资产购置、改扩建等方面的资金需求计划。

（三）生产渠道营运资金预算

生产渠道营运资金预算是生产预算的主要组成部分，生产预算是指规划期间对生产量的估计，即销售数量转换为预计生产量。生产预算是在销售预算的基础上编制的，生产渠道营运资金预算包括生产预算、直接人工预算、生产渠道制造费用预算、生产渠道固定资产预算以及生产成本预算等。

1. 生产预算

生产预算是根据销售预算编制的，计划为满足预算期销售量以及期末存货所需的资源。公司应协调生产和销售进度，尽可能减少期末产成品存货。具体内容包括各种类别和型号产品的预计生产量、预计生产进度、预计完工时间、预计全年产值等。生产计划的规划通常是由生产部门主管负责，做生产规划时，必须考虑高层管理者对存货水准、生产稳定及资本支出方面所作的政策指标，应该尽量维持销售、存货及生产间的平衡。

2. 直接人工预算

直接人工预算是根据已知标准工资率、标准单位直接人工工资、其他直接费用计提标准及生产预算等资料，对预算期内人工工时的消耗和人工成本所做的预算。具体内容应包括预计各类产品生产工时、单位工时工资标准预计总工资等。

3. 生产渠道制造费用预算

制造费用预算是能反映构成产品成本的除直接人工预算和直接材料预算外的所有产品成本的预算。具体内容包括固定制造费用和变动制造费用。生产渠道制造费用具体来说，包括生产车间房屋和设备的折旧费、租赁费以及为生产产品而发生的水费、电费等。

4. 生产渠道固定资产预算

生产渠道固定资产预算是生产部门固定资产购置的计划，包括固定资产购置、改扩建等方面的资金需求计划。

5. 生产成本预算

生产成本预算是对预算期的期初在产品成本、本期生产成本和期末在产品成本等的预算。公司应按合理组织生产的原则确定期末在产品的数量。生产成本包括预算期领用材料成本、使用人工成本和发生的制造费用，可根据前三项预算的结果汇总编制。

（四）采购渠道营运资金预算

采购渠道营运资金预算是根据营销渠道营运资金预算和生产渠道营运资金预算得来的。采购渠道营运资金预算具体包括材料采购预算、采购渠道制造费用预算、采购渠道管理费用预算以及采购渠道固定资产预算等。

1. 材料采购预算

材料采购预算是在预算期内，根据生产预算确定的材料采购数量和材料采购金额的计划。具体内容包括各种类别和型号的原材料的预计采购时间、预计采购数量、预计采购单价、预计采购总成本、预计入库时间、预计付款进度和方式等。

2. 采购渠道制造费用预算

采购渠道制造费用预算主要包括采购部门所涉及的固定制造费用和变动制造费用的

预算，包括房屋和设备的折旧费、租赁费等。其中，变动制造费用与生产量相关，如水费、电费、机物料消耗费等。

3. 采购渠道管理费用预算

采购渠道管理费用预算主要包括采购部门所涉及的办公费等的预算。

4. 采购渠道固定资产预算

采购渠道固定资产预算是采购部门固定资产购置的计划，包括固定资产购置、改扩建等方面的资金需求计划。

（五）投资活动营运资金预算

投资活动的预算主要包括权益性资本投资预算，预算内容包括预算各期投资的时间、金额和投资方式、预期收益期、各期收益额度、预期现金流量、不足现金筹措方式等。

（六）财务预算

1. 现金流量预算

现金流量预算是对经营活动、投资活动、筹资活动在预期内的现金流入量、流出量和结余量或不足量的预测与估计。

2. 利润预算

利润预算是在前述预算的基础上，根据预计销售收入、销售成本、各项期间费用等预计相应的所得税费用，进而计算预计利润。其主要内容包括预计销售收入和成本、管理费用、营业费用、所得税和净利润等。

3. 资产负债预算

资产负债预算是在前述预算的基础上，结合前期的资产负债表，根据涉及的项目和金额调整所有相关流动资产项目、长期资产项目、流动负债项目、长期负债项目和所有者权益项目的金额，进而生成预计资产负债表。其包括的主要内容涉及公司的资产、负债和所有者权益项目。

二、营运资金预算的编制方法

（一）销售预算

进行销售预算的目的是要确定在预算期间内企业产品的销售量。销售预算是整个预算的编制起点，其他预算的编制都以销售预算作为基础，根据预算期现销收入与回收赊销货款的可能情况反映现金收入，以便为编制现金收支预算提供信息。

扫一扫

财务微课堂：如何编制销售预算

【工作实例 2-5】假定钱塘公司生产和销售甲产品，根据 2022 年各季度的销售量及售价的有关资料编制销售预算表，见表 2-4。

表 2-4　钱塘公司销售预算表

2022 年度　　单位：元

项目	第一季度	第二季度	第三季度	第四季度	全年合计
预计销售量（件）	5 000	7 500	10 000	9 000	31 500
预计单位售价（元/件）	20	20	20	20	20
销售收入	100 000	150 000	200 000	180 000	630 000

在实际工作中，产品销售往往不是现购现销的，即产生了很大数额的应收账款，所以，销售预算中通常还包括预计现金收入的计算，其目的是为编制现金预算提供必要的资料。

假设本例中，每季度销售收入在本季收到现金 60%，其余赊销在下季度收账。钱塘公司 2022 年预计现金收入见表 2-5。

表 2-5　钱塘公司预计现金收入表

2022 年度　　单位：元

项目	本期发生额	现金收入			
		第一季度	第二季度	第三季度	第四季度
期初数	31 000	31 000			
第一季度	100 000	60 000	40 000		
第二季度	150 000		90 000	60 000	
第三季度	200 000			120 000	80 000
第四季度	108 000				108 000
期末数	(72 000)				
合计	589 000	91 000	130 000	180 000	188 000

（二）生产预算

扫一扫

财务微课堂：如何编制生产预算

生产预算是根据销售预算编制的。通常，企业的生产和销售不能做到“同步量”，生产数量除了满足销售数量外，还需要设置一定的存货，以保证能在发生意外需求时按时供货，并可均衡生产，节省赶工的额外开支。预计生产量可用下列公式计算：

预计生产量＝预计销售量＋预计期末存货量－预计期初存货量

【工作实例 2-6】假设工作实例 2-5 中，钱塘公司希望能在每季末保持相当于下季度销售量 10%的期末存货，上年末产品的期末存货为 500 件，单位成本为 8 元，共计 4 000 元。预计下年第一季度销售量为 10 000 件，钱塘公司 2022 年生产预算见表 2-6。

表 2-6　钱塘公司生产预算表

2022 年度　　　　单位：件

项目	第一季度	第二季度	第三季度	第四季度	全年合计
预计销售量	5 000	7 500	10 000	9 000	31 500
加：期末存货	750	1 000	900	1 000	1 000
合计	5 750	8 500	10 900	10 000	32 500
减：期初存货	500	750	1 000	900	500
预计生产量	5 250	7 750	9 900	9 100	32 000

（三）直接材料预算

在生产预算的基础上，我们可以编制直接材料预算，但同时还要考虑期初、期末原材料存货的水平。直接材料生产上的需要量同预计采购量之间的关系可按下列公式计算：

预计采购量＝生产需要量＋期末库存量－期初库存量

期末库存量一般是按照下期生产需要量的一定百分比来计算的：

生产需要量＝预计生产量×单位产品材料耗用量

扫一扫

财务微课堂：如何编制直接材料预算

【工作实例 2-7】根据工作实例 2-6 资料，假设甲产品只耗用一种材料，钱塘公司期望每季末材料库存量分别为 2 100 千克、3 100 千克、3 960 千克、3 640 千克。上年末库存材料 1 500 千克。钱塘公司 2022 年直接材料预算见表 2-7。

表 2-7　钱塘公司直接材料预算

2022 年度　　　　单位：元

项目	第一季度	第二季度	第三季度	第四季度	全年合计
预计生产量（件）	5 250	7 750	9 900	9 100	32 000
单位产品材料用量（千克/件）	2	2	2	2	2
生产需用量（千克）	10 500	15 500	19 800	18 200	64 000
加：预计期末存量	2 100	3 100	3 960	3 640	3 640
合计	12 600	18 600	23 760	21 840	67 640
减：预计期初存量	1 500	2 100	3 100	3 960	1 500
预计采购量	11 100	16 500	20 660	17 880	66 140
单价（元/千克）	2.5	2.5	2.5	2.5	2.5
预计采购金额（元）	27 750	41 250	51 650	44 700	165 350

材料的采购与产品的销售有相似之处，即货款也不是马上用现金全部支付的，这样就可能存在一部分应付款项，所以，对于材料采购我们还需要编制现金支出预算，目的是便于编制现金预算。

假设本例材料采购的货款有 50%在本季度内付清，另外 50%在下季度付清。钱塘公司 2023 年度预计现金支出见表 2-8。

表 2-8 钱塘公司预计现金支出表

2023 年度　　　　单位：元

项目	本期发生额	现金支出			
		第一季度	第二季度	第三季度	第四季度
期初数	11 000	11 000			
第一季度	27 750	13 875	13 875		
第二季度	41 250		20 625	20 625	
第三季度	51 650			25 825	25 825
第四季度	22 350				22 350
期末数	(22 350)				
合　计	154 000	24 875	34 500	46 450	48 175

(四) 直接人工预算

扫一扫

财务微课堂：如何编制直接人工预算

直接人工预算也是以生产预算为基础编制的。其主要内容有预计生产量、单位产品工时、人工总工时、每小时人工成本和人工总成本。直接人工预算也能为编制现金预算提供资料。

【工作实例 2-8】 钱塘公司 2022 年直接人工预算见表 2-9。

表 2-9 钱塘公司直接人工预算

2022 年度　　　　单位：元

项目	第一季度	第二季度	第三季度	第四季度	全年合计
预计生产量（件）	5 250	7 750	9 900	9 100	32 000
单位产品工时（小时）	0.2	0.2	0.2	0.2	0.2
人工总工时（小时）	1 050	1 550	1 980	1 820	6 400
每小时人工成本（元）	10	10	10	10	10
人工总成本（元）	10 500	15 500	19 800	18 200	64 000

(五) 制造费用预算

扫一扫

财务微课堂：如何编制制造费用预算

制造费用预算是指除了直接材料和直接人工预算以外的其他一切生产成本的预算。制造费用按其成本性态可分为变动制造费用和固定制造费用两部分。变动制造费用以生产预算为基础来编制，即根据预计生产量和预计的变动制造费用分配率来计算；固定制造费用是期间成本直接列入损益作为当期利润的一个扣减项目，与本期的生产量无关，一般可以按照零基预算的编制方法编制。

【工作实例 2-9】 钱塘公司 2022 年制造费用预算见表 2-10。

表 2－10　钱塘公司制造费用预算

2022 年度　　　　单位：元

项目	每小时费用分配率（元/小时）	第一季度	第二季度	第三季度	第四季度	全年合计
预计人工总工时（小时）		1 050	1 550	1 980	1 820	6 400
变动制造费用						
间接人工	1.6	1 680	2 480	3 168	2 912	10 240
修理费	0.4	420	620	792	728	2 560
水电费	0.5	525	775	990	910	3 200
小计	2.5	2 625	3 875	4 950	4 550	16 000
固定制造费用						
修理费		3 000	3 000	3 000	3 000	12 000
水电费		1 000	1 000	1 000	1 000	4 000
管理人员工资		2 000	2 000	2 000	2 000	8 000
折旧		5 000	5 000	5 000	5 000	20 000
保险费		1 000	1 000	1 000	1 000	4 000
小计		12 000	12 000	12 000	12 000	48 000
合计		14 625	15 875	16 950	16 550	64 000
减：折旧		5 000	5 000	5 000	5 000	20 000
现金支出费用		9 625	10 875	11 950	11 550	44 000

在制造费用预算中，除了折旧费以外的费用都需要支付现金。为了便于编制现金预算，需要预计现金支出，将制造费用预算额扣除折旧费后，调整为现金支出费用。

（六）产品生产成本预算

为了计算产品的销售成本，必须先确定产品的生产总成本和单位成本。产品生产成本预算是生产预算、直接材料预算、直接人工预算、制造费用预算的汇总。

扫一扫

财务微课堂：如何编制产品生产成本预算

【工作实例 2－10】钱塘公司 2022 年度产品生产成本预算见表 2－11。

表 2－11　钱塘公司产品生产成本预算

2022 年度

成本项目	全年生产量 32 000（件）			
	单耗（千克/件或小时/件）	单价（元/千克或元/小时）	单位成本（元/件）	总成本（元）
直接材料	2	2.5	5	160 000
直接人工	0.2	10	2	64 000

续表

成本项目	全年生产量 32 000（件）			
	单耗（千克/件或小时/件）	单价（元/千克或元/小时）	单位成本（元/件）	总成本（元）
变动制造费用	0.2	2.5	0.5	16 000
合计			7.5	240 000
产成品存货	数量（件）	单位成本（元）	总成本（元）	
年初存货	500	8	4 000	
年末存货	1 000	7.5	7 500	
本年销售	31 500		236 500	

由于期初存货的单位成本为 8 元，而本年生产产品的单位成本为 7.5 元，两者不一致，因此存货流转采用先进先出法。

（七）销售及管理费用预算

扫一扫

财务微课堂：如何编制销售及管理费用预算

销售及管理费用是指为了实现产品销售和维持一般管理业务所发生的各项费用。它是以销售预算为基础，按照成本的性态分为变动销售及管理费用和固定销售及管理费用。销售及管理费用预算编制方法与制造费用预算相同。

【工作实例 2－11】钱塘公司 2022 年度销售及管理费用预算见表 2－12。

表 2－12　钱塘公司销售及管理费用预算

2022 年度　　单位：元

项目	变动费用率（按销售收入）	第一季度	第二季度	第三季度	第四季度	全年合计
预计销售收入		100 000	150 000	200 000	180 000	630 000
变动销管费用						
销售佣金	1%	1 000	1 500	2 000	1 800	6 300
运输费	1.60%	1 600	2 400	3 200	2 880	10 080
广告费	5%	5 000	7 500	10 000	9 000	31 500
小计	7.60%	7 600	11 400	15 200	13 680	47 880
固定销管费用						
薪金		5 000	5 000	5 000	5 000	20 000
办公用品		4 500	4 500	4 500	4 500	18 000
杂项		3 500	3 500	3 500	3 500	14 000
小计		13 000	13 000	13 000	13 000	52 000
合计		20 600	24 400	28 200	26 680	99 880

（八）现金预算

现金预算的编制，是以各项日常业务预算和特种决策预算为基础来反映各预算的收入款项和支出款项。其目的在于解决资金不足时如何筹措资金、资金多余时怎样运用资金等问题，并且提供现金收支的控制限额，以便发挥现金管理的作用。

扫一扫

财务微课堂：如何编制现金预算

【工作实例 2-12】根据工作实例 2-5 至工作实例 2-11 所编制的各种预算提供的资料，并假设钱塘公司每季度末应保持现金余额 10 000 元，若资金不足或多余，可以以 2 000 元为单位进行借入或偿还，借款年利率为 8%，于每季初借入，每季末偿还，借款利息于偿还本金时一起支付。同时，2022 年度钱塘公司准备投资 100 000 元购入设备，于第二季度与第三季度分别支付价款的 50%；每季度预交所得税 20 000 元；预计在第三季度发放现金股利 30 000 元；第四季度购买国库券 10 000 元。

依据上述资料编制钱塘公司 2022 年度现金预算表，见表 2-13。

表 2-13　钱塘公司现金预算表

2022 年度　　单位：元

项目	第一季度	第二季度	第三季度	第四季度	全年合计
期初现金余额	8 000	13 400	10 125	11 725	8 000
加：销货现金收入	91 000	130 000	180 000	188 000	589 000
可供使用现金	99 000	143 400	190 125	199 725	597 000
减：现金支出					
直接材料	24 875	34 500	46 450	48 175	154 000
直接人工	10 500	15 500	19 800	18 200	64 000
制造费用	9 625	10 875	11 950	11 550	44 000
销售及管理费用	20 600	24 400	28 200	26 680	99 880
预交所得税	20 000	20 000	20 000	20 000	80 000
购买国库券				10 000	10 000
发放股利			30 000		30 000
购买设备		50 000	50 000		100 000
支出合计	85 600	155 275	206 400	134 605	581 880
现金收支差额	13 400	−11 875	−16 275	65 120	15 120
向银行借款		22 000	28 000		50 000
归还银行借款	50 000	50 000			
借款利息（年利 8%）				2 440	2 440
期末现金余额	13 400	10 125	11 725	12 680	12 680

财务微课堂：如何编制利润表预算

（九）预计财务报表的编制

预计财务报表是财务管理的重要工具，包括预计利润表、预计资产负债表和预计现金流量表。

1. 预计利润表

预计利润表是在各项经营预算的基础上，根据权责发生制编制的利润表。它综合反映计划期内预计销售收入、销售成本和预计可实现的利润或可能发生的亏损，可以揭示企业预期的盈利情况，有助于管理人员及时调整经营策略。预计利润表一般根据销售或营业预算、生产预算、产品成本预算或者营业成本预算、期间费用预算、其他专项预算等有关资料分析编制。

【工作实例 2-13】根据前述的各种预算，钱塘公司 2022 年度的预计利润表见表 2-14。

表 2-14　钱塘公司预计利润表

2022 年度　　　　单位：元

项目	第一季度	第二季度	第三季度	第四季度	全年合计
销售收入	100 000	150 000	200 000	180 000	630 000
减：变动生产成本	37 750[①]	56 250	75 000	67 500	236 500
变动销管费用	7 600	11 400	15 200	13 680	47 880
小计	45 350	67 650	90 200	81 180	284 380
边际贡献	54 650	82 350	109 800	98 820	345 620
减：固定制造费用	12 000	12 000	12 000	12 000	48 000
固定销管费用	13 000	13 000	13 000	13 000	52 000
利息支出				2 440	2 440
小计	25 000	25 000	25 000	27 440	102 440
税前利润	29 650	57 350	84 800	71 380	243 180
减：所得税（40%）	11 860	22 940	3 392	28 552	97 272
税后利润	17 790	34 410	50 880	42 828	145 908

注：① 变动生产成本（第一季度）$=500\times8+4\ 500\times7.5=37\ 750$。

财务微课堂：如何编制资产负债表预算

2. 预计资产负债表

预计资产负债表是以货币为计量单位，反映预算期末财务状况的总括性预算表。编制时，预计资产负债表以期初资产负债表为基础，根据销售、生产、资本等预算的有关数据加以调整编制。

【工作实例 2-14】钱塘公司 2022 年度的预计资产负债表见表 2-15。

表 2-15　钱塘公司预计资产负债表

2022 年度　　　　单位：元

资产	期初数	期末数	负债和所有者权益	期初数	期末数
流动资产			流动负债		
现金	8 000	12 680	应付账款	11 000	22 350

续表

资产	期初数	期末数	负债和所有者权益	期初数	期末数
应收账款	31 000	72 000	应付所得税		17 272③
原材料	3 750	9 100			
产成品	4 000	7 500	流动负债合计	11 000	39 622
短期投资		10 000	长期负债		
流动资产合计	46 750	111 280	长期借款	40 000	40 000
固定资产原值	270 000	370 000①	股东权益		
减：累计折旧	32 250	52 250②	普通股		200 000
固定资产净值	237 750	317 750	留存收益	200 000	149 408④
				33 500	
资产总计	284 500	429 030	负债和权益总计	284 500	429 030

注：

①＝270 000＋100 000（表 2－13）。

②＝32 250＋20 000（表 2－10）。

③＝97 272－80 000（表 2－13、表 2－14）。

④＝33 500＋145 908－30 000（表 2－13、表 2－14）。

3. 预计现金流量表

现金流量表以现金的流入和流出来反映企业一定时期内的经营活动、投资活动和筹资活动的动态情况。该表能说明企业一定期间内现金流入和流出的原因、偿债能力和支付股利的能力，能够为企业管理部门控制财务收支和提高经济效益提供有用的信息。

现金流量表的编制方法有直接法与间接法两种，本教材以直接法编制现金流量表。

【想一想】财务预算中哪个预算不涉及金额而只涉及数量？

【工作实例 2－15】钱塘公司 2022 年度预计现金流量表见表 2－16。

表 2－16 钱塘公司预计现金流量表

2022 年度

单位：元

项目	金额	备注
一、经营活动产生的现金流量		
销售商品、提供劳务收到的现金	589 000	表 2－5
收到的其他与经营活动有关的现金		
现金流入小计	589 000	
购买商品、接受劳务支付现金	198 000	表 2－8、表 2－10
支付给职工以及为职工支付的现金	64 000	表 2－9
支付的其他与经营活动有关的现金	99 880	表 2－12
支付预交的所得税	80 000	表 2－13
现金流出小计	441 880	
经营活动产生的现金流量净额	147 120	

续表

项目	金额	备注
二、投资活动产生的现金流量		
收回投资所收到的现金		
收回的其他与投资活动有关的现金		
现金流入小计	0	
购建固定资产、无形资产和其他长期资产支付的现金	100 000	表 2-13
支付的其他与投资活动有关的现金	10 000	
现金流出小计	110 000	
投资活动产生的现金流量净额	—110 000	
三、筹资活动产生的现金流量		
吸收权益性投资所收到的现金		
发行债券所支付的现金		
借款所收到的现金	50 000	表 2-13
收到的其他与筹资活动有关的现金		
现金流入小计	50 000	
偿还债务所支付的现金	50 000	表 2-13
分配股利或利润所支付的现金	30 000	表 2-13
偿还利息所支付的现金	2 440	表 2-13
支付的其他与筹资活动有关的现金		
现金流出小计	82 440	
筹资活动产生的现金流量净额	—32 440	
现金流量净增加额	4 680	

项目小结

营运资金需求量影响因素包括企业的行业特点、企业的生产规模、市场的变化以及企业资金管理水平。

营运资金需求预测的基本方法主要有流动资金占用率和流动比率法、销售百分比法、资金习性预测法等，这些方法的共性就在于将资金需求量与销售收入或者业务量相联系。

资金习性预测法就是根据历史上企业资金占用总额与产销量之间的关系，把资金划分为不变资金和变动资金两部分，然后结合预计的销售量来预测资金需要量的一种方法。

销售预算是整个预算的编制起点，其他预算的编制都以销售预算作为基础。公司预算的编制应以销售预算为起点，在销售预算的基础上，确定生产渠道营运资金预算，这其中包括人工预算、固定资产购置预算等，然后是采购渠道资金预算，最后汇总业务预算、投资预算等各单位预算编制汇总的财务预算。

知识巩固与技能训练

一、单选题

1. 某公司2019—2022年度销售收入和资金占用量的历史数据（单位：万元）分别为（800，18），（760，19），（1 000，22），（1 100，21），运用高低点法分离资金占用中的不变资金与变动资金时，应采用的两组数据是（　　）。

A.（760，19）和（1 000，22）　　B.（760，19）和（1 100，21）

C.（800，18）和（1 000，22）　　D.（800，18）和（1 100，21）

2. 下列各项中，不属于业务预算的是（　　）。

A. 现金预算　　B. 销售预算　　C. 销售费用预算　　D. 直接材料预算

3. 品种繁多、规格复杂、资金占用量较小的项目，适宜采用的资金需要量预测方法是（　　）。

A. 销售百分比法　　B. 因素分析法　　C. 资金习性预测法　　D. 定性分析法

4. 根据营运资金需要量预测的销售百分比法，下列负债项目中，通常会随销售额变动而呈正比例变动的是（　　）。

A. 应付票据　　B. 长期负债　　C. 短期借款　　D. 短期融资券

5. 某企业2022年度预计生产某产品1 000件，单位产品耗用材料15千克，该材料期初存量为1 000千克，预计期末存量为3 000千克，则全年预计采购量为（　　）千克。

A. 18 000　　B. 16 000　　C. 15 000　　D. 17 000

6. 某公司2021年度资金平均占用额为4 500万元，其中不合理部分占15%，预计2022年销售增长率为20%，资金周转速度不变，采用因素分析法预测的2022年度资金需求量为（　　）万元。

A. 4 590　　B. 4 500　　C. 5 400　　D. 3 825

7. 企业整个预算的编制起点是（　　）。

A. 直接材料预算　　B. 生产预算

C. 销售预算　　D. 产品成本预算

8. 企业在计划期内反映有关预计现金收支、财务状况和经营成果的预算是（　　）。

A. 业务预算　　B. 专门决策预算

C. 财务预算　　D. 全面预算

9. 某公司2021年的经营性资产为1 360万元，经营性负债为520万元，销售收入为2 400万元，经营性资产、经营性负债占销售收入的百分比不变，预计2022年销售增长率为5%，销售净利率为10%，股利支付率为75%，则2022年需要从外部筹集的资金为（　　）万元。

A. 21　　B. 20　　C. 9　　D. 0

10. 在财务管理中，将资金划分为变动资金、不变资金和半变动资金，并据以预测企业未来资金需求量的方法称为（　　）。

A. 定额预测法　　B. 比率预测法

C. 资金习性预测法　　D. 成本习性预测法

二、多选题

1. 编制现金预算时，如果现金余缺大于最佳现金持有量，则企业可采取的措施有（　　）。

A. 销售短期有价证券　　B. 偿还部分借款利息

C. 购入短期有价证券　　D. 偿还部分借款本金

2. 采用销售百分比法预测资金需求量时，假设其他因素不变，下列各项中，将会导致外部融资需求量减少的有（　　）。

A. 提高应付账款销售百分比　　B. 提高销售净利率

C. 提高股利支付率　　D. 提高应收账款周转率

3. 甲公司 2018—2022 年各年产品销售收入分别为 400 万元、480 万元、520 万元、560 万元和 600 万元，各年年末现金余额分别为 22 万元、26 万元、28 万元、32 万元和 30 万元。若采用高低点法预测未来资金需求量，则下列计算正确的有（　　）。

A. 现金占用项目中变动资金为 4 万元　　B. 现金占用项目中变动资金为 0.04 万元

C. 现金占用项目中不变资金为 6 万元　　D. 现金占用项目中不变资金为 5 万元

4. 编制现金预算时，如果现金余缺大于最佳现金持有量，则企业可采取的措施有（　　）。

A. 销售短期有价证券　　B. 偿还部分借款利息

C. 购入短期有价证券　　D. 偿还部分借款本金

5. 采用销售百分比法预测资金需要量时，下列项目中不随销售收入的变动而变动的有（　　）。

A. 现金　　B. 应付票据　　C. 短期借款　　D. 公司债券

三、计算题

1. 某公司根据历史资料统计的业务量与资金需求量的有关情况见表 2-17。

表 2-17　业务量与资金需求量

年度	2017 年	2018 年	2019 年	2020 年	2021 年
业务量（万件）	96	114	103	90	110
资金需求量（万元）	198	198	207	180	228

已知该公司 2022 年预计的业务量为 120 万件。

要求：

（1）采用高低点法预测该公司 2022 年的资金需求量；

（2）采用回归分析法预测该公司 2022 年的资金需求量。

2. A 公司 2022 年 12 月 31 日的资产负债表主要项目（简表）见表 2 - 18。A 公司 2022 年销售收入为 10 000 万元，销售净利率为 10%，利润留存率为 40%。假定 2022 年该公司销售额预计增长 20%，公司现有生产能力尚未饱和，无须追加固定资产投资。该公司 2023 年的销售净利率和利润分配政策与上年保持一致。请预测该公司 2023 年外部融资需求量。

表 2 - 18 资产负债表主要项目（简表）

2022 年 12 月 31 日　　单位：万元

资产	期末余额	负债和所有者权益	期末余额
货币资金	500	短期借款	2 500
应收票据及应收账款	1 500	应付票据及应付账款	1 500
存货	3 000	长期借款	1 000
固定资产合计	3 000	实收资本	2 000
		留存收益	1 000
资产总计	8 000	负债和所有者权益总计	8 000

项目三

营运资金筹集

【知识目标】

- 理解营运资金筹集的动因
- 掌握营运资金投融资策略
- 掌握商业信用成本决策方法
- 理解商业信用筹资的优缺点
- 掌握短期借款筹资成本计算方法
- 熟悉短期融资券融资方式的优缺点
- 掌握融资租赁与经营租赁的区别
- 掌握融资租赁租金的计算方法

【能力目标】

- 能够帮助企业制定相应的投融资策略
- 能够帮助企业进行商业信用成本决策
- 能够帮助企业进行短期融资决策
- 能够帮助企业进行租赁决策

【素养目标】

- 培养学生爱岗敬业、忠于职守、尽心尽力的敬业精神
- 培养学生诚实守信的品质，说老实话，办老实事，不弄虚作假，不泄露机密
- 培养学生能够运用相关理论进行投融资策略选择的能力，并能够对各种筹资方式进行决策

任务 1

营运资金筹集的渠道和策略

引导案例

桑裕集团活用多渠道筹资

【背景资料】

桑裕集团公司是一家从事环保事业的公司，它致力于污水处理，并在这个行业处于领先地位。桑裕集团率先在环保行业中提出了借用 BOT 模式（建设—经营—转让）建设污水处理项目，即桑裕集团建设污水处理厂后，获得若干年的经营权，到期后，将项目移交给市政部门，完成整个项目周期。桑裕集团对若干个污水处理项目需要巨额资金的投入，企业自有资金无法有效满足资金需求，资金不足成了桑裕集团事业拓展的“瓶颈”。为此，桑裕集团一直在寻求拓展筹资渠道。

一般情况下，筹资不外乎两种方式：股权筹资和债权筹资。股权筹资方面，桑裕集团为其下属的公司——北京桑裕工程股份有限公司引进了新的股东：北大方正和中国国际金融公司。同时，桑裕集团还通过一种类似于可转换债券的契约型私募方式进行了债权筹资。这些资金将满足桑裕集团短期项目建设的资金需求。

IFC 是世界银行下属的投资机构，一向重视企业的环保以及环保产业，桑裕集团正在和 IFC 探讨成立一家合资公司（SPV），IFC 将投入不超过 25%的股本，总股本的底线是 2 000 万美元。

长期筹资方面，德国投资与开发公司（DEG）是一家提供长期贷款、股本金投资以及金融担保的机构，这些投资方式很符合环保项目筹资的需求。桑裕集团也在积极寻求从资本市场直接筹资，预计 2011 年能够上市。在桑裕集团的资本运作规划中，下属的另一家公司——北京海斯环保设备有限公司准备在美国上市。如果与 IFC 合资的 SPV 能够设立，今后则将在香港上市。通过资本市场筹集到的资金，今后将成为桑裕集团拓展环保项目的长期资金来源。

债权筹资模式也在桑裕集团的考虑之中，在未来 5 年内，桑裕集团打算在海外发行资产抵押债券（ABS）。筹集到资金后，桑裕集团计划将资金投入新的项目中。

环保行业是资金密集型产业，周密的短期、中期和长期融资规划是保证企业发展的关键，桑裕集团的筹资蓝图无疑为这个行业提供了一个良好的范例。

资料来源：改编自席伟．新会计制度下的财务案例．北京：中国物价出版社，2004.

【思考讨论】

桑裕集团为什么需要筹资？桑裕集团筹资规划中涉及哪些筹资渠道与筹资方式？

一、营运资金筹集渠道及方式

（一）营运资金筹集渠道

扫一扫

财务微课堂：企业筹资方式有哪些

筹资渠道是指企业可以筹措资金的来源方向与通道。我国企业目前营运资金筹集渠道主要包括：

1. 国家财政资金

国家对企业的直接投资是国有企业最主要的资金来源渠道，特别是国有独资企业，基本全部由国家投资形成。现有国有企业的资金来源中，有一部分是由国家财政以直接拨款的方式形成的，除此以外，还有些是国家对企业的“税前还贷”或减免各种税款形成的。

2. 银行信贷资金

银行对企业的各种贷款，是我国目前各类企业最重要的资金来源。我国银行有商业性银行和政策性银行两种。商业性银行是以营利为目的、从事信贷资金投放的金融机构。政策性银行是为特定企业提供政策性贷款。

3. 非银行金融机构资金

非银行金融机构主要有信托投资公司、保险公司、租赁公司、证券公司、企业集团所属的财务公司等。它们提供的各种金融服务中也包括信贷资金投放。

4. 其他企业资金

企业在生产经营过程中，往往形成部分暂时闲置的资金，并为一定目的而进行相互投资；另外，企业间的购销业务可以通过商业信用方式来完成，从而形成企业间的债权债务关系。企业间相互投资和商业信用的存在，使得其他企业资金也成为企业资金的重要来源。

5. 居民个人资金

企业职工和居民个人的结余货币，作为游离于银行及非银行金融机构等之外的个人资金，可用于对企业进行投资，形成民间资金来源渠道，从而为企业所用。

6. 企业自留资金

企业的内部资金主要有计提的各项公积金、折旧和未分配的留存收益。这些资金不用企业特意去筹集，可直接由内部转移而来，为企业省下一笔可观的筹资费用。

（二）营运资金筹集方式

营运资金筹集方式按其形成的途径不同，大致可以分为自然性融资和非自然性融资两大类，如图 3-1 所示。

1. 自然性融资

自然性融资是企业在日常交易中自然发生的，主要有应计费用和供应商提供的商业信用。融资的意思体现在：公司对某些经常性预收款项或延期支付的款项保留一定时间，这部分款项在偿还或支付前自然形成公司的流动负债，其资金可以被公司利用，而且不需要付出任何代价。

2. 非自然性融资

非自然性融资是指直接从银行或者其他金融机构获得的资金，并使之用于公司的经营。一般而言，非自然性融资的成本大，并且都是直接成本，这种直接成本主要是应付利息。

这类融资方式主要是指银行信用。银行信用是指银行或者货币市场及其他金融机构获得的短期借款，具体包括短期借款、货币市场信用（如商业票据和短期融资券）、委托贷款等。

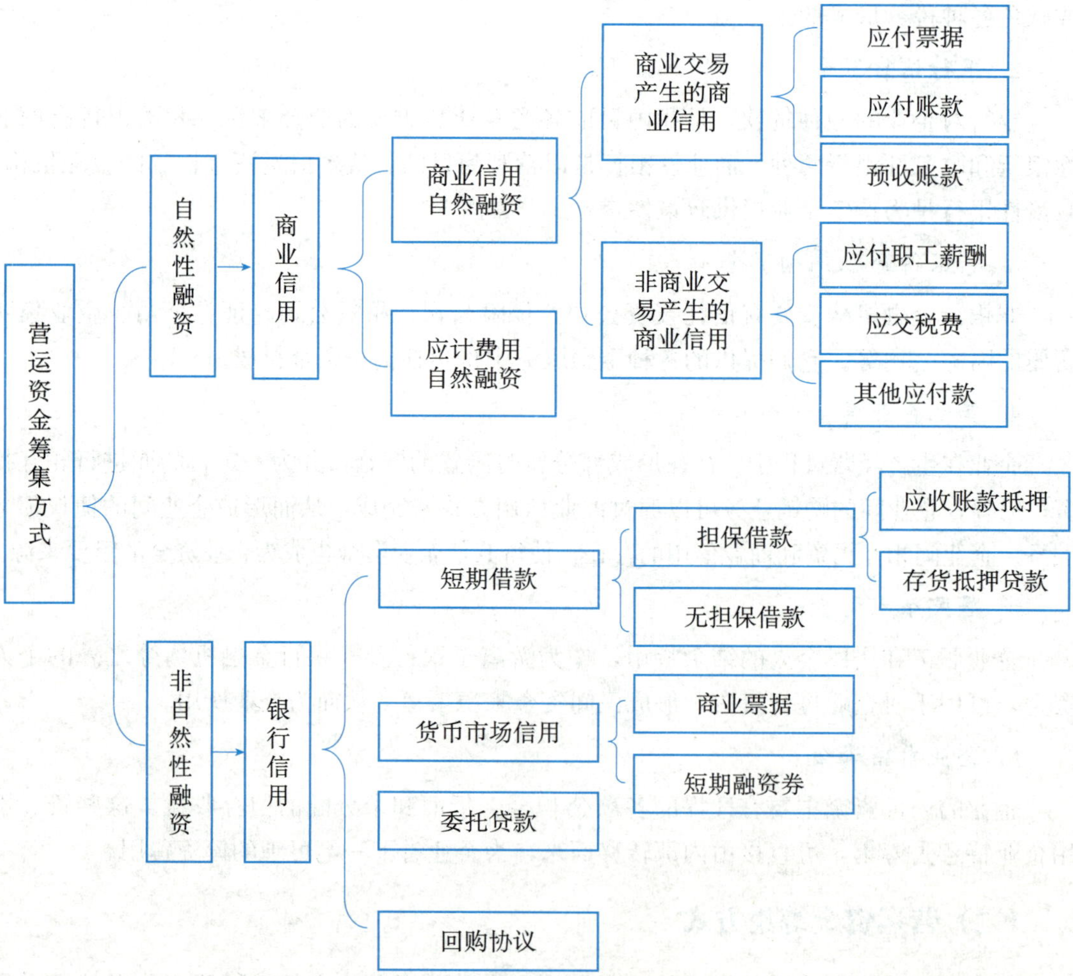

图3-1　营运资金筹集方式

二、理解营运资金筹集的动机

扫一扫

财务微课堂：企业筹资的动机

营运资金筹集的动机一般有以下几个方面：

（一）新建筹资动机

新建筹资动机是在企业新建时为满足正常生产经营活动所需的铺底资金而产生的筹集资金。

（二）扩张筹资动机

扩张筹资动机是企业因扩大生产经营规模或追加对外投资而产生的筹资动机。

具有良好发展前景、处于成长时期的企业，通常会产生扩张筹资动机。例如：企业生产经营的产品供不应求，需要购置设备增加市场供应；需要引进技术开发生产适销对路的新产品；扩大有利的对外投资规模；开拓有发展前途的对外投资领域；等等。扩张筹资动机所产生的直接结果，是企业的资产总额和权益总额的增加。

（三）偿债筹资动机

偿债筹资动机是企业为了偿还某项债务而形成的借款动机，即借新债还旧债。

偿债筹资通常有两种情况：

一是调整性偿债筹资，即企业具有足够的能力支付到期旧债，但为了调整原有的资本结构，举借一种新债务，从而使资本结构更加合理；

二是恶化性偿债筹资，即企业现有的支付能力已不足以偿付到期旧债，被迫举新债还旧债，这表明企业财务状况已经恶化。

（四）混合筹资动机

企业既需要扩大经营的长期资金又需要偿还债务的现金而形成的筹资动机，即混合筹资动机。

三、理解营运资金筹集的特点

营运资金筹集属于短期资金筹集。与企业长期融资相比较，营运资金筹集具有以下特点：

（一）融资速度快

相比长期贷款，营运资金的取得时间更短些，这主要是因为营运资金的需求需要满足其及时性的特征，企业需要快速满足营运资金的需求。长期贷款之所以取得时间较长，是因为长期贷款的时间长、风险大，通常贷款人在提供或增加长期贷款之前，需要对融资人的财务状况、融资资质等进行严格的审查，并制定详细、严谨、周密的贷款合同以应对在一个较长的贷款期限里可能预见到的各种不确定因素，最后经过烦琐的审批手续才能发放长期贷款。

（二）融资弹性大

营运资金筹集具有较大的弹性，主要表现在以下三个方面：

（1）公司可以根据需要，方便、灵活地取得和使用，并且融通的数量和期限可以随公司业务量的增减而变化。

（2）营运资金筹集属于短期融资。一般来说，长期贷款的债权人为保护个人利益，在长期贷款合同中通常会设计一些限制企业未来行为的内容或条款，而在营运资金筹集的各种方式中，限制条件通常较少。

（3）短期融资在利率波动上升时，可以提供融资的权宜之计，而在利率波动下降时可以实现短期资金向长期资金的转化，从而具有利率的弹性。

因此，如果企业资金的需求是季节性的和周期性的，那么企业通常选择更具弹性的营运资金筹集方式。

（三）融资成本低

一般来说，短期债务的利率要低于长期债务。因此，通过营运资金融资，其利率低于长期利率，进而营运资金筹集所需支付的利息成本低于长期负债的利息成本。

（四）融资风险大

与长期负债相比，营运资金筹集具有更大的风险，主要表现在以下两个方面：第一，相比较长期负债的固定利率，营运资金融资的成本随着时间的变化而呈现不同程度的波动；第二，经济衰退期，企业的营业收入和现金流减少，可能使得营运资金融资产生的短期债务不能如期偿还，从而导致企业财务状况恶化，甚至迫使公司破产。

四、选择营运资金投资策略

（一）识别永久性流动资产和波动性流动资产

企业的流动资产可以分为永久性流动资产和波动性流动资产。永久性流动资产是指满足企业长期最低需求的流动资产，其占用量通常相对稳定；波动性流动资产或称临时性流动资产，是指那些由于季节性或临时性的原因而形成的流动资产，其占用量随当时的需求而波动。

（二）识别临时性流动负债和自发性流动负债

与流动资产的分类相对应，流动负债也可以分为临时性流动负债和自发性流动负债。

一般来说，临时性流动负债，又称为筹资性流动负债，是指为了满足临时性流动资金需要所发生的负债，如商业零售企业春节前为满足节日销售需要，超量购入货物而举借的短期银行借款；自发性流动负债，又称为经营性流动负债，是指直接产生于企业持续经营中的流动负债，如商业信用筹资和日常运营中产生的其他应付款，以及应付职工薪酬、应付利息、应交税费等。临时性流动负债一般只能供企业短期使用，而自发性流动负债可供企业长期使用。

（三）选择投资策略

一个企业必须选择与其业务需要和管理风格相符合的流动资产投资战略。如果企业管理政策趋于保守，就会选择较高的流动资产水平，以保证更高的流动性（安全性），但盈利能力也更低；如果管理者偏向于为了产生更高的盈利能力而承担风险，那么它将保持一个低水平的流动资产与销售收入比率。

流动资产的投资策略有两种基本类型：

1. 紧缩的流动资产投资策略

在紧缩的流动资产投资策略下，企业维持低水平的流动资产与销售收入比率。需要说明的是，这里的流动资产通常只包括生产经营过程中产生的存货、应收款项以及现金等生产性流动资产，而不包括股票、债券等金融性流动资产。

紧缩的流动资产投资策略可以节约流动资产的持有成本，例如节约持有资金的机会成本。但与此同时可能伴随着更高风险，这些风险表现为更紧的应收账款信用政策和较低的存货占用水平，以及缺乏现金用于偿还应付账款等。但是，只要不可预见的事件没有损坏企业的流动性而导致严重的问题发生，紧缩的流动资产投资策略就会提高企业效益。

采用紧缩的流动资产投资策略，无疑对企业的管理水平有较高的要求，因为一旦失控，由于流动资产的短缺，会对企业的经营活动产生重大影响。根据最近几年的研究，美国、日本等一些发达国家的流动资产比率呈现越来越小的趋势。这并不意味着企业对流动性的要求越来越低，而主要是因为在流动资产管理方面，尤其是应收账款与存货管理方面，取得了一些重大进展。存货控制的 JIT（Just In Time）系统，又称为适时管理系统，便是其中一个突出代表。

2. 宽松的流动资产投资策略

在宽松的流动资产投资策略下，企业通常会维持高水平的流动资产与销售收入比率。也就是说，企业将保持高水平的现金和有价证券、高水平的应收账款（通常给予客户宽松的付款条件）和高水平的存货（通常源于补给原材料或不愿意因为产成品存货不足而失去销售）。在这种策略下，由于较高的流动性，企业的财务与经营风险较小。但是，过多的流动资产投资，无疑会承担较大的流动资产持有成本，提高企业的资金成本，降低企业的收益水平。

【想一想】企业选择流动资产投资策略的时候需要考虑哪些因素？

五、营运资金筹集策略

根据临时性流动资产和永久性流动资产的资金来源和匹配原则，企业的营运资金筹集策略通常分为三种：配合型融资策略、激进型融资策略和保守型融资策略。

（一）配合型融资策略

临时性流动资产所需资金用临时性流动负债筹集，永久性流动资产和长期资产所需资金用自发性流动负债和长期负债、权益资本筹集。配合型融资策略如图 3－2 所示。

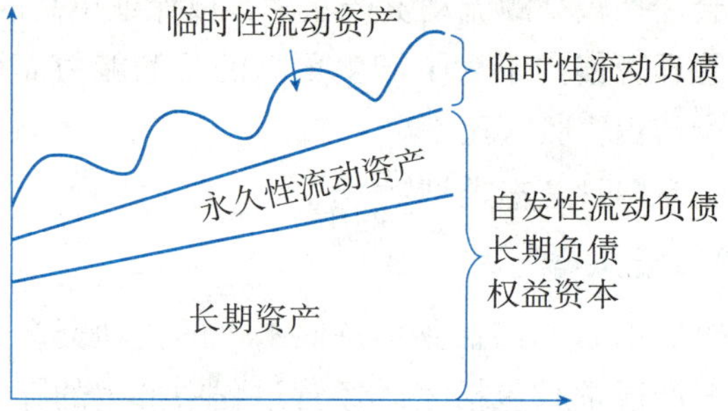

图 3－2　配合型融资策略

在这种政策下，要求企业短期融资计划非常严密，但是在企业的经济活动中，由于现金流动和各类资产使用寿命的不确定性，往往做不到资产与负债的完全配合。配合型融资策略是一种理想的融资模式，在实际生活中较难实现。

（二）激进型融资策略

在激进型融资策略中，企业以自发性流动负债、长期负债和权益资本为部分永久性流动资产和临时性流动资产。临时性流动负债支持剩下的永久性流动资产和所有的临时性流动资产。临时性流动负债不但要满足临时性流动资产的需要，还要满足一部分永久性流动资产的需要，有时甚至全部流动资产都要由临时性流动负债支持。激进型融资策略如图 3－3 所示。

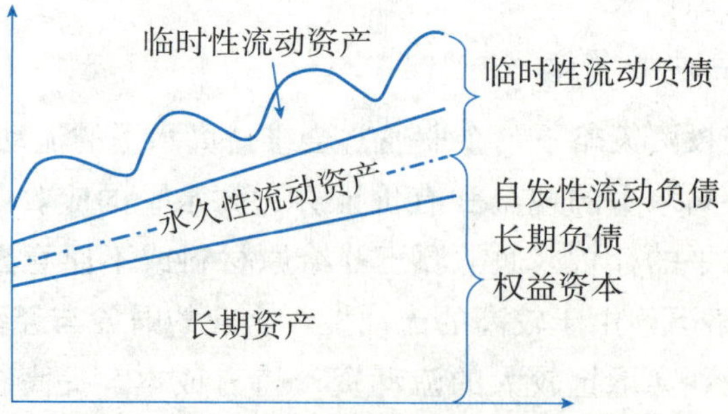

图 3－3　激进型融资策略

一方面，由于临时性流动负债的资金成本相对于长期负债和权益资本来说一般较低，而激进型融资策略下临时性流动负债所占比例较大，因此该策略下企业的资金成本低于配合型融资策略。但另一方面，企业为了满足永久性流动资产的长期、稳定的资金需要，必然要在临时性流动负债到期后重新举债或申请债务展期，即需要不断地举债和还债，从而加大了筹资和还债的风险。所以激进型融资策略是一种收益高、风险大的营运资金筹集策略。

【工作实例3-1】 钱塘公司占用永久性流动资产50万元、非流动资产100万元、波动性流动资产40万元，若该公司自发性流动负债为18万元，长期负债为50万元，权益资本为60万元，其余则要靠临时性流动负债解决资金来源。请问：该公司实行的流动资产的融资策略是哪种？

解： 由于永久性流动资产和非流动资产合计数为150万元，大于自发性流动负债、长期负债和权益资本的合计数128（=18+50+60）万元，即有一部分临时性流动负债带来的资金来源用于满足永久性流动资产的占用，因此该企业实行的流动资产融资策略是激进型融资策略。

（三）保守型融资策略

在保守型融资策略中，临时性流动负债只满足部分临时性流动资产的需要，其他流动资产和长期资产用自发性流动负债、长期负债和权益资本来满足。保守型融资策略如图3-4所示。

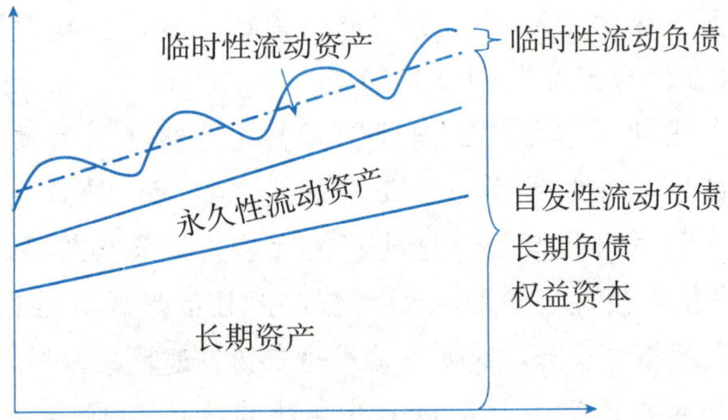

图3-4　保守型融资策略

在这种策略下，临时性流动负债在企业的全部资金来源中所占比例较小，可降低企业无法偿还到期债务的风险。但降低风险的同时也降低了企业的收益，因为长期负债和权益资本在企业的资金来源中比重较大，两者的资金成本高于临时性流动负债的资金成本，而且在生产经营淡季，企业仍要负担长期债务的利息。即使将过剩的长期资金投资于短期有价证券，其投资收益一般也会低于长期负债的利息。所以保守型融资策略是一种低风险、低收益的融资策略。

【工作实例3-2】 钱塘公司的资产总额为9 000万元，其中永久性流动资产为2 400万元，波动性流动资产为1 600万元，该公司长期资金来源金额为8 100万元，不考虑其他情形，请判断该公司的融资策略。

解： 永久性流动资产为 2 400 万元，波动性流动资产为 1 600 万元，所以非流动资产＝9 000－2 400－1 600＝5 000（万元），非流动资产＋永久性流动资产＝5 000＋2 400＝7 400（万元）＜长期资金来源 8 100 万元。在保守型融资策略中，长期资金来源大于非流动资产与永久性流动资产之和，因此该公司采取的是保守型融资策略。

任务 2 营运资金自然性融通

引导案例

信用缺失致使“赖账经济”恶循环

【背景资料】

据了解，2003 年中国外经贸企业协会信用评估部和北京国商国际资信评估公司联合对全国的近 10 万家涉外经贸企业进行的“外经贸企业信用信息跟踪调查”的调查结果表明：我国企业信用方面存在的主要问题是“拖欠货款、贷款、税款”（76.2%）、“违约”（63.2%）和“制售假冒伪劣产品”（42.4%）。

企业之间相互拖欠货款（俗称“三角债”），甚至形成涉及面更广、危害更大的债务链，使资金周转速度减慢，难以维系企业正常的生产经营，导致企业拖欠银行贷款，逃避银行债务，甚至恶意利用银行信用证垫款、银行承兑汇票垫款等。

信用秩序混乱，不仅直接侵害债权人的利益，而且会形成恶性循环，经济领域充斥着“守信吃亏，失信有利”的错误观念，致使失信成为市场普遍现象，形成所谓的“赖账经济”。

为了减少信用缺失对市场经济乃至整个社会的戕害，2008 年，国务院将中国人民银行职能由“管理信贷征信业”扩大到“管理征信业，推动建立社会信用体系”，成为国务院社会信用体系建设部际联席会议牵头单位，并代拟了《征信管理条例（征求意见稿）》和制定了《金融业统一征信平台建设规划》，上报国务院办公厅。

【思考讨论】

企业应当如何利用商业信用？

一、利用商业信用融资

（一）什么是商业信用

商业信用是指企业在商品交易过程中由于延期付款或预收货款而形成的企业间的借

贷关系，是企业之间互相提供信用的直接融资方式，也是企业最为普遍和重要的短期筹资形式。从本质上来说，商业信用是企业商品交易中钱与货在时间上的分离而产生的，不属于企业独立的融资活动，属于企业的自然性融通方式。

通常来说，决定企业是否获得商业信用有以下几个因素。第一，企业的财务信誉。财务信誉为企业获得商业信用提供可能性，这是因为：如果企业财务信誉较好，在债务到期时，企业有意愿按照约定偿还欠款，那么对方企业也更乐于为资金短缺企业提供商业信用；如果企业财务信誉较差，在债务到期时，企业即便有资金也不愿意偿还欠款而继续占用对方企业资金，进而对方企业不愿意提供商业信用。第二，企业的偿债能力。偿债能力同样为企业获得商业信用提供可能性，这是因为相较于财务信誉反映融资企业是否有意愿如期偿还欠款，偿债能力反映了资金短缺企业是否有能力如期偿还欠款，偿债能力较好的企业在债务到期时比偿债能力差的企业更容易偿还欠款。第三，企业的销售规模。销售规模从某种程度上决定了商业信用的规模。销售规模越大，货款金额越大，商业信用的规模就越大。

（二）商业信用的种类

1. 应付账款

应付账款是企业购买货物暂未付款而欠对方的账款，即卖方允许买方在购货后一定时期内支付货款的一种形式。在这种形式下，卖方在将商品转移给买方时，并不需要买方立即支付货款，而是卖方向买方开立发票或账单，发票上注明运交货物的价格、到期支付的总金额以及销售条件等，待定时期后再由买方付清货款。这是一种双向获益的行为：一方面，卖方利用这种方式促销，从面扩大了销售；另一方面，买方获得了营运资金。

按照付款期、折扣等信用条件，应付账款可以分为免费信用、有代价信用和展期费用。具体来说，免费信用是指买方在规定的折扣期内享受折扣而获得的信用，有代价信用是指买方放弃折扣付出代价而获得的信用，展期信用是指买方超过规定的信用期推迟付款而强制获得的信用。

2. 应付票据

应付票据是企业进行延期付款商品交易时开具的反映债权债务关系的票据。应付票据也是由赊购商品形成的。根据购销合约，买方被要求签发并表示向卖方付款的票据，见此票据，卖方可以要求买方在规定的日期履行偿债义务，也可以在到期日前经背书转让给第三者。

应付票据其最长支付期不超过 6 个月，可以带息，也可以不带息。企业通过无息票据获得的信用是免费信用，通过带息票据获得的信用是有代价信用。带息票据的利率一般比银行借款低，且不用保持相应的补偿余额和支付协议费，但到期必须归还，否则便要交付罚金，因而风险较大。

3. 预收账款

预收账款是企业在进行商品销售时通过预收部分或全部货款的方式取得的信用形式。

和应付账款不同，它是一种买方信用。预收账款相当于向买方借用资金后用物资抵偿，一般用于生产周期长、资金需要量大的货物销售。如果以预收账款方式销售的商品价格低于正常销售商品的价格，则这种信用是有代价信用，信用成本即商品价格的差额；如果以预收账款方式销售的商品价格和正常销售的商品价格相同，则这种信用为免费信用。

此外，还存在一些在非商品交易中产生但亦为自发性融资的应付费用，如应付工资、应交税金、其他应付款等。应付费用使企业收益在前、费用支付在后，相当于享用了收款方的借款，一定程度上缓解了企业的资金需要。

（三）信用条件

1. 无现金折扣的付款期

在这种信用条件下，卖方允许买方在商品交易发生后一定时期内支付货款。例如，“N/30”条款是指发票或账单上所示的金额必须在30天内付清，不附有现金折扣的优惠条件。

2. 有现金折扣的付款期

在这种信用条件下，除了允许赊账外，如果买方在指定付款日之前支付货款，则卖方会给予现金折扣。如信用条件通常表示为“2/10，N/30”的形式：“2/10”表示货款在10天内付清，可以享受货款金额2%的现金优惠；“N/30”表示货款在10天以后、30天以内付清的没有折扣，须全额付款。

3. 展延期限

无论在哪种信用条件下，公司为了取得多占用商业信用所筹得的资金，可以选择展延期限，展延时公司尽量将货款延迟到过了规定的支付期限以后支付，而且拖的时间越久对公司越有利。这种情形对公司有两个方面的影响：一方面，公司可以在比较长的时间内使用卖方的资金；另一方面，拖欠货款可能会给公司带来信誉损失，从面招致机会成本的增加。另外，这种机会成本的增加难以用公式和金钱来计量，往往比丧失现金折扣的机会成本还要高。因此，公司应该谨慎使用。

（四）商业信用成本

扫一扫

财务微课堂：如何运用商业信用筹资

扫一扫

业务挂图：商业信用的资金成本

1. 到期付款

如果无论企业提前付款还是按信用期付款均没有现金折扣，则通过应付账款形式获得的资金为免费使用资金。

2. 有现金折扣的付款期

如果卖方规定买方在折扣期内付款即可获得一定比率的现金折扣，则买方放弃现金折扣获得资金延期使用权是有代价的。

一般而言，放弃现金折扣的成本可用如下公式求得：

$$放弃现金折扣的成本=\frac{折扣百分比}{1-折扣百分比}\times\frac{360}{信用期-折扣期}\times100\%$$

【工作实例 3-3】钱塘公司拟按“2/10，N/30”的信用条件购入一批原材料，即：公司如果在10日内付款，可享受2%的现金折扣；倘若公司放弃现金折扣，贷款应在30天内付清。请问：公司放弃该项现金折扣的成本是多少？

解：$放弃现金折扣的成本=\frac{2\%}{1-2\%}\times\frac{360}{30-10}\times100\%=36.73\%$

即公司放弃该项现金折扣的成本为36.73%。

3. 如何进行现金折扣决策

在附有信用条件的情况下，因为获得不同信用要负担不同的代价，所以买方企业便要在利用哪种信用之间作出决策。一般来说：

(1) 如果能以低于放弃折扣的隐含利息成本（实质上是一种机会成本）的利率借入资金，便应在现金折扣期内用借入的资金支付货款，享受现金折扣。

(2) 如果折扣期内将应付账款用于短期投资，所得的投资收益高于放弃折扣的隐含利息成本，则应放弃折扣而去追求更高的收益。

(3) 如果企业因缺乏资金而欲展延付款期，则需在降低了的放弃折扣成本与展延付款带来的损失之间作出选择。

(4) 如果面对两家以上提供不同信用条件的卖方，则应通过衡量放弃折扣成本的大小，选择信用成本最小的一家。

【工作实例 3-4】假设钱塘公司正面对着甲、乙两家提供不同信用条件的卖方，甲公司的信用条件为“3/10，N/30”，乙公司的信用条件为“2/20，N/30”，请回答下面三个问题并说明理由：

(1) 如果钱塘公司在10～30天之间用该笔应付账款有一个投资机会，投资回报率为60%，那么钱塘公司是否应在10天内归还甲公司的应付账款，以取得3%的折扣？

(2) 当钱塘公司准备延期付款，那么应选择哪家供应商？

(3) 当钱塘公司准备享有现金折扣，那么应选择哪家供应商？

解：(1) 若钱塘公司在10日内不对甲公司付款，则钱塘公司放弃的资金机会成本率=[3%/(1-3%)]*[360/(30-10)]*100%=55.67%，而钱塘公司在10～30天之间用该笔应付账款的投资回报率达60%，大于55.67%，所以应放弃折扣，不在10日内付款。

(2) 放弃甲公司现金折扣的资金机会成本率为55.67%，放弃乙公司现金折扣的资

金机会成本率为 [2%/(1－2%)]*[360/(30－20)]*100%＝73.47%，甲公司资金机会成本率低于乙公司，所以选择甲公司。

(3) 当放弃现金折扣时为资金机会成本率概念，而享受现金折扣时即为收益率概念，因此，当钱塘公司准备享受现金折扣时应选择乙公司。

(五) 商业信用筹资的优缺点

1. 商业信用的优点

(1) 与其他筹资方式相比，商业信用是随企业的采购商品而自然形成的一种筹资方式，卖方不需要进行正式的协商，买方也不需要开具正式的文书和附加特殊条件。

(2) 商业信用筹资量与实际营运资金需求量在金额和时间上均匹配，极大地提高了营运资金的融资效率。企业的采购行为是随着销售的增加而增加的，而商业信用则随着采购量的增加而增加，所以企业的筹资量与实际资金需要量相符，且时间上相匹配，从而避免了资金需要量和需要时间上的估计偏差。

(3) 商业信用筹资成本低。如果信用条件中没有现金折扣，或者企业不放弃现金折扣，那么企业利用商业信用筹资没有资金成本，可以免费使用资金。

2. 商业信用的缺点

(1) 期限一般较短，不利于企业对资金的统筹运用。若企业享受现金折扣，那么可利用的时间将更短。

(2) 在经济不景气或市场信用环境不好的情况下，企业之间很可能会因相互拖欠货款而导致信用链条断裂。

(3) 信用筹资金额受交易规模限制。

(4) 在有优惠条件的情况下，需要承担较高的成本。

二、认识应计费用

应计费用是指由于法律或结算制度使一部分费用的形成时间早于支付时间，从而使一部分款项为公司所占用，主要包括应付工资、应交税金、应付利息等。这些项目发生受益在先，支付在后，因此，应计费用更能代表自然形成的资金来源，当然也属于自然性融通的范畴，也就不存在直接成本了。公司应当尽可能利用这一短期融资方式。但是，由于应计费用的支付大多数具有时间性和其他限制，使财务人员在控制应计费用的水平上自由度较小，因此应计费用的使用是极其有限的。

任务 3

营运资金非自然性融通

一、利用短期借款融资

（一）熟悉短期借款的分类

工商企业的短期借款主要有：经营周转借款、临时借款、结算借款、票据贴现借款、卖方信贷、预购定金借款和专项储备借款等。

1. 经营周转借款

经营周转借款，又称生产周转借款或商品周转借款，是指企业因流动资金不能满足正常生产经营需要，而向银行或其他金融机构取得的借款。办理该项借款时，企业应按有关规定向银行提出年度、季度借款计划，经银行核定后，在借款计划中根据借款、借据办理借款。

2. 临时借款

临时借款是指企业因季节性和临时性客观原因，正常周转的资金不能满足需要，超过生产周转或商品周转款额而划入的短期借款。临时借款实行“逐笔核贷”的办法，借款期限一般为 3 至 6 个月，按规定用途使用，并按核算期限归还。

3. 结算借款

结算借款是指在采用托收承付结算方式办理销售货款结算的情况下，企业为解决商品发出后至收到托收货款前所需要的在途资金而借入的款项。企业在发货后的规定期间（一般为 3 天，特殊情况最长不超过 7 天）内向银行托收的，可申请托收承付结算借款。借款金额通常按托收金额和商定的折扣率进行计算，大致相当于发出商品销售成本加代垫运杂费。企业的货款收回后，银行将自行扣回其借款。

4. 票据贴现借款

票据贴现借款是指持有银行承兑汇票或商业承兑汇票的，发生经营周转困难时，申请票据贴现的借款。票据贴现借款的期限一般不超过 3 个月。如果现借款额是票据的票面金额扣除贴现息后的金额，那么贴现借款的利息即为票据贴现息，由银行办理贴现时先行扣除。

5. 卖方信贷

卖方信贷是指产品列入国家计划、质量在全国处于领先地位的企业，经批准采取分期收款销售引起生产经营资金不足而向银行申请取得的借款。这种借款应按货款收回的进度分次归还，期限一般为 1 至 2 年。

6. 预购定金借款

预购定金借款是指商业企业为收购农副产品发放预购定金而向银行借入的款项。这种借款按国家规定的品种和批准的计划额进行发放，实行专户管理，借款期限最长不超过 1 年。

7. 专项储备借款

专项储备借款是指商业批发企业经国家批准储备商品而向银行借入的款项。这种借款必须实行专款专用，借款期限根据批准的储备期确定。

扫一扫

业务挂图：银行借款的程序

（二）短期借款的申请程序

1. 提出申请

企业根据筹资需求向银行书面申请，按银行要求的条件和内容填报借款申请书。

2. 银行审批

银行按照有关政策和贷款条件，对借款企业进行信用审查，依据审批权限，核准公司申请的借款金额和用款计划。银行审查的主要内容是：公司的财务状况、信用情况、盈利的稳定性、发展前景、借款投资项目的可行性、抵押品和担保情况。

3. 签订合同

借款申请获批准后，银行与企业进一步协商贷款的具体条件，签订正式的借款合同，规定贷款的数额、利率、期限和一些约束性条款。

4. 取得借款

借款合同签订后，企业在核定的贷款指标范围内，根据用款计划和实际需要，一次或分次将贷款转入公司的存款结算户，以便使用。

（三）短期借款的信用条件

按照国际惯例，银行贷款往往附加一些信用条件，主要有信贷额度、周转信贷协定和补偿性余额等。

1. 信贷额度

信贷额度是贷款企业与银行之间以正式或非正式协议规定的企业可以借款的最高限额。通常在信贷额度内，企业可随时按需要向银行申请借款。例如，银行与企业在正式协议中约定的信贷额度为 5 000 万元，如果该企业已借用 3 000 万元，则该企业仍可申请 2 000 万元的贷款，银行将予保证。但在非正式协议下，银行并不承担按最高贷款限额保证贷款的法律义务，也就是说，如果企业信誉恶化，那么银行即使不按约定贷款给企业，也不需要承担相应的法律责任。

2. 周转信贷协定

这是银行从法律上承诺向企业提供某一限额的贷款协定。与一般信贷额度不同，银行对周转信用额度负有法律义务，并因此向企业就未使用的部分贷款收取一定的承诺费用。

周转信贷协定一般是银行依据客户的信用等级或者国家政策扶持力度，并根据客户生产经营所需资金的最低限额而与客户签订的可以在一定时期内占用的贷款额度协议。这样既方便了客户安排使用资金，也减少了银行反复、频繁地发放贷款的手续，从而使得银企合作更加紧密，取得双赢。周转贷款额度一般一年核定一次。有的银行对周转贷款的利率也有一定的优惠。与周转贷款相对应的是临时贷款。

【工作实例 3－5】钱塘公司与银行商定的周转信贷额为 1 000 万元，承诺费率为 0.5%，借款企业年度内使用了 600 万元，对未使用的 400 万元，企业应向银行支付 2（=400×0.5%）万元的承诺费。

3. 补偿性余额

补偿性余额是银行要求贷款企业将借款的 10%～20%的平均存款余额留存银行，目的是降低银行的贷款风险，补偿其可能遭受的损失。但对借款企业来说，补偿性余额则提高了借款的实际利率，加重了企业的利息负担。在补偿性余额条件下，借款实际利率的计算公式为：

实际利率=实际利息/借款金额×(1－补偿率)

【工作实例 3－6】钱塘公司向银行借入年利率为 8%的三年期借款 200 万元，要求维持 20%的补偿性余额。请计算企业的实际利率。

解：企业能动用的借款金额为：200×80%=160（万元），则实际利息=200×8%=16（万元），实际利率=16/160×100%=10%。

4. 借款抵押

抵押贷款，又称抵押放款，是指某些国家银行采用的一种贷款方式，要求借款方提供一定的抵押品作为贷款的担保，以保证贷款的到期偿还。抵押品一般为易于保存、不易损耗、容易变卖的物品，如有价证券、票据、股票、房地产等。贷款期满后，如果借款方不按期偿还贷款，银行有权将抵押品拍卖，用拍卖所得款偿还贷款。拍卖款清偿贷款的余额归还借款人。如果拍卖款不足以清偿贷款，由借款人继续清偿。

5. 偿还条件

贷款的偿还分为到期一次偿还和在贷款期内定期等额偿还两种方式。一般来说，企业不希望采用后一种偿还方式，因为这会提高借款的实际利率；而银行不希望采用前一种偿还方式，因为这会加重企业的财务负担，增加企业拒付风险。

按照国际通行做法，短期借款依偿还方式的不同，分为一次性偿还借款和分期偿还借款；依利息支付方法的不同，分为收款法借款、贴现法借款和加息法借款。

（1）收款法。收款法是到期一次性支付本息。在收款法下，借款本息都在到期时一次性清偿，这时借款的名义利率与实际利率一致。因此，收款法的借款成本就是借款的名义利率。收款法下实际利率的计算公式为：

$$实际利率=\left(1+\frac{名义利率}{n}\right)^{n}-1$$

式中：n 为每年贷款或还款的期数。

【工作实例 3-7】 钱塘公司取得一笔金额为 100 000 元的银行贷款，年利率为 5%，期限为 1 年。收款法的实际利率为：

实际利率=100 000×5%/100 000=5%

【工作实例 3-8】 钱塘公司取得银行贷款的年名义利率为 12%，每季付息一次，则该借款的实际利率为：

$$实际利率=\left(1+\frac{12\%}{4}\right)^{4}-1=12.55\%$$

（2）贴现法。贴现法是银行向企业发放贷款时，先从本金中扣除利息部分，而到期时借款企业要偿还贷款全部本金的一种计息方法。采用这种方法时，企业可利用的贷款额只有本金减去利息部分后的差额，因此贷款的实际利率高于名义利率。

实际利率=实际利息/借款金额×(1－贴现利率)

【工作实例 3-9】 钱塘公司从银行取得借款 10 000 元，期限为 1 年，年利率（名义利率）为 10%，按贴现法付息。请问：该项贷款的实际利率为多少？

解： 贴现法下利息额为 1 000（=10 000×10%）元；按贴现法付息，企业实际可利用的贷款为 9 000（=10 000－1 000）元，则实际利息=200×8%=16（万元），实际利率=1 000/9 000×100%=11.11%。

（3）加息法。加息法一般是分期等额偿还本息。在分期等额偿还贷款的情况下，银行要将根据名义利率计算的利息加到贷款本金上，计算出贷款的本息和，要求企业在贷款期内分期偿还本息之和的金额。由于贷款分期均衡偿还，借款企业实际上只平均使用了贷款本金的半数，却支付了全额利息，因此企业所负担的实际利率约为名义利率的两倍。

（四）短期借款筹资的优缺点

1. 短期借款筹资的优点

（1）筹资速度快。企业利用长期借款筹资，一般所需时间较短，程序较为简单。而发行股票或发行债券筹资，需要做好发行前的各项工作，并且发行也需要一定的时间，耗时较长。

（2）借款成本低。利用长期借款筹资，其利息可在所得税前列支，故可减少企业实际负担的成本，因此比股票筹资成本要低得多；与债券相比，借款利率一般低于其利率，而且，借款筹资费用亦低。

（3）借款弹性大。借款时，企业与银行直接交涉，有关条件可谈判确定，用款期间发生变动，亦可与银行再协商变更借款数量及还款期限等；而债券筹资所面对的是社会广大投资者，协商改善筹资条件的可能性几乎没有。

2. 短期借款筹资的缺点

（1）财务风险大。借款通常有固定的利息负担和固定的偿付期限，当企业的经营不良时，可能会产生不能偿付的风险，甚至会导致破产。

（2）限制条款多。企业与银行借款合同中，一般都有一些限制性条款，如对流动资本数额的限制、对借款用途的限制等，而股票筹资则不受限制。

（3）筹资数量有限。银行一般不愿借出巨额长期借款，因此借款方式不如股票和债券那样一次可以筹集到大笔资金。

二、商业票据融资

（一）什么是商业票据

商业票据是指由金融公司或某些信用较高的企业开出的无担保的短期票据。该票据是由出票人向受票人签出，并承诺在一定时期内向受款人无条件支付款项的书面凭证，是一种期票。由于该期票没有担保，而且可以在货币市场上流通，因此，只有信誉较好的公司才能用此短期融资方式。商业票据的可靠程度依赖于发行企业的信用程度，可以背书转让，也可以向银行申请贴现。

（二）商业票据的特点

（1）无担保。即无实体财产作抵押，一般以公司的声誉、实力地位做担保。

（2）期限短。大中型公司发行的商业票据的期限为1～6个月；大型金融公司发行的商业票据的期限为1～9个月，甚至有以天计期的商业票据。

（3）见票即付：商业票据有明确的到期日。到期时，债务人必须无条件地向债权人或持票人支付确定的金额，不得以任何理由或借口拒绝支付或延期支付。

（4）利率低。商业票据的利率一般低于银行贷款利率，但高于国库券利率。利率差距的幅度因发行时间、发行公司状况、金融市场货币供求情况的不同而有变化。

（三）商业票据的发行

商业票据的发行方式有两种。第一，委托经纪人发行，又称经纪人市场。在经纪人市场上，发行商业票据的大中型公司委托经纪人将商业票据出售给投资者，并支付给经纪人一定的佣金。佣金比例为发行额的0.125%左右。通过经纪人发行的商业票据数量占总发行量的20%～40%。第二，发行公司直接发行。在该发行方式下，不通过经纪人，而由发行公司将商业票据直接出售给现金富裕的大公司。该发行量占发行总量的60%～80%。

（四）商业票据的成本

1. 按规定利率所支付的利息

商业票据的主要成本是按规定利率所支付的利息，利息的多少通常由票据的面值和票面利率所决定。

2. 承销费

发行商业票据的另一种成本是支付给经纪人的手续费，这些经纪人（有时是商业银行）为票据发行人充当发行代理和支付代理，他们在处理所有相关工作时，借款企业都要为此付出手续费。

3. 签订费

签订费是付给权威中介机构的签订手续费和工本费。签订费一般规定最低起收点，并随发行公司有无保证而有差别。

4. 保证费

金融机构一般要为商业票据发行的企业提供信用保证，相应地收取保证费，一般按商业票据年利率的1%计付。

5. 评级费

由于商业银行一般由较大的、有可靠信用的公司控制，那些未评级或评级较低的商业票据不易销售，因此，公司每年必须为评级服务支付手续费。

（五）商业票据的优缺点

1. 商业票据的优点

（1）加强债券的安全保证，有利于提升商业信用。一方面，将商业信用票据化，通过票据法令规范的约束，加强了债权的安全保证，有利于提升商业信用，促进商品交易；另一方面，商业票据引进了银行信用，将银行信用与商业信用有机地结合起来，从而为商业票据增信。

（2）公司获取的资金成本低。一些大公司发行商业票据比银行的短期借款成本低，因为它是直接从投资者处获得资金和部分利润。

（3）公司筹资的灵活性增强。公司在发行商业票据筹资时，可以根据自身需求确定发行量、利率和次数。

（4）有利于提高公司的信誉。公司有能力发行兑付票据，表明公司有较高信誉，发行后也有利于提高公司形象。公司也可借此来向银行争取较好的借贷条件。

（5）投资者投资可享有盈利性、流动性、安全性之利。投资者购买公司票据后，可以获取比银行更高的利息收入，票据如经信用评级，银行担保也比较安全，需要资金时也可以把持有的未到期票据到二级市场出售，可以获得流动性之便。

2. 商业票据的缺点

（1）发行商业票据的风险比较大。商业票据到期必须归还，一般不会有延期的可能，如果到期不归还，会产生严重后果。

（2）发行商业票据的弹性比较小。只有当公司的资金需求达到一定数量时，才能使用商业票据；如果数量小，则不宜采用商业票据。另外，商业票据一般不能提前偿还，因此，即使公司资金比较宽裕，也要到期才能还款。

(3) 发行商业票据的条件比较严格。并不是任何公司都能发行商业票据，必须是信誉好、实力强、效益好的公司才能使用，而一些小公司或信誉不太好的公司则不能利用商业票据来筹集资金。

三、短期融资券

(一) 短期融资券概述

在我国，短期融资券是指具有法人资格的企业，依照《短期融资券管理方法》规定的条件和程序，在银行间债券市场发行并约定在一定期限内还本付息的有价证券。短期融资券本质上是一种由企业发行的融资性的无担保商业本票，与国外的商业票据性质相同。

(二) 短期融资券分类

(1) 按发行方式分类，短期融资券可分为经纪人代销的融资券和直接销售的融资券。

(2) 按发行人的不同分类，短期融资券可分为金融企业的融资券和非金融企业的融资券。

(3) 按融资券的发行和流通范围分类，短期融资券可分为国内融资券和国际融资券。

(三) 短期融资券发行条件

(1) 在中华人民共和国境内依法设立的企业法人；

(2) 具有稳定的偿债资金来源；

(3) 流动性良好，具有较强的到期偿债能力；

(4) 发行短期融资券或中期票据募集的资金用于本企业生产经营；

(5) 近三年没有违法和重大违规行为；

(6) 近三年发行的短期融资券或中期票据没有延迟支付本息的情形；

(7) 具有健全的内部管理体系和募集资金的使用偿付管理制度；

(8) 发行前需经过外部评级机构的信用评级。

(四) 短期融资券发行程序

(1) 公司作出发行短期融资券的决策；

(2) 办理发行短期融资券的信用评级；

(3) 向有关审批机构提出发行申请；

(4) 审批机关对企业提出的申请进行审查和批准；

(5) 正式发行短期融资券，取得资金。

(五) 短期融资券优缺点

1. 短期融资券的优点

(1) 短期融资券的融资成本较低。目前我国短期融资券的利率一般要比银行借款利率高，这主要是因为：首先，我国银行利率尚未完全市场化，银行利率水平并不能真正反映资金的真实成本；其次，我国短期融资券市场刚建立，投资者对短期融资券缺乏了解。随着短期融资券市场的不断完善，短期融资券利率将会逐渐接近银行贷款利率，但会略低于银行贷款利率。

（2）短期融资券筹资数额较大。银行一般不会向公司贷放巨额的流动资金借款。对于公司营运资金的临时性大额需求，公司只能通过短期融资券来解决。

（3）短期融资券可以提高公司的信誉和知名度。短期融资券的发行者通常是那些信誉卓著的公司，随着公司票据的发行和流通，发行公司的信誉自然得到提升，并且从短期融资券发行至完全兑付，对企业有定期披露财务信息的要求，市场也会对企业进行持续的信用评级，市场约束力强。企业在资本市场上树立的良好的信用形象，也为持续融资打下了信用基础。

2. 短期融资券的缺点

（1）发行短期融资券的风险比较大。公司的可用资金只限于往来公司某一特定期间的多余资金，因为商业票据面额较大，小额投资者无力购买，从而使商业票据失去了一个广阔的投资市场。由于商业票据不存在确定的二级市场，虽然其期限权短，但人们认为任何一种缺乏二级市场的有价证券的流动性是不会高的，因此，商业票据的流动性受到一些人的怀疑。

（2）发行短期融资券的弹性较小。只有当公司的资金需求很大时，才能使用短期融资券。另外，短期融资券不能提前偿还，因此，即使公司资金比较宽裕也要到期才能偿还。

（3）发行短期融资券的条件比较严格。只有信誉好、实力强、效益高的公司才有资格发行短期融资券，那些小公司或信誉不太好的公司则不能利用短期融资券来筹集资金。

（4）短期融资券不能展期。一些商业票据在到期而不能再筹资时，可以通过债务展期来缓解债务压力，但是短期融资券这种债务不能展期。

四、融资租赁

租赁是指出租人在承租人给予一定报酬的条件下，授予承租人在约定的期限内占有和使用财产权利的一种契约性行为。

扫一扫

财务微课堂：如何运用融资租赁融资

（一）租赁的种类

1. 经营租赁

经营租赁又称服务性租赁，是由租赁公司向承租单位在短期内提供设备，并提供维修、保养、人员培训等的一种服务性业务。其特点是：

（1）承租企业可随时向出租人提出租赁资产要求；

（2）租赁期短，不涉及长期而固定的义务；

（3）租赁合同比较灵活，在合理限制条件范围内，可以解除租赁契约；

（4）租赁期满，租赁资产一般归还给出租者；

（5）出租人提供专门服务，如设备的保养、维修、保险等。

2. 融资租赁

融资租赁又称财务租赁，是由租赁公司按承租单位要求出资购买设备，在较长的合同期内提供给承租单位使用的融资信用业务，它是以融通资金为主要目的的租赁。其特点是：

扫一扫

财务微课堂：融资租赁的特点

（1）一般由承租人向出租人提出正式申请，由出租人融通资金引进承租人所需设备，然后再租给承租人使用。

（2）租期较长，租期一般为租赁资产寿命的一半以上。

（3）租赁合同比较稳定。在租期内，承租人必须连续支付租金，非经双方同意，中途不得退租。

（4）租赁期满后，租赁资产的处置有三种方法可供选择：将设备作价转让给承租人、由出租人收回、延长租期续租。

（5）在租赁期内，出租人一般不提供维修和保养设备方面的服务。

（二）融资租赁的形式

1. 直接租赁

直接租赁是指承租人直接向出租人租入所需要的资产，并付出租金。直接租赁的出租人主要是制造厂商、租赁公司。

2. 售后租回

根据协议，企业将某资产卖给出租人，再将其租回使用。从事售后租回的出租人为租赁公司等金融机构。

3. 杠杆租赁

杠杆租赁要涉及承租人、出租人和资金出借者三方当事人。从承租人的角度来看，这种租赁与其他租赁形式并无区别，但对出租人却不同，出租人只出购买资产所需的部分资金（如 30%）作为自己的投资，另外以该资产作为担保向资金出借者借入其余资金（如 70%）。

（三）融资租赁的租金计算

扫一扫

财务微课堂：如何计算融资租赁租金

1. 租金的构成

融资租赁每期租金的多少，取决于以下因素：

（1）设备原价及预计残值，包括设备买价、运杂费、安装调试费、保险费等；

（2）利息，指租赁公司为购买租赁设备垫付资金所应支付的利息；

（3）租赁手续费，指租赁公司承办租赁设备所发生的业务费用和必要的利润。

2. 租金的支付方式

租金的支付方式也影响租金的计算。租金的支付，有以下几种分类方式：

（1）按支付时期的长短，可以分为年付、半年付、季付和月付等方式。

（2）按支付时期先后，可以分为先付租金和后付租金两种。先付租金是指在期初支付，后付租金是指在期末支付。

（3）按每期支付金额，可以分为等额支付和不等额支付两种。实务中，承租企业与租赁公司商定的租金支付方式，大多为后付等额年金。

3. 租金的计算

我国融资租赁实务中，租金的计算一般采用等额年金法。等额年金法是利用年金现值的计算公式经变换后计算每期支付租金的方法。等额年金法通常要根据利率和租赁手续费率确定一个租费率，以此作为折现率。

【工作实例 3-10】钱塘公司于 2022 年 1 月 1 日从租赁公司租入一套设备，价值 60 万元，租期 6 年，租赁期满时预计残值为 5 万元，归租赁公司。假设年利率为 8%，租赁手续费率为每年 2%，租金每年年末支付一次，请问：每年年末应支付的租金为多少？（已知（P/F,10%,6)＝0.564 5，(P/A,10%,6)＝4.355 3)

解：每年租金＝[600 000－50 000×(P/F,10%,6)]/（P/A,10%,6)

＝131 283（元）

即钱塘公司每年末应支付的租金为 131 283 元。

【工作实例 3-11】钱塘公司于 2012 年 12 月 1 日从租赁公司租入一套设备，价值为 120 万元，租期为 6 年，租赁期满时预计残值为 6 万元，归租赁公司所有。假设租赁手续费率为每年 10%，租金每年年末支付一次。

要求：

（1）计算每年租金（结果保留整数）；

（2）编制租金摊销计划表，将结果填入表 3-1。

表 3-1　租金摊销计划表　　单位：元

年份	期初本金	支付租金	应计租费	本金偿还额	本金余额
2013					
2014					
2015					
2016					
2017					
2018					
合计					

解：

（1）每年租金＝[1 200 000－60 000×（P/F,10%,6)]/（P/A,10%,6)

＝267 750（元）

（2）编制的租金摊销计划表见表 3－2。

表 3－2 租金摊销计划表

单位：元

年份	期初本金（1）	支付租金（2）	应计租费（3）＝（1）×10%	本金偿还额（4）＝（2）－（3）	本金余额（5）＝（1）－（4）
2013	1 200 000	267 750	120 000	147 750	1 052 250
2014	1 052 250	267 750	105 225	162 525	889 725
2015	889 725	267 750	88 972.5	178 777.5	710 947.5
2016	710 947.5	267 750	71 094.75	196 655.25	514 292.25
2017	514 292.25	267 750	51 429.23	216 320.77	297 971.48
2018	297 971.48	267 750	29 797.15	237 952.85	60 018.63
合计		1 606 500	466 518.63	1 139 981.37	60 018.63*

注：＊60 018.63 即为到期残值，尾数 18.63 系中间计算过程四舍五入的误差导致的。

（四）融资租赁筹资的优缺点

扫一扫

业务挂图：融资租赁的优点

扫一扫

业务挂图：融资租赁的缺点

1. 融资租赁筹资的优点

（1）筹资速度快：租赁往往比借款购置设备更迅速、更灵活；

（2）限制条款少，手续简便；

（3）设备淘汰风险小：承租人签订租赁合同确定租期时，根据自身的生产技术发展情况，考虑了可能出现的无形损耗因素，因而可避免由于自行购置发生陈旧而造成的损失；

（4）财务风险小：租金在整个租期内分摊，不用到期归还大量本金；

（5）税收负担轻：租金可在税前扣除，具有抵免所得税的效用。

2. 融资租赁筹资的缺点

融资租赁筹资的最主要缺点就是资金成本较高。一般来说，其租金要比举借银行借款或发行债券所负担的利息高得多。另外，由于承租企业在租赁期内无资产所有权，因此不能根据自身的要求自行处置租赁资产。

项目小结

企业筹资的动机包括新建筹资动机、扩张筹资动机、偿债筹资动机、混合筹资动机。营运资金筹集属于短期资金筹集，与企业长期融资相比，营运资金的筹集具有融资速度快、融资弹性大、融资成本低、融资风险大的特点。

营运资金投资策略包括紧缩的流动资产投资策略和宽松的流动资产投资策略。在紧缩的流动资产投资策略下，企业维持低水平的流动资产与销售收入比率；在宽松的流动资产投资策略下，企业通常会维持高水平的流动资产与销售收入比率。

企业的营运资金筹集策略通常分为三种：配合型融资策略、激进型融资策略和保守型融资策略。配合型融资策略是临时性流动资产所需资金用临时性流动负债筹集，永久性流动资产和长期资产所需资金用自发性流动负债和长期负债、权益资本筹集。在激进型融资策略中，企业以自发性流动负债、长期负债和股东权益资本为部分永久性流动资产和非流动资产融资，临时性流动负债支持剩下的永久性流动资产和所有的波动性流动资产。临时性流动负债不但要满足临时性流动资产的需要，还要满足一部分永久性流动资产的需要，有时甚至全部流动资产都要由临时性流动负债支持。在保守型融资策略中，临时性流动负债只满足部分临时性流动资产的需要，其他流动资产和长期资产用自发性流动负债、长期负债和权益资本来满足。

营运资金筹集方式按其形成的途径不同，大致可以分为自然性融资和非自然性融资两大类。自然性融资是企业在日常交易中自然发生的，主要有应计费用与供应商提供的商业信用，非自然性融资主要是指银行信用。

知识巩固与技能训练

一、单选题

1. 企业因发放现金股利的需要而进行筹资的动机属于（　　）。

A. 扩张筹资动机　　B. 偿债筹资动机

C. 新建筹资动机　　D. 混合筹资动机

2. 在应收账款保理业务中，保理商和供应商将应收账款被转让的情况通知购货商，并签订三方合同，同时，供应商向保理商融通资金后，如果购货商拒绝付款，保理商有权向供应商要求偿还融通的资金，则这种保理是（　　）。

A. 暗保理，且是无追索权的保理　　B. 明保理，且是有追索权的保理

C. 暗保理，且是有追索权的保理　　D. 明保理，且是无追索权的保理

3. 下列各项中，不计入融资租赁租金的是（　　）。

A. 租赁手续费　　B. 承租公司的财产保险费

C. 租赁公司垫付资金的利息　　D. 设备的买价

4. 某公司资产总额为 9 000 万元，其中永久性流动资产为 2 400 万元，波动性流动资产为 1 600 万元，该公司长期资金来源金额为 8 100 万元，不考虑其他情形，可以判断

该公司的融资策略属于（ ）。

A. 期限配合型融资策略　　B. 保守型融资策略

C. 激进型融资策略　　D. 风险配合型融资策略

5. 企业要充分利用各种筹资渠道，选择经济、可行的资金来源所涉及的筹资管理原则是（ ）。

A. 筹措合法　　B. 规模适当　　C. 取得及时　　D. 来源经济

6. 承租方与出租方签订了一份融资租赁合同，标的资产是承租方售给出租方的，租赁合同约定除资产所有者的名义改变之外，其余情况均无变化，则这种融资租赁形式属于（ ）。

A. 直接租赁　　B. 售后回租　　C. 杠杆租赁　　D. 贷款租赁

7. 企业向租赁公司租入一台设备，价值 1 500 万元，合同约定租赁期满时残值 15 万元归租赁公司所有，租期从 2018 年 1 月 1 日到 2023 年 1 月 1 日，租费率为 12%，若采用先付租金的方式，则平均每年支付的租金为（ ）万元。（已知（P/F,12%,5）=0.567 4，（P/A,12%,4）=3.037 3，（P/A,12%,5）=3.604 8）

A. 371.54　　B. 369.43　　C. 413.75　　D. 491.06

8. 相比举借银行借款购买资产而言，融资租赁筹资的特点是（ ）。

A. 限制条件多　　B. 资本成本负担较高

C. 存在融资额度的限制　　D. 财务风险大

9. 下列各项中，不属于商业信用融资内容的是（ ）。

A. 赊购商品　　B. 预收货款

C. 办理应收票据贴现　　D. 用商业汇票购货

10. 在保守型融资策略下，下列结论成立的是（ ）。

A. 长期负债、自发负债和权益资本三者之和大于永久性资产

B. 长期负债、自发负债和权益资本三者之和小于永久性资产

C. 临时负债大于临时性流动资产

D. 临时负债等于临时性流动资产

二、多选题

1. 下列各项中，属于筹资管理内容的有（ ）。

A. 科学计算资金需要量　　B. 合理安排筹资渠道，选择筹资方式

C. 降低资本成本，控制财务风险　　D. 调整资本结构

2. 相比自行一次支付购买设备而言，下列各项属于融资租赁取得设备优点的有（ ）。

A. 延长资金融通的期限　　B. 不需要大量资金就能迅速获得资产

C. 财务风险小，财务优势明显　　D. 资本成本低

3. 下列关于融资租赁与经营租赁的区别中，表述正确的有（ ）。

A. 前者租期较长，后者租期较短

B. 前者的租金中包括设备价款，而后者的租金中只是设备使用费

C. 前者的租赁合同是不可撤销合同，后者的租赁合同经双方同意可中途撤销

D. 前者融资融物于一体，后者无融资特征，只是一种融物方式

4. 在激进型筹资策略下，临时性负债的资金来源用来满足（　　）。

A. 全部临时性流动资产的资金需要

B. 部分永久性流动资产和固定资产的需要

C. 部分永久性资产的需要

D. 部分权益资本的需要

5. 在短期借款的利息计算和偿还方法中，企业实际负担利率高于名义利率的有（　　）。

A. 利随本清法付息　　　　B. 贴现法付息

C. 贷款期内定期等额偿还贷款　　　　D. 到期一次偿还贷款

三、判断题

1. 应付账款是供应商给企业的一种商业信用，采用这种融资方式是没有成本的。（　　）

2. 调整性筹资的目的，是企业经营活动追加资金，这类筹资通常会增加企业的资本总额。（　　）

3. 借款合同中规定借款的用途不得改变，这属于一般性保护条款。（　　）

4. 融资租赁是由租赁公司按承租单位要求出资购买设备，在较长的合同期内提供给承租单位使用的融资信用业务，它是以融物为主要目的的租赁。（　　）

5. 一般来说，债务筹资的资本成本低于股权筹资。（　　）

6. 如果没有现金折扣，或企业不放弃现金折扣，则利用商业信用筹资没有实际成本。（　　）

7. 放弃现金折扣的机会成本与现金折扣率、折扣期成反方向变化，而与信用期成同方向变化。（　　）

8. 某企业计划购入原材料，供应商给出的条件为“1/20，N/50”，若银行短期借款利率为10%，则企业应在折扣期限内支付货款。（　　）

9. 一旦企业与银行签订信贷额度，则在协定的有效期内，只要企业的借款总额不超过最高限额，那么银行必须满足企业任何时候任何用途的借款要求。（　　）

10. 从承租人的角度来看，杠杆租赁与售后租回或直接租赁并无区别。（　　）

四、计算题

1. 如果M公司正面对着甲、乙两家提供不同信用条件的卖方，甲公司的信用条件为“3/10，N/30”，乙公司的信用条件为“2/20，N/30”，请回答下面三个问题并说明理由。

（1）如果M公司在10～30天之间用该笔应付账款有一投资机会，投资回报率为60%，M公司是否应在10天内归还甲公司的应付账款，以取得3%的折扣？

（2）如果M公司准备延期付款，那么应选择哪家供应商？

（3）如果 M 公司准备享有现金折扣，那么应选择哪家供应商？

2. 某公司向银行借入短期借款 10 000 元，支付银行贷款利息的方式同银行协商后的结果是：

（1）如果采用收款法，则利息率为 14%；

（2）如果采用贴现法，则利息率为 12%；

（3）如果采用补偿性余额，则利息率降为 10%，银行要求的补偿性余额比例为 20%。

请问：如果你是该公司财务经理，你选择哪种支付方式？说明理由。

3. 某企业为扩大经营规模融资租入一台机床，该机床的市价为 198 万元，租期 10 年，租赁公司的融资成本为 20 万元，租赁手续费为 15 万元。租赁公司要求的报酬率为 15%。

已知：(P/A,15%,9) =4.771 6，(P/A,15%,10) =5.018 8，(P/A,15%,11) =6.233 7，(F/A,15%,9) =16.786，(F/A,15%,10) =20.304，(F/A,15%,11) =24.349。

要求：

（1）确定租金总额。

（2）如果采用等额年金法，每年年初支付，则每期租金为多少？

（3）如果采用等额年金法，每年年末支付，则每期租金为多少？

项目四

货币资金管理

【知识目标】

- 理解货币资金持有的原因
- 理解货币资金持有的成本
- 理解如何利用成本分析模型确定货币资金持有量
- 掌握利用存货模型确定货币资金持有量的计算方法
- 掌握利用随机模型确定货币资金持有量的计算方法
- 熟悉货币资金内部控制的概念
- 掌握货币资金内部控制的方法
- 理解货币资金管理模式
- 理解库存现金日常管理制度
- 掌握现金周转期的计算和缩短方法
- 熟悉货币资金收付款管理方法

【能力目标】

- 能够利用成本分析模型确定货币资金持有量
- 能够利用存货模型确定货币资金持有量
- 能够利用随机模型确定货币资金持有量
- 能够设计货币资金内部控制制度
- 能够进行货币资金的收付款管理

【素养目标】

- 培养学生爱岗敬业、忠于职守、尽心尽力的敬业精神
- 培养学生诚实守信的品质，说老实话，办老实事，不弄虚作假，不泄露机密
- 培养学生能够运用相关理论进行货币资金的持有量确定、内部控制制度设计、收付款管理的能力

任务1

持有货币资金的原因及成本

引导案例

乐视网的现金流

【背景资料】

乐视网今日举行2017年度网上业绩说明会。财务总监张巍表示，公司2017年度短期借款余额为27.55亿元，大部分借款为金融机构借款。经营性货币资金流无法覆盖短期债务，公司为解决短期债务，正在与相关金融机构协商贷款展期，协调关联方以货币资金或者资产等方式偿还对上市公司的欠款。总体上看，目前公司在整体资金安排上存在较大困难，货币资金流极度紧张，公司管理层正在积极寻求一切可能解决困难的方案，但目前尚未形成确定的方案。在资产大幅减值后，乐视网部分资产都处于冻结状态，当下公司的融资额难以覆盖短期债务以及公司披露的上市公司累计诉讼、仲裁情况，如果上述诉讼赔偿进一步形成或有负债，将加重公司的债务压力。

资料来源：乐视网：公司目前整体资金安排困难 现金流极度紧张．（2018-05-14）．http://finance.eastmoney.com/news/1350，20180514871411074.html.

【思考讨论】

请简要分析为何乐视网货币资金流会出现问题。

一、持有货币资金的原因

扫一扫 财务微课堂：企业持有现金的动机

扫一扫 业务挂图：企业持有现金的动机

（一）交易性需求

交易性需求是指企业为满足生产经营活动中的各种支付需要（如购买原材料、支付工资、偿还利息、支付货币资金股利等）而持有的货币资金。由于企业在生产经营活动中不可能始终保持货币资金收入与货币资金支出相等，因此，保持一定的货币资金余额以应付各种日常开支是必要的。通常情况下，企业的销售量越大，所要保持的货币资金余额也越大。

（二）预防性需求

预防性需求是指企业保持一定的货币资金余额以应付意外的货币资金需求。企业生产经营活动中正常货币资金的需求可通过资金预测和计划来估算，但许多意外事件的发生将会影响和改变企业的正常货币资金需求量，比如，自然灾害、生产事故、客户款项不能如期支付以及国家政策的某些突然变化等，这些都会打破企业原先预计的货币资金收支平衡。因此，企业需要保持一定的额外货币资金余额来应对可能发生的意外情况。一般来讲，企业保持的用于预防危机的货币资金余额的多少取决于以下几个因素：（1）货币资金收支预测的可靠程度；（2）企业的临时借款能力；（3）企业其他流动资产（如有价证券等）的变现能力；（4）企业对意外事件发生的可能性大小的判断和风险承受能力。

（三）投机性需求

企业持有货币资金的另一个可能的动机是投机，即通过在证券市场上的炒作或原材料市场的投机买卖来获取投机收益。比如，当企业预计原材料价格将有较大幅度的上升时，可利用手中多余的货币资金以目前较低价格购入原材料，使企业在将来价格上升时少受影响。投机性需求只是企业确定货币资金余额所需考虑的次要因素之一，其持有数量往往与企业在金融市场上的投资机会和企业对待风险的态度有关。

【想一想】企业的货币资金持有量是不是以上三种需求下的货币资金持有量之和？

二、持有货币资金的成本

扫一扫

财务微课堂：企业持有现金的成本

扫一扫

业务挂图：企业持有现金的成本

持有货币资金的成本是指企业持有货币资金付出的各种代价。企业持有货币资金的成本具体包括：

（一）机会成本

机会成本是指因持有货币资金而丧失的再投资收益，一般可用企业投资收益率来表示。假设某企业的资金成本为10%，年平均持有货币资金为50万元，则该企业每年货币资金的机会成本为5（=50×10%）万元。机会成本与货币资金持有量正相关，即货币资金持有越多，机会成本越高。机会成本一般与货币资金持有量成正比。

（二）管理成本

管理成本是指企业因持有一定数量的货币资金而发生的管理费用，如管理人员工资和安全措施费等。一般认为，管理成本是一种固定成本，这种固定成本在一定范围内和货币资金持有量之间无明显的比例关系。

（三）转换成本

转换成本是指货币资金与有价证券转换过程中所发生的交易费用，如经纪人佣金、税金、证券过户费等。转换成本一般只与交易的次数有关，而与货币资金持有总量的多少无关。

（四）短缺成本

短缺成本是指企业因货币资金短缺而造成的损失，如不能按时支付购料款而造成的信用损失、不能按期缴纳税款而被罚的滞纳金等。短缺成本随货币资金持有量的增加而下降，随货币资金持有量的减少而上升。

任务 2
最佳货币资金持有量确定

确定最佳货币资金持有量的模式主要有成本分析模型、存货模型和随机模型。

一、成本分析模型

成本分析模型又称成本分析模式，强调的是持有货币资金是有成本的，最佳货币资金持有量是指使得货币资金持有成本最小化的持有量。同时，成本分析模型也是根据对企业持有货币资金的机会成本、管理成本和短缺成本来确定最佳货币资金持有量的方法。其计算公式为：

扫一扫

财务微课堂：运用成本模型确定最佳现金持有量

货币资金总成本＝机会成本＋管理成本＋短缺成本

成本分析模型就是对机会成本、管理成本和短缺成本进行分析，找出三种成本之和最低点时的货币资金持有量，该点就是最佳货币资金持有量。机会成本、管理成本、短缺成本和货币资金持有量之间的关系如图 4-1 所示。

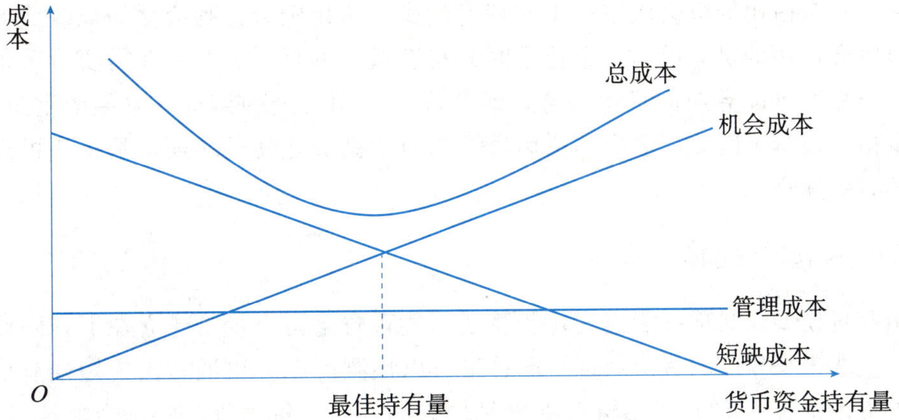

图 4-1　成本分析模型的货币资金成本

【工作实例 4-1】（钱塘公司为寻求最佳货币资金持有量，现拟定四种货币资金持有方案，有关成本资料见表 4-1。假设钱塘公司的投资收益率为 10%，请确定其最佳货币资金持有量。）

表 4-1　货币资金持有方案　　单位：万元

项目	甲方案	乙方案	丙方案	丁方案
货币资金持有量	10 000	20 000	30 000	40 000
机会成本率	10%	10%	10%	10%
管理成本	1 000	1 000	1 000	1 000
短缺成本	4 800	2 500	1 000	800

解：编制钱塘公司最佳货币资金持有量测算表，见表 4-2。

表 4-2　最佳货币资金持有量测算表　　单位：万元

项目	甲方案	乙方案	丙方案	丁方案
货币资金持有量	10 000	20 000	30 000	40 000
机会成本	1 000	2 000	3 000	4 000
管理成本	1 000	1 000	1 000	1 000
短缺成本	4 800	2 500	1 000	800
总成本	6 800	5 500	5 000	5 800

由表 4-2 可知，四个方案中丙方案的总成本最低，因此，该企业的最佳货币资金持有量是 30 000 元。

【想一想】在成本分析模型下，企业持有货币资金的成本是哪些？

扫一扫

财务微课堂：运用存货模型确定最佳现金持有量

二、存货模型

（一）理清机会成本与短缺成本的关系

企业平时持有较多的货币资金，会降低货币资金的短缺成本，但会增加货币资金占用的机会成本；平时持有较少的货币资金，则会增加短缺成本，却能减少货币资金占用的机会成本。企业平时只持有较少的货币资金，在需要货币资金的时候，通过出售有价证券换回货币资金，既能满足货币资金的需求，避免产生短缺成本，又能减少机会成本。因此，适当的货币资金与有价证券之间的转换，是企业提高资金使用效率的有效途径。

（二）模型假设前提

采用存货模型（又称存货模式）测算最佳货币资金持有量是建立在下列假设基础上的：(1) 企业未来年度的货币资金需求总量可以预测；(2) 可通过出售短期有价证券来获得所需货币资金；(3) 货币资金支出是均匀的，而且每当货币资金余额接近于零时，短期证券可随时转换为货币资金。

利用存货模型计算货币资金最佳持有量时，对于短缺成本不予考虑，只对机会成本和固定性转换成本予以考虑。机会成本和固定性转换成本随着货币资金持有量的变动而呈现出相反的变动趋向，因而能够使货币资金的机会成本与固定性转换成本之和保持最低的货币资金持有量，即为最佳货币资金持有量。

（三）计算模型

假设 T 为一定时期货币资金总需求量，F 为每次的转换成本，C 为最佳货币资金持有量（每次证券变现的数量），K 为有价证券利息率（机会成本），TC 为货币资金管理总成本，则：

货币资金管理总成本＝持有机会成本＋固定性转换成本

即：$TC=(C/2)\times K+(T/C)\times F$

货币资金管理相关总成本、持有成本和转换成本的关系如图 4－2 所示。

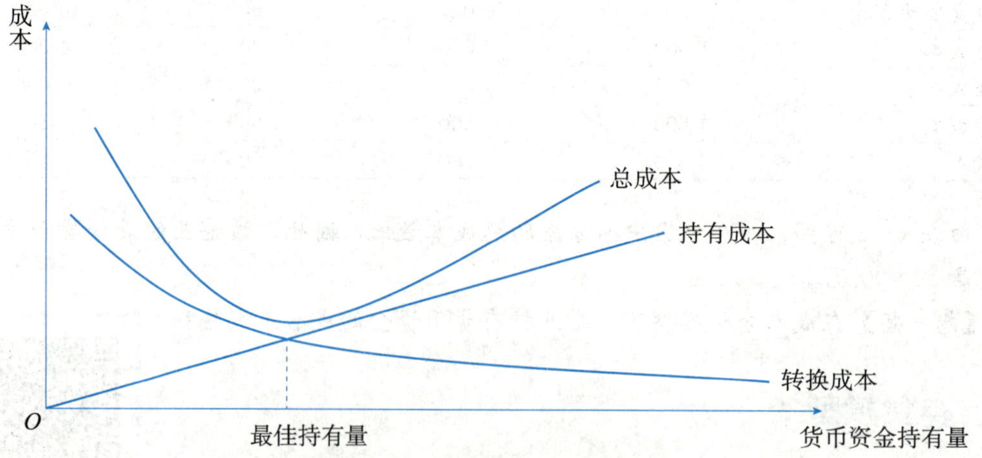

图 4－2　存货模型的货币资金成本

在图 4－2 中，货币资金管理总成本与货币资金持有量呈凹形曲线关系，可用导数的方法求出货币资金管理总成本的最小值。其计算公式为：

最佳货币资金持有量 $C=\sqrt{\dfrac{2\times T\times F}{K}}$

最小相关总成本 $=\sqrt{2\times T\times F\times K}$

【工作实例 4-2】 假设钱塘公司预计全年货币资金需要量为 5 200 000 元，货币资金与有价证券的转换成本为每次 1 000 元，有价证券的年利率为 10%，计算该公司最佳货币资金持有量。

解： 最佳货币资金持有量为：

$$C=\sqrt{\frac{2\times 5\ 200\ 000\times 1\ 000}{10\%}}=322\ 490\text{（元）}$$

即钱塘公司的最佳货币资金持有量为 322 490 元，持有量超过 322 490 元则会降低货币资金的投资收益率，低于 322 490 元则会加大企业正常货币资金支付的风险。

三、随机模型

业务挂图：随机模型

随机模型是指在货币资金需求难以预知的情况下，进行的货币资金持有量控制的方法。企业可以根据历史经验和需求，预算出一个现金持有量的控制范围，制定出现金持有量的上限和下限，争取将企业现金持有量控制在这个范围之内。当现金持有量达到控制上限时，用现金购入有价证券，使现金持有量下降；当现金持有量降到控制下限时，则抛售有价证券换回现金，使现金持有量回升。若现金持有量在控制的上下限范围之内，则不必进行现金与有价证券的转换，保持它们各自的现有存量。这种对现金持有量的控制如图 4-3 所示。

在图 4-3 中，虚线 H 为现金存量的上限，虚线 L 为现金存量的下限，实线 Z 为现金返回线。从图 4-3 中可以看到，企业的现金存量（表现为现金每日余额）是随机波动的，当其达到 T_1 点时，即达到了现金控制的上限，企业应用现金购买有价证券，使现金持有量回落到现金返回线（Z 线）的水平；当现金存量降至 T_2 点时，即达到了现金控制的下限，企业则应转让有价证券换回现金，使其存量回升至现金返回线的水平。现金存量在上下限之间的波动属于控制范围内的变化，是合理的，可以不予理会。

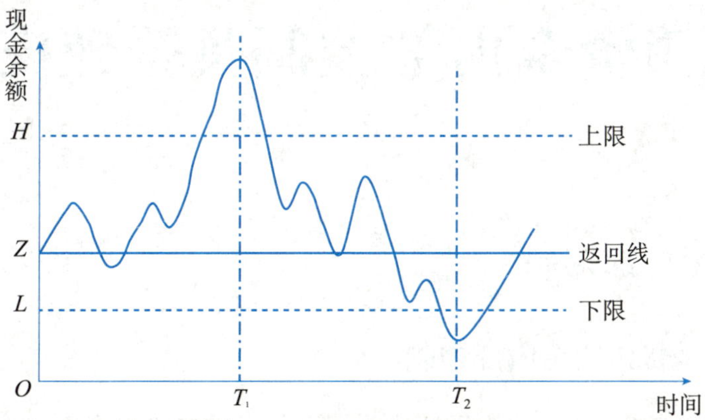

图 4-3　现金持有量随机模型图

随机模型的计算公式为：

$$Z=\sqrt[3]{\frac{3f\sigma^2}{4k}}+L$$

$$H=3Z-2L$$

式中：

Z——随机模型中现金恢复点的点；

L——随机模型中现金控制的下限；

H——随机模型中现金控制的上限；

f——每次出售证券或举债的交易成本；

σ^2——每日现金净流量的方差；

k——有价证券的日利率。

该模式适用于所有企业最佳现金持有量的测算。其主要建立在企业的现金未来需求总量和收支不可预测的前提下，因此该模式计算出来的现金持有量比较保守。

【工作实例 4－3】 假设钱塘公司现金部经理决定现金控制的下限 L 值为 10 000 元，估计公司现金流量标准差 σ 为 1 000 元，持有现金的年机会成本率为 15%，换算为 k 值为 0.000 39，f 为 150，根据随机模型，可求得：

$$Z=\left(\frac{3\times150\times1\ 000^2}{4\times0.000\ 39}\right)^{\frac{1}{3}}+10\ 000=16\ 607\text{（元）}$$

$$H=3\times16\ 607-2\times10\ 000=29\ 821\text{（元）}$$

目标现金余额为 16 607 元。

当现金余额达到 29 821 元时：

应买进证券＝29 821－16 607＝13 214（元）

当现金余额达到 10 000 元时：

应出售证券＝16 607－10 000＝6 607（元）

任务 3

货币资金内部控制及管理模式

一、货币资金内部控制

（一）什么是货币资金内部控制

货币资金内部控制是指企业为保证货币资金信息的准确可靠而采取的一系列相互制

约与协调的方法、措施和程序。如果货币资金内部控制能够建设得更加合理，那么货币资金分配的效果也会更好，从而有利于管理者更好地对其进行把握，提高单位的整体经营能力，减少可能会发生的一系列风险。通过优化货币资金内部控制的一系列流程，企业可以加强各部门之间的沟通，使得处于管理和审核中每一个环节的财会人员会更加严谨，从而减少漏洞，保障企业整体效益。

（二）货币资金内部控制方法

1. 职责分离控制

与其他内部控制相同，货币资金内部控制也需要严格遵循制衡的原则。企业应当建立岗位责任制度，明确划分各个职工的职责，使各个岗位之间相互监督、相互牵制。企业关于资金管理的不相容职务主要有：现金和印鉴保管与监盘、资金付款的审核批准与执行、日记账与会计账簿的记录、记账与定期对账、记账与编制银行存款余额调节表等。

2. 授权审批制度

对于资金付款业务，企业应该建立授权审批制度，严格按照制度流程执行资金支付需求。

（1）申请付款。付款需求部门发出付款请求，付款申请人应该在发出申请时注明款项的用途、付款原因、付款的金额、要求付款时间，对于与业务相关的支付需求，申请人还应该提供交易合同、发票等相关凭证。

（2）审批人审批。业务方负责人或付款申请人的部门负责人对付款申请进行审批，核实申请理由和款项用途是否合理，付款金额是否正确、是否与相关的发票和合同相符，并签署审批意见。此外，对于大额付款业务，企业可以设置更高级别的审批政策和程序，降低付款风险。企业的审批流程不能随意变动，审批人员不能随意变化，授权其他员工执行审批需要按照规定办理授权手续，且被授权人需要具备审批资格以及遵守不相容职务相分离的原则。

（3）复核人复核支付申请。复核人应该根据付款申请人的申请，核实凭证是否齐全、付款申请是否已经经过适当层级的审批、付款金额是否正确、付款方的账号和名称是否正确。

（4）出纳付款。出纳根据经复核的付款申请及时付款，登记日记账，并将已支付凭证交由会计部门记账。

3. 预算管理控制

企业应该建立资金的预算管理制度，资金的预算管理能够帮助企业合理安排资金使用。对于战略发展需求的资金，企业应该事先编入资金预算，留存足够的资金。此外，企业应该根据以前年度业务对资金的需求，以及企业的经营发展战略，考虑下一个预算年度所需的资金。

企业的预算管理制度应该包括对未来资金需求和资金流入的预估，并通过预估未来资金的情况，评价是否存在资金流动性风险或者资金闲置，并根据预算结果执行相应的对策。若企业发现所需的资金不足，管理层应该根据预算评估结果筹集所需的资金；若企业有大量闲置资金，管理层可以适当利用闲置资金，提高资金使用效益。

企业每年的预算申请应该由适当层级的责任人审批，各部门使用资金时应该符合预算管理的要求，超越预算外的资金支付应该经审批并核实超过预算的原因。对于超预算的大额支付需求，企业应该要求更高层级的审批和复核。

4. 定期检查控制

资金部门应该定期检查资金管理的情况，安排不涉及资金相关业务的人员定期核对银行对账单、编制银行存款余额调节表，对差异事项进行调查，碰到异常事项需尽快向管理人员汇报。内部审计人员或者负责盘点的人员应该定期盘点库存现金、支票、汇票、优盾、财务印鉴等，并记录盘点结果，盘点发现的异常和差异需要调查原因，必要时向相关管理人员汇报。企业的内部审计人员应该对资金相关人员是否遵守公司资金管理制度的情况作出评价，并对资金控制制度执行控制测试，评价资金部门内部控制制度的设计是否有效以及是否得到执行。

二、货币资金管理模式

（一）“收支两条线”资金管理模式

“收支两条线”资金管理模式是财务集中管理的模式之一，要求企业具有很强的预算管理能力，否则企业将无法实施高效的“收支两条线”资金管理。

1. “收支两条线”资金管理的目的

企业作为追求价值最大化的营利性组织，实施“收支两条线”的资金管理模式主要出于两个目的：

一是对企业范围内的货币资金进行集中管理，减少货币资金持有成本，加速资金周转，提高资金使用效率；

二是以实施“收支两条线”为切入点，构建企业财务管理体系中内部控制系统，通过高效的价值化管理来提高企业效益。

2. 企业实施“收支两条线”资金管理模式的构建

构建企业的“收支两条线”资金管理模式，可从规范资金的流向、流量和流程三个方面入手：

（1）资金的流向方面：企业实施“收支两条线”资金管理模式要求各部门或分支机构在内部银行或当地银行设立两个账户（收入户和支出户），并规定所有收入的货币资金都必须进入收入户（外地分支机构的收入户还必须及时、足额地回笼到总部），收入户资金由企业资金管理部门（内部银行或财务结算中心）统一管理，而所有的货币性支出都必须从支出户里支付，支出户里的资金只能根据一定的程序由收入户划拨而来，严禁坐支货币资金。

（2）资金的流量方面：在收入环节上，要求所有收入的资金都必须进入收入户，不得私设账外小金库，另外，还要加快资金的结算速度，尽量压缩资金在结算环节的沉淀量；在调度环节上，通过动态的货币资金流量预算和资金收支计划实现对资金的精确调度；在支出环节上，根据“以收定支”和“最低限额资金占用”的原则，使收入户按照支出预算的安排，将资金定期划拨到支出户，支出户平均资金占用额应压缩到最低限度。有效的资金流量管理将有助于企业确保及时、足额地收入资金，合理控制各项费用支出，有效调剂内部资金。

（3）资金的流程方面：它是“收支两条线”内部控制体系的重要组成部分，主要包括以下几个部分：①账户管理、货币资金安全性等规定；②收入资金的管理与控制；③支出资金的管理与控制；④资金内部结算管理与控制；⑤“收支两条线”的组织保障。

3.“收支两条线”资金管理模式的特点

（1）企业实施“收支两条线”资金管理模式，可以在资金管理与企业的长期与短期战略目标相适应的前提下统筹兼顾，协调好企业内部的收入与支出、融资、筹资、投资等各项经济活动，注重整体经济效益。

（2）企业“收支两条线”资金管理模式在实施中，面对的对象多、范围大，具体操作难度较大。在收入方面，“收支两条线”资金管理模式不仅要求企业将已收到的货币资金存入收款专户进行集中管理，而且对各成员企业的应收账款应加强管理，避免流失；在支出方面，不仅要求企业强化预算管理，合理控制企业的费用支出，而且采用各种有效手段，如集中采购、统一支付等，以提高资金使用的效率和效益。

（3）企业可通过实施“收支两条线”资金管理模式为实施全面预算管理铺平道路。预算管理一般包括：资产负债预算、资金收支预算、营运收入预算、成本费用管理、投资预算、融资预算、资本性支出预算等。通过建立全面预算管理，企业对各项经营活动提前规划，所有开支必须在预算范围内，严禁预算外开支，加强企业内部控制，避免资源的浪费和无效使用；同时通过预算管理，总公司可以将关于结构调整、资源配置、重大投资、技术发展等决策贯彻到每个子公司的经营活动中，实现对子公司经营活动的超前或适时调控。

（4）现代企业管理理论都认为企业管理以财务管理为核心，而货币资金管理又在企业财务管理中处于核心地位，因此企业可以以“收支两条线”资金管理模式为平台和切入点构建科学有效的财务管理体系和内部控制系统。

（二）集团企业资金集中管理模式

企业集团下属机构多，地域分布广。如果子公司多头开户，资金存放分散，会大大降低资金的使用效率。集团企业通过资金集中管理、统一筹集、合理分配、有序调整，能够降低融资成本，提高资金使用效率，确保集团战略目标的实现，实现整体利益最大化。

资金集中管理模式的选择，实质上是集团管理，是集权，也是分权管理制度的体现。

也就是说，企业集团内部所属各个子企业或分部是否有货币资金使用的决策权、经营权，这是由行业特点和本集团资金运行规律决定的。现行的资金集中管理模式大致分为以下几种：

1. 统收统支模式

统收统支模式是指企业的一切货币资金收付活动都集中在总部或母公司的财务部门，各地区营销组织不单独设立账户，一切货币资金支出都通过母公司财务部门付出，货币资金收支的批准权高度集中在总部经理或其授权的代表手中；或者虽设置独立账户，但通过实行“收支两条线”资金管理模式及货币资金合并、账户集中等手段，将货币资金收付活动的控制权收归总部或母公司所有。

在该模式下，经营者或者经营者授权代表高度集中资金管理权限，所以企业经营者能掌握企业资金的收支平衡，全面了解和控制企业的经营状况及企业资金的运作情况，提高资金的周转效率，减少企业资金沉淀，控制企业资金流出，提高决策的效率。但是该模式由于权力的高度集中，不利于调动下属公司和分支机构各层次开源节流的积极性，降低下属公司和分支机构的应变能力，降低集团公司整体经营活动效率和财务的灵活性；而且在完全的统收统支方式下，资金的收付都需要委托集体结算中心进行，因此结算中心聚集了大量的工作，容易形成支付瓶颈；另外，所有经营活动都通过一个集中账户来进行，对资金主账户也增大了许多连带风险。统收统支模式适用于各类企业、行政单位以及事业单位，是使用较多的一种模式。

2. 拨付备用金模式

拨付备用金是指集团总部按一定期限拨给成员企业一定金额的货币资金，备其使用。在这种情况下，成员企业的所有货币资金收入必须集中到集团财务部门，发生的货币资金支出必须持有关凭证到总部的财务部门报销以补足备用金。成员企业在总部规定的货币资金支出范围和支出标准内，可以对拨付的备用金的使用行使决策权。

这种模式通常适用于同城或相距不远的非独立核算的地区营销组织。对于已注册为分公司或子公司并单独设置财务部门的跨地区营销企业，则不适宜采用这种模式。

3. 结算中心模式

结算中心是由企业集团或控股公司内部设立的，统一办理企业内部各成员或下属分、子公司资金收付及往来结算。它是企业的一个独立运行的职能机构，办理各成员之间的资金往来结算、资金调度、运筹以降低资金成本、提高资金使用效率的内部资金管理机构，其业务涵盖资金管理、融资、结算、风险控制、运作和计划等。

4. 内部银行模式

内部银行模式是指将商业银行的信贷与结算职能和方式引入企业内部，来充实和完善企业内部经济核算的办法，在运用和发展责任会计基本功能上，将“企业（基础）管理”“金融信贷（银行机制）”“财务管理（会计核算）”三者融为一体。内部银行模式一般是将企业的自有资金和商业银行的信贷资金统筹运作，在内部银行统一调剂、融通运用，通过吸纳企业下属各单位闲散资金，调剂余缺，减少资金占用，活化与加速资金周转速度，提高资金使用效率、效益，并与目标成本管理、企业内部经济责任制有机结合，进行监督、考核、控制和管理企业资金的方法。内部银行模式一般适用于具有较多责任中心的企事业单位。

5. 财务公司模式

财务公司是一种经营部分银行业务的非银行金融机构，它一般是集团公司发展到一定水平后，需要经过中国人民银行审核批准才能设立的。其主要职责是开展集团内部资金集中结算，同时为集团成员企业提供包括存贷款、融资租赁、担保、信用鉴证、债券承销、财务顾问等在内的全方位金融服务。集团设立财务公司是把一种市场化的企业关系或银企关系引入集团资金管理中，使得集团各子公司具有完全独立的财权，可以自行经营自身货币资金，对货币资金的使用行使决策权。另外，集团对各个子公司的货币资金控制是通过财务公司进行的，财务公司对集团各个子公司进行专门约束，而且这种约束是建立在各自具有独立的经济利益基础上。集团公司经营者不再直接干预子公司的货币资金使用和取得。

任务 4
货币资金收支的日常管理

企业在确定了最佳货币资金持有量后，还应采取各种措施，加强货币资金的日常管理，包括建立货币资金和银行存款管理制度，尽快加速账款的回收和货币资金的周转，尽量延缓货币资金支出的时间，充分利用闲置货币资金，以提高货币资金的使用效益。

一、完善库存现金日常管理制度

库存现金是指人民币现钞，企业只能在一定范围内用现钞从事交易。库存现金日常管理制度主要由《中华人民共和国现金管理暂行条例》规定，其中包括库存现金的使用范围、库存现金资金限额、库存现金管理其他规定以及法律责任等。

（一）明确库存现金的使用范围

（1）职工工资、津贴。

（2）个人劳务报酬。

（3）根据国家规定颁发给个人的科学技术、文化艺术、体育等各种奖金。

（4）各种劳保、福利费用以及国家规定的对个人的其他支出。

（5）向个人收购农副产品和其他物资的款项；对个体工商户、农村承包经营户发放的贷款，应当以转账方式支付。对确实需要在集市使用库存现金购买物资的，经开户银行审核后，可以在贷款金额内支付库存现金。

（6）出差人员必须随身携带的差旅费。

（7）结算起点1 000元以下的零星支出。

（8）开户单位支付给个人的款项，超过使用库存现金限额的部分，应当以支票或者银行本票支付；确实需要全额支付库存现金的，经开户银行审核后，予以支付库存现金。

（9）因采购地点不固定、交通不便、生产或者市场急需、抢险救灾以及其他特殊情况必须使用库存现金的，开户单位应当向开户银行提出申请，由本单位财会部门负责人签字盖章，经开户银行审核后，予以支付库存现金。

（10）在开户银行开户的个体工商户、农村承包经营户异地采购所需货款，应当通过银行汇兑方式支付。因采购地点不固定、交通不便必须携带库存现金的，由开户银行根据实际需要，予以支付库存现金。

（二）把握库存现金资金限额

库存现金限额是指为了保证单位日常零星开支的需要，允许企业留存库存现金的最高数额。一个单位在几家银行开户的，由一家开户银行负责库存现金管理工作，核定开户单位库存现金限额。一般按照单位3～5天日常零星开支的需求量确定，边远地区和交通不便地区开户单位的库存现金限额可多于5天，但不得超过15天的日常零星开支。开户单位必须严格遵守核定后的库存现金限额，超过的部分应于当日终了前存入银行。需要增加或减少库存现金限额的单位，应向开户银行提出申请，由开户银行核定。

开户单位库存现金收入应当于当日送存开户银行。当日送存确有困难的，由开户银行确定送存时间。从开户银行提取库存现金，应当写明用途，由本单位财会部门负责人签字盖章，经开户银行审核后，予以支付库存现金。

（三）清楚库存现金管理其他规定

（1）开户单位支付库存现金，可以从本单位库存现金限额中支付或者从开户银行提取，不得从本单位的库存现金收入中直接支付（即坐支）。因特殊情况需要坐支库存现金的，应当事先报经开户银行审查批准，由开户银行核定坐支范围和限额。坐支单位应当定期向开户银行报送坐支金额和使用情况。

（2）不准用不符合财务制度的凭证顶替库存现金，即不得“白条顶库”。

（3）不准谎报用途套取库存现金。

（4）不准用银行账户代其他单位和个人存入或支取库存现金。

（5）不准用单位收入的库存现金以个人名义存入储蓄。

（6）不准保留账外公款，即不得“公款私存”，不得设置“小金库”等。

开户单位在销售活动中，不得对库存现金结算给予比转账结算更优惠的待遇，不得拒收支票、银行汇票和银行本票。

（四）明确法律责任

开户单位有下列情形之一的，开户银行应当依照中国人民银行的规定，予以警告或者罚款；情节严重的，可在一定期限内停止对该单位的贷款或者停止对该单位的库存现金支付：

（1）对库存现金结算给予比转账结算更优惠待遇的；

（2）拒收支票、银行汇票和银行本票的；

（3）违反《中华人民共和国现金管理暂行条例》第八条规定，不采取转账结算方式购置国家规定的专项控制商品的；

（4）用不符合财务会计制度规定的凭证顶替库存现金的；

（5）用转账凭证套换库存现金的；

（6）编造用途套取库存现金的；

（7）互相借用库存现金的；

（8）利用账户替其他单位和个人套取库存现金的；

（9）将单位的库存现金收入按个人储蓄方式存入银行的；

（10）保留账外公款的；

（11）未经批准坐支或者未按开户银行核定的坐支范围和限额坐支库存现金的。

开户单位对开户银行作出的处罚决定不服的，必须首先按照处罚决定执行，然后可在十日内向开户银行的同级人民银行申请复议。同级人民银行应当在收到复议申请之日起三十日内作出复议决定。开户单位对复议决定不服的，可以在收到复议决定之日起三十日内向人民法院起诉。

二、理解并会管理现金周转期

扫一扫

业务挂图：现金周转期

（一）什么是现金周转期

现金周转期是指介于公司支付现金与收到现金之间的时间段，也就是存货周转期与应收账款周转期之和减去应付账款周转期，如图4-4所示。

（二）各种周转期的含义

存货周转期是指从收到原材料到加工原材料，形成产成品，到将产成品卖出的这一时期；

应收账款周转期是指产品卖出后到收到顾客支付的货款的这一时期；

应付账款周转期是指企业购买原材料并不用立即付款，从而延迟的付款时间段。

现金周转期＝存货周转期＋应收账款周转期－应付账款周转期

其中：

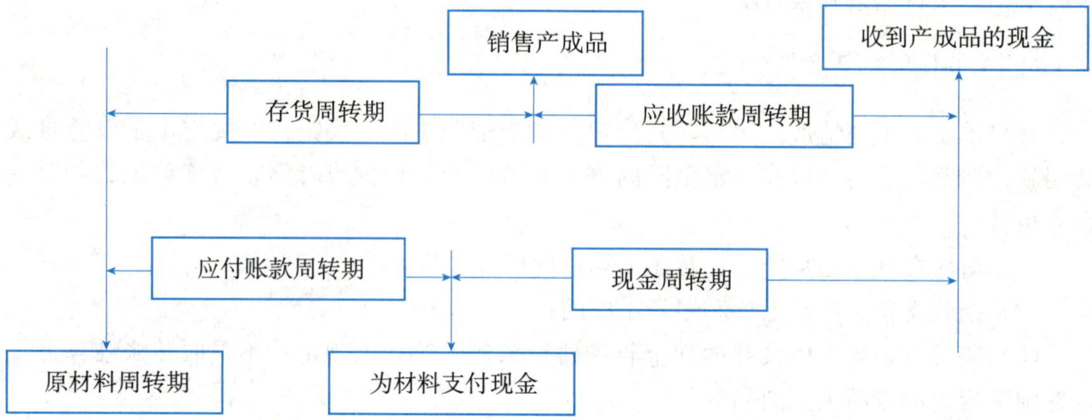

图 4-4　现金周转期

存货周转期＝平均存货/每天的销货成本

应收账款周转期＝平均应收账款/每天的销货收入

应付账款周转期＝平均应付账款/每天的购货成本

（三）降低现金周转期的措施

加快制造与销售产成品，减少存货周转期；加速应收账款的回收，减少应收账款周转期；减缓支付应付账款，延长应付账款周转期。

【工作实例 4-4】 假设钱塘公司 2022 年营业收入为 3 600 万元，营业成本为 1 800 万元，日购货成本为 5 万元。该公司与经营有关的购销业务均采用赊账方式。假设一年按 360 天计算，钱塘公司简化的资产负债表见表 4-3。

表 4-3　钱塘公司资产负债表（简表）　　单位：万元

资产	金额	负债和所有者权益	金额
货币资金	211	应付账款	120
应收账款	600	应付票据	200
存货	150	应付职工薪酬	255
流动资产合计	961	流动负债合计	575
固定资产	850	长期借款	300
非流动资产合计	850	负债合计	875
		实收资本	600
		留存收益	336
		所有者权益合计	936
资产合计	1 811	负债和所有者权益合计	1 811

要求：

（1）计算钱塘公司 2022 年的营运资金数额。

（2）计算钱塘公司 2022 年的应收账款周转期、应付账款周转期、存货周转期以及现金周转期（为简化计算，应收账款、存货、应付账款的平均余额均以期末数据代替）。

（3）在其他条件相同的情况下，如果钱塘公司利用供应商提供的现金折扣，则对现金周转期会产生何种影响？

（4）在其他条件相同的情况下，如果钱塘公司增加存货，则对现金周转期会产生何种影响？

解：

（1）营运资金＝961－575＝386（万元）

（2）应收账款周转期＝600÷(3 600÷360）＝60（天）

应付账款周转期＝120÷5＝24（天）

存货周转期＝150÷(1 800÷360）＝30（天）

现金周转期＝60＋30－24＝66（天）

（3）如果钱塘公司利用供应商提供的现金折扣，则应付账款周转期将会缩短，在其他条件不变的情况下，会使现金周转期增加（或者现金周转期延长，或者现金周转减速）。

（4）如果钱塘公司增加存货，则存货周转期将会增长，在其他条件不变的情况下，会使现金周转期增加（或者现金周转期延长，或者现金周转减速）。

三、货币资金收款管理

扫一扫　财务微课堂：现金的收款管理

扫一扫　业务挂图：现金收入管理

（一）收款系统

一个高效的收款系统能够使收款成本和收款浮动期达到最小，同时能够保证与客户汇款及其他货币资金流入来源相关的信息的质量。

1. 收款成本

收款成本包括浮动期成本、管理收款系统的相关费用及第三方处理费用或清算相关费用。另外，企业在获得资金之前，收款在途项目使企业无法利用这些资金，也会产生机会成本。

2. 收款浮动期

收款浮动期是指从支付开始到企业收到资金的时间间隔。收款浮动期主要是由纸基（或纸质）支付工具导致的，有以下三种类型：（1）邮寄浮动期：是指从付款人寄出支票到收款人或收款人的处理系统收到支票的时间间隔；（2）处理浮动期：是指支票的接收方处理支票和将支票存入银行以收回货币资金所花的时间；（3）结算浮动期：是指通过银行系统进行支票结算所需要的时间。

（二）收款方式

1. 集中银行法

集中银行是指通过设立多个策略性的收款中心来代替通常在公司总部设立的单一收款中心，以加速账款回收的一种方法。其目的是缩短从顾客寄出账款到货币资金收入企业账户这一过程的时间。

具体做法是：（1）企业以服务地区和各销售区的账单数量为依据，设立若干个收款中心，并指定一个收款中心的账户为集中银行；（2）公司通知客户将货款送到最近的收款中心而不必送到公司总部；（3）收款中心将每天收到的货款存到当地银行，然后再把多余的货币资金从地方银行汇入集中银行——公司开立的主要存款账户的商业银行。

设立集中银行主要有以下优点：（1）账单和货款邮寄时间可大大缩短。账单由收款中心寄给该地区顾客，与由总部寄发账单相比，顾客能较早地收到账单。顾客付款时，货款邮寄到最近的收款中心，通常也比直接邮往总公司所需时间短。（2）支票兑现的时间可缩短。收款中心收到顾客汇来的支票存入该地区的地方银行，而支票的付款银行通常也在该地区内，因而支票兑现较方便。

但集中银行也有以下缺点：（1）每个收款中心的地方银行都要求有一定的补偿余额，而补偿余额是一种闲置的不能使用的资金。开设的中心越多，补偿余额也越多，闲置的资金也越多。（2）设立收款中心需要一定的人力和物力，花费较多。所以，财务主管在决定采用集中银行时，不可忽略这两个缺陷。

2. 锁箱系统方法

锁箱系统是指通过承租多个邮政信箱，以缩短从收到顾客付款到存入当地银行的时间的一种货币资金管理办法。采用锁箱系统的具体做法是：（1）在业务比较集中的地区，租用当地加锁的专用邮政信箱；（2）通知顾客把付款邮寄到指定的信箱；（3）授权公司邮政信箱所在地的开户行，每天数次收取邮政信箱的汇款并存入公司账户，然后将扣除补偿余额以后的货币资金及一切附带资料定期送往公司总部。这就免除了公司办理收账、货款存入银行的一切手续。

采用锁箱系统的优点是大大地缩短了公司办理收款、存款手续的时间，即公司从收到支票到完全存入银行之间的时间差距消除了。这种方法的主要缺点是需要支付额外的费用。由于银行提供多项服务，因此要求有相应的报酬。这种费用支出一般来说与存入支票张数成一定比例，所以如果平均汇款数额较小，采用锁箱系统并不一定有利。

企业是否采用锁箱系统方法，要看节约资金带来的收益与额外支出的费用哪个更小。如果增加的费用支出比收益小，则可采用该系统；反之，就不宜采用。

3. 电子支付方式

（1）概念：电子支付是指消费者、商家和金融机构之间使用安全电子手段把支付信息通过信息网络安全地传送到银行或相应的处理机构，用来实现货币支付或资金流转的行为。

（2）支付类型：电子支付的业务类型按电子支付指令发起方式分为网上支付、电话支付、移动支付、销售点终端交易、自动柜员机交易和其他电子支付。

①网上支付是电子支付的一种形式。广义地讲，网上支付指的是客户 、商家、网络银行（或第三方支付）之间使用安全电子手段，利用电子现金、银行卡、电子支票等支付工具通过互联网传送到银行或相应的处理机构，从而完成支付的整个过程。

②电话支付是电子支付的一种线下实现形式，是指消费者使用电话（固定电话、手机、小灵通）或其他类似电话的终端设备，通过银行系统就能从个人银行账户里直接完成付款的方式。

③移动支付是使用移动设备通过无线方式完成支付行为的一种新型的支付方式。移动支付所使用的移动终端可以是手机、掌上电脑、个人计算机等。

（3）电子支付的优点：电子支付方式相较于纸基（或纸质）支付方式是一种改进。电子支付方式提供了如下好处：①结算时间和资金的可用性可以预计；②向任何一个账户或任何金融机构的支付具有灵活性，不受人工干扰；③客户的汇款信息可与支付同时传送，更容易更新应收账款；④客户的汇款从纸基方式转向电子方式，减少或消除了收款浮动期，降低了收款成本，收款过程更容易控制，并且提高了预测精度。

四、货币资金支出管理

扫一扫

财务微课堂：现金的付款管理

扫一扫

业务挂图：现金支出管理

（一）主要任务

货币资金支出管理的主要任务是尽可能延缓货币资金的支出时间，控制货币资金支出的目标是在不损害企业信誉的条件下，尽可能推迟货币资金的支出。

（二）货币资金支出控制方法

企业货币资金支出的控制主要包括金额上的控制和时间上的控制。控制货币资金支出的方法有以下几种：

1. 合理利用货币资金浮游量

货币资金浮游量是指由于企业提高收款效率和延长付款时间所产生的企业账户上的货币资金余额与银行账户上列示的存款余额之间的差额。浮游量实际上是由企业与银行双方在款项接受和划转上的时间差造成的。如果能正确预测浮游量并加以利用，可节约大量货币资金，但是一定要控制好使用的时间，否则会发生银行存款透支的情况。

2. 推迟支付应付款

为了最大限度地利用货币资金，企业在不影响自身信誉的前提下，可采取一定的措施，尽可能地推迟应付款的支付时间。

3. 用汇票代替支票

与支票不同的是，承兑汇票并不是见票即付，它推迟了企业调入资金支付汇票的实际所需时间，这样企业就只需要在银行中保持较少的货币资金余额。

4. 改进工资支付模式

企业通常会为支付工资而设立一个专门的存款账户。为了减少这一存款数额，企业可以预先估计出从开出支付工资支票到银行兑现的具体时间，合理安排工资存款账户的存款数额，达到节约使用货币资金的目的。

5. 透支

透支是指企业开出支票的金额大于活期存款余额，它实际上是银行向企业提供的信用。透支的限额由银行和企业共同商定。

6. 力争货币资金流量同步

货币资金流量同步是指企业尽量使货币资金流入和货币资金流出发生的时间趋于一致，可使企业所持有的交易性货币资金余额降到最低水平。为此，企业可通过合理编制货币资金预算，并依照货币资金预算来安排货币资金流入和货币资金流出，尽量使货币资金流入和流出同步。

7. 使用零余额账户

企业与银行合作，保持一个主账户和一系列子账户。企业只在主账户保持一定的安全储备，而在一系列子账户不需要保持安全储备。当从某个子账户签发的支票需要货币资金时，所需要的资金立即从主账户划拨过来，从而使更多的资金可以作他用。

项目小结

企业持有货币资金的原因包括满足交易性需求、预防性需求、投机性需求。持有货币资金的成本包括：（1）机会成本，机会成本与货币资金持有量成正相关，即货币资金持有越多，机会成本越高；（2）管理成本，一般认为管理成本是一种固定成本，这种固定成本在一定范围内和货币资金持有量之间无明显的比例关系；（3）短缺成本，短缺成本随货币资金持有量的增加而下降，随货币资金持有量的减少而上升。

确定最佳货币资金持有量的模式主要有成本分析模型、存货模型和随机模型。成本分析模型下最佳货币资金持有量是根据企业持有货币资金的机会成本、管理成本和短缺成本来确定的。利用存货模型计算的最佳货币资金持有量是能够使货币资金的机会成本与固定性转换成本之和保持最低的货币资金持有量。随机模型是在货币资金需求难以预知的情况下进行的货币资金持有量控制的方法。

现金周转期是指介于公司支付现金与收到现金之间的时间段，也就是存货周转期与应收账款周转期之和减去应付账款周转期。降低现金周转期的方法是：加快制造与销售产成品，减少存货周转期；加速应收账款的回收，减少应收账款周转期；减缓支付应付账款，延长应付账款周转期。

货币资金收款方式包括集中银行法、锁箱系统方法和电子支付方式；控制货币资金支出的方法有合理利用货币资金浮游量、推迟支付应付款、用汇票代替支票、改进工资支付模式、透支、力争货币资金流量同步、使用零余额账户。

知识巩固与技能训练

一、单选题

1. 下列不属于交易性需要的支出的是（　　）。

A. 到期还本付息　B. 支付工资　C. 缴纳税款
D. 支付股利　E. 购买彩票

2. 以下属于企业持有货币资金的交易性需求的是（　　）。

A. 购买股票以获取额外收益　B. 持有货币资金以防不测
C. 缴纳税款　D. 购买彩票

3. 企业持有货币资金的机会成本（　　）。

A. 与货币资金余额成反比　B. 与有价证券的利息率成正比
C. 与持有时间成反比　D. 是决策的无关成本

4. 企业持有货币资金的转换成本（　　）。

A. 与货币资金余额成反比　B. 与有价证券的利息率成正比
C. 与持有时间成反比　D. 是决策的无关成本

5. 成本分析模型下的最佳货币资金持有量是使以下（　　）之和最小的货币资金持有量。

A. 机会成本和交易成本　B. 机会成本和短缺成本
C. 管理成本和交易成本　D. 管理成本、短缺成本和交易成本

6. 在一定时期，当货币资金需要量一定时，同货币资金持有量成反比的成本是（　　）。

A. 管理成本　B. 机会成本　C. 短缺成本　D. 资金成本

7. 存货模型下的最佳货币资金持有量是使以下（　　）之和最小的货币资金持有量。

A. 机会成本和交易成本　B. 机会成本和短缺成本
C. 管理成本和交易成本　D. 管理成本、短缺成本和交易成本

二、多选题

1. 下列各项中，决定预防性货币资金需求数额的因素有（　　）。

A. 企业临时融资的能力　B. 企业预测现金收支的可靠性
C. 金融市场上的投资机会　D. 企业愿意承担短缺风险的程度

2. 在持有货币资金的动机中，预防性需求是指企业需要维持充足的货币资金，以应付突发事件。那么为应付意料不到的货币资金需求，企业需要掌握的货币资金取决于（　　）。

A. 它愿意冒缺少现金风险的程度　　B. 它预测现金收支可靠的程度

C. 企业临时融资的能力　　D. 金融市场投资机会的多少

3. 通常情况下，企业持有货币资金的机会成本（　　）。

A. 与货币资金余额成正比　　B. 等于有价证券的利息率

C. 与持有时间成反比　　D. 是决策的无关成本

4. 企业应持有货币资金总额通常小于交易性、预防性、投机性三种动机各自所需货币资金持有量的简单相加，其原因是（　　）。

A. 货币资金可在各种动机中调剂使用　　B. 货币资金可在不同时点上灵活使用

C. 货币资金的存在形态可以多样化　　D. 货币资金与有价证券可以相互转换

5. 运用成本分析模型确定企业最佳货币资金持有量时，货币资金持有量与持有成本之间的关系表现为（　　）。

A. 货币资金持有量越小，总成本越大　　B. 货币资金持有量越大，机会成本越大

C. 货币资金持有量越小，短缺成本越大　D. 货币资金持有量越大，管理总成本越大

6. 运用成本分析模型确定最佳货币资金持有量时，持有货币资金的相关成本包括（　　）。

A. 机会成本　　B. 转换成本　　C. 短缺成本　　D. 管理成本

7. 运用存货模型确定企业最佳货币资金持有量时，货币资金持有量与持有成本之间的关系表现为（　　）。

A. 货币资金持有量越小，总成本越大　　B. 货币资金持有量越大，机会成本越大

C. 货币资金持有量越小，交易成本越大　D. 货币资金持有量越大，管理总成本越大

8. 运用存货模型确定最佳货币资金持有量时，持有货币资金的相关成本包括（　　）。

A. 机会成本　　B. 转换成本　　C. 短缺成本　　D. 管理成本

三、判断题

1. 货币资金持有量过多，它所提供的流动性边际效益便会随之上升，从而使企业的收益水平提高。（　　）

2. 企业持有货币资金量是交易性需求、预防性需求和投机性需求三种需求量的绝对值之和。（　　）

3. 企业持有货币资金的机会成本等于持有量 Q 与有价证券短期利率 K 的乘积。（　　）

4. 货币资金转换成本即便在企业不持有短期有价证券即允许现金短缺的情况下也会发生。（　　）

四、计算题

某公司根据存货模型确定的最佳货币资金持有量为 100 000 元，有价证券的年利率为 10%。在最佳货币资金持有量下，该公司与货币资金持有量相关的资金使用总成本为多少元？

项目五

应收账款管理

【知识目标】

- 理解应收账款的功能
- 掌握应收账款成本的计算
- 理解应收账款内部控制的流程
- 熟悉应收账款内部控制的作用
- 理解什么是信用标准
- 掌握信用评价方法
- 掌握信用条件决策方法
- 理解客户信用调查与评估方法
- 掌握应收账款日常监控方法
- 掌握应收账款收账策略和方法

【能力目标】

- 能够设计应收账款内部控制制度
- 能够制定企业信用标准
- 能够进行信用条件决策
- 能够进行客户信用调查
- 能够制定应收账款收账策略

【素养目标】

- 培养学生爱岗敬业、忠于职守、尽心尽力的敬业精神
- 培养学生诚实守信的品质，说老实话，办老实事，不弄虚作假，不泄露机密
- 培养学生运用相关理论进行应收账款信用条件决策、应收账款内部控制设计及其他应收款日常管理的能力

任务1

应收账款的功能及成本

引导案例

三一重工应收账款逾200亿元

【背景资料】

处于与经济基本面密切相关的周期性行业之中，工程机械行业龙头三一重工（600031）当下的日子十分难过：市场需求下滑，应收账款暴增，现金流紧张，大幅裁员……为了应对当下的困局，三一重工不得不再次向资本市场伸手。

工程机械行业不景气，主要是受基础建设和房地产市场不景气的影响。由于市场需求不振，工程机械行业之间的价格战十分惨烈。三一重工副总裁梁林河近日在微博上爆料称，工程机械行业的竞争已经从成交条件之争（指先免费或者支付5%～10%的货款，后期逐步收回）开始演变成为价格战，竞争伙伴6月份价格比5月份至少下降了10万元。

零首付或者5%～10%的首付成交模式，使得工程机械行业面临巨大的应收账款危机。财报数据显示，2012年第一季度末，三一重工应收账款达到201.23亿元，较期初增加88.18亿元，增幅达78%；其账面货币资金仅为68.93亿元，较去年同期减少了30.29%。而中联重科（000157）在其季报上显示，公司的应收账款为141.93亿元，比年初余额增加了17.8%，同时货币资金为177.05亿元。

资料来源：三一重工重启赴港IPO进程以解“钱荒”.（2012－07－09）. https://www.bmlink.com/news/807488.html.

【思考讨论】

请简要分析三一重工巨额的应收账款将对其生产经营活动造成什么影响。

一、应收账款的概念

应收账款是指企业因对外赊销产品、材料、供应劳务等而应向购货或劳务接收的单位收取的款项。应收账款的功能主要表现为增加销售和减少存货两个方面。应收账款作为企业为扩大销售和盈利的一项投资，也会产生一定的成本，所以企业需要在应收账款所增加的盈利和所增加的成本之间作出权衡。应收账款管理就是分析赊销的条件，使赊销带来的盈利增加大于应收账款投资产生的成本费用增加，最终使企业现金收入增加，企业价值上升。

二、应收账款的功能

应收账款的功能是指其在生产经营过程中的作用，主要有以下两个方面：

扫一扫

业务挂图：应收账款的功能

（一）扩大销售，增加企业的竞争力

在市场竞争比较激烈的情况下，赊销是促进销售的一种重要方式。企业赊销实际上是向顾客提供了两项交易：向顾客销售产品以及在一个有限的时期内向顾客提供资金。在银根紧缩、市场疲软、资金匮乏的情况下，赊销具有比较明显的促销作用，对企业销售新产品、开拓新市场具有更重要的意义。

提供赊销所增加的产品一般不增加固定成本，因此，赊销所增加的收益等于增加的销量与单位边际贡献的乘积。其计算公式如下：

增加的收益＝增加的销售量×单位边际贡献

（二）减少库存，降低存货风险和管理开支

企业持有产成品存货，需要追加管理费、仓储费和保险费等支出；相反，企业持有应收账款，则无须支出上述费用。因此，当企业产成品存货较多时，一般采用较为优惠的信用条件进行赊销，把存货转化为应收账款，减少产成品存货，节约相关的开支。

三、应收账款的成本

扫一扫

财务微课堂：应收账款的成本

扫一扫

业务挂图：应收账款的成本

应收账款作为企业为增加销售和盈利而进行的投资，会产生一定的成本。应收账款的成本主要有：

（一）机会成本

应收账款的机会成本是指将资金投资于应收账款而不能进行其他投资所丧失的收益。

这一成本的大小通常与企业维持赊销业务所需要的资金数量、资金成本率有关。其计算公式为：

应收账款平均余额＝日赊销额×应收账款平均收现期

应收账款占用资金＝日赊销额×应收账款平均收现期×变动成本率

应收账款占用资金的应计利息＝应收账款的机会成本

＝日赊销额×应收账款平均收现期×变动成本率×资本成本率

【工作实例 5－1】 钱塘公司拟将信用期由目前的 30 天放宽为 60 天，预计赊销额由 1 000 万元变为 1 200 万元，变动成本率为 60%，等风险投资的最低报酬率为 10%。请问：放宽信用期后应收账款占用资金应计利息增加多少万元？

解：

原应收账款占用资金的应计利息＝1 000÷360×30×60%×10%＝5（万元）

放宽信用期后应收账款占用资金应计利息＝1 200÷360×60×60%×10%＝12（万元）

放宽信用期后的应收账款占用资金应计利息增加额＝12－5＝7（万元）

【工作实例 5－2】 钱塘公司预计下年度销售净额为 1 800 万元，应收账款周转天数为 90 天（一年按 360 天计算），变动成本率为 60%，资本成本率为 10%。请问：该公司应收账款的机会成本是多少？

解：

应收账款机会成本＝1 800÷360×90×60%×10%＝27（万元）

即钱塘公司应收账款的机会成本为 27 万元。

（二）管理成本

应收账款的管理成本是指企业对应收账款进行管理而耗费的开支，是应收账款成本的重要组成部分。管理成本主要包括：调查顾客信用状况的费用、收集信息的费用、收账费用、账簿的记录费用、数据处理成本、相关管理人员成本和从第三方购买信息的成本等。

（三）坏账成本

应收账款的坏账成本是指由于应收账款无法收回而给企业造成的损失。这一成本与应收账款数量同方向变动，即应收账款越多，坏账成本也越多。坏账成本一般用以下公式测算：

应收账款的坏账成本＝赊销额×预计坏账损失率

【想一想】 通常情况下，赊销力度越大，应收账款的机会成本是否也越大？

任务 2

应收账款内部控制流程及作用

一、应收账款内部控制流程

应收账款内部控制是指一种财务对企业内部经营活动的约束系统，是根据企业所处的行业背景及公司自身存在的经营管理特点，按照企业内部控制相关法律法规、会计法规和公司管理章程，对企业赊销业务发生的三大流程进行控制的系统。具体来说，应收账款内部控制可以分为事前客户信息动态管理和资信评估阶段、事中合同签订审批和发货阶段以及事后应收账款催收阶段，详细流程如图 5-1 所示。下面具体从上述三个方面进行阐述：

扫一扫

业务挂图：应收账款内部控制流程

（一）事前客户信息动态管理和资信评估阶段

对客户资信进行充分的调查和评估，是下一阶段赊销审批事项开展的前提和基础。该阶段首先要求公司负责信息管理的部门对客户资信变动的情况作出详细了解，以保证信息质量的真实性；然后公司参考行业情况和自身特点，结合应收账款内部控制的目标与原则，选用适合本公司的客户信用评级方法；最后，在此基础上，调查分析客户意愿与品质、还款能力、资本条件等资信情况，划分客户信用等级后，根据不同级别的客户群体，设立不同的赊销方式，这样做有利于将赊销风险降到最低。

（二）事中合同签订审批和发货阶段

该阶段强调对销售合同的签订实行多部门审核，建立健全赊销审批制度能有效降低应收账款产生的风险，是极为重要的环节。对此，企业财务部首先应该实时追踪存在风险的客户群体，做到定期与销售部进行账目核对，健全现有的对账制度，建立科学的定期对账制度来规范管理，通过检查应收账款的账龄情况，一旦发现企业赊销流程中存在薄弱环节，如恶意拖欠，就应该重点关注此类客户，调查其公司是否短期内存在巨大变动等异常状况，查明原因后上报上级管理部门并提出解决对策；其次，在合同签订的过程中，企业要具备一套相对完善的应收账款赊销审批制度，加强领导层的监督和把关作用，该制度应该严格符合企业内部控制的相关要求，规避可能存在的法律风险；最后，对赊销审批中的责任分工进行细化分配，明确该阶段相关责任人的具体责任。

（三）事后应收账款催收阶段

该阶段是应收账款内部控制流程中至关重要的一环，目的是降低公司的风险和损失。在事后阶段中，公司首先必须加强部门间的沟通与协调，做好充足准备，根据已经发生的坏账情况以及客户恶意拖欠账款的时间，联动相关部门，采取切实的维权措施，如可以联合法务部门，利用法律途径解决纠纷，为企业追讨账款，最终达到最大限度地追讨逾期货款、降低公司的损失、保全公司利益的目的。

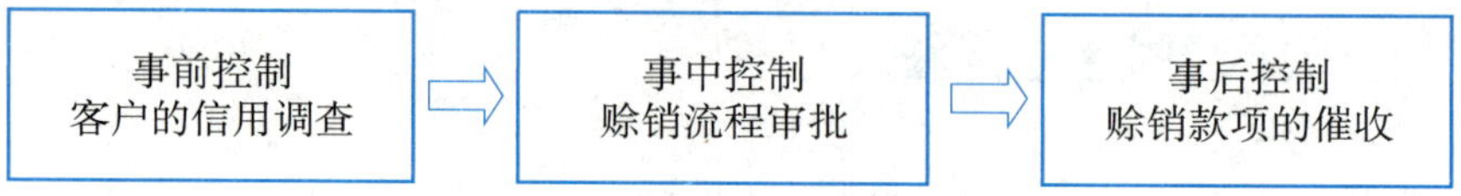

图 5-1 应收账款内部控制流程

二、应收账款内部控制的作用

（一）降低应收账款管理中可能出现的差错

日常工作中，每个企业都有大量的销售客户，同时应收账款管控是一个复杂、系统性的工作，因此在庞大、复杂的应收账款管控工作方面出现差错是在所难免的。但应收账款内部控制则可以对管控进行系统的梳理，然后通过合理分工的方式，将工作切实落实到各个相关部门和责任人身上，达到减少工作失误和疏漏、减轻企业损失的目的。

（二）有效防范风险

防范风险的重要手段之一就是建立全面有效的应收账款内部控制，该手段起着风险防火墙的作用。通过预防、纠错和激励三个运行机制，应收账款内部控制最终构建起防御风险的三道防线。在实际工作中，如果出现预防机制失效的情况，可通过纠错机制，即应收账款内部控制的第二道防线，及时补救失控事件，并防止以后发生此类事情。另外，激励机制能够对员工行为进行有效的奖惩，来引导不同层次的员工共同为应收账款内部控制工作负责。

（三）保护资产安全，提高企业资金和企业效益

通过有效的应收账款的内部控制，保证赊销的货款可以及时、足额地收回，以减轻长时间占用企业流动资金的状况，并减缓自有资金的流出速度和减轻资金链压力，从而企业就可按计划扩大生产和增加销售，进而形成良性循环，实现企业实力的提升。

（四）提高企业管理者决策的有效性

按照权责发生制的要求，一旦发生销售业务，无论款项能否收回，都应当计入当期的销售收入中。在市场经济条件下，追求利润是每个企业的最终目标，管理者往往会将更多的精力放在利润表上。这是因为在其他条件相同的情况下，赊销越多，利润表上的利润就越大。但对利润表的过度关注，忽略其他方面，会导致管理者对企业未来发展趋势作出不当判断。而通过应收账款内部控制，控制应收账款的数额和分布，企业则能够尽可能使货款回收和销售收入相协调，这样管理者就能更准确地分析企业的发展趋势，作出更有效、明确的发展战略决策。

任务3

信用政策分析

企业的信用条件、销售额和收账方式决定应收账款的水平。应收账款的占用必须有相应的资金来源，因此，企业对客户提供信用的能力与其自身的借款能力相关。不适当地管理应收账款可能会导致顾客延期付款进而导致流动性问题。然而，当应收账款被用于抵押贷款或作为债务担保工具出售时，应收账款也可以成为流动性的来源。

信用政策包括信用标准、信用条件和收账政策三个方面。

一、确定信用标准

扫一扫

财务微课堂：制定信用标准

扫一扫

业务挂图：制定信用标准

信用标准是指信用申请者获得企业提供信用所必须达到的最低信用水平，通常以预期的坏账损失率作为判别标准。如果企业执行的信用标准过于严格，可能会降低对符合可接受信用风险标准客户的赊销额，减少坏账损失和应收账款的机会成本，但不利于扩大企业销售量，甚至会因此限制企业的销售机会；如果企业执行的信用标准过于宽松，可能会对不符合可接受信用风险标准的客户提供赊销，因此会增加随后还款的风险和应收账款的管理成本与坏账成本。

（一）信息来源

企业进行信用分析时，必须考虑信息的类型、数量和成本。信息既可以从企业内部收集，也可以从企业外部收集。无论信用信息从哪儿收集，都必须将成本与预期的收益进行对比。企业内部产生的最重要的信用信息来源是信用申请人执行信用申请的情况和企业自己保存的有关信用申请人还款历史的记录。

企业可以使用各种外部信息来源来帮助其确定申请人的信誉。首先，申请人的财务报表是该种信息主要来源之一，由于可以将这些财务报表及其相关比率与行业平均数进行对比，因此，它们提供了有关信用申请人的重要信息。其次，一些商业参考资料或申请人过去获得赊购的供货商也可以提供申请人的付款状况。再次，银行或其他贷款机构可以提供申请人财务状况和可使用信用额度方面的标准化信息。最后，一些地方性和全国性的信用评级机构收集、评价和报告有关申请人信用状况的历史信息。这些信用报告会提供诸如以下内容的信息：还款历史、财务信息、最高信用额度、可获得的最长信用期限和所有未了解的债务诉讼。

（二）信用的定性分析

信用的定性分析是指对申请人“质”的方面的分析。常用的信用定性分析法是5C信用评价系统，即评估申请人信用品质的五个方面：品质（Character）、能力（Capacity）、资本（Capital）、抵押（Collateral）和条件（Condition）。

（1）品质是指个人申请人或公司申请人管理者的诚实和正直表现。品质反映了个人或企业在过去的还款中所体现的还款意图和愿望，这是“5C”中最主要的因素，通常要根据过去记录结合现状调查来进行分析。

（2）能力是指经营能力。通常通过分析申请者的生产经营能力及获利情况、管理制度是否健全、管理手段是否先进、产品生产销售是否正常、在市场上有无竞争力、经营规模和经营实力是否逐年增长等来评估。

（3）资本是指如果企业或个人当前的现金流不足以还债，他们在短期和长期内可供使用的财务资源。信用分析必须调查、了解企业资本规模和负债比率，以此反映企业资产或资本对负债的保障程度。

（4）抵押是指当公司或个人不能满足还款条款时，可以用作债务担保的资产或其他担保物。信用分析必须分析担保抵押手续是否齐备、抵押品的估值和出售有无问题、担保人的信誉是否可靠等。

（5）条件是指影响申请人还款能力和还款意愿的经济环境。信用分析必须对企业的经济环境，包括企业发展前景、行业发展趋势、市场需求变化等进行分析，预测其对企业经营效益的影响。

（三）信用的定量分析

进行商业信用的定量分析可以从考察信用申请人的财务报表开始。通常使用比率分析法评价顾客的财务状况。常用的指标有：流动性和营运资本比率（如流动比率、速动比率以及现金对负债总额比率）、债务管理和支付比率（如利息保障倍数、长期债务对资本比率、带息债务对资产总额比率和负债总额对资产总额比率）、盈利能力（如销售回报率、总资产回报率和净资产收益率）。

将这些指标和信用评级机构与其他协会发布的行业标准进行比较，可以观察申请人的信用状况。

二、信用条件决策

财务微课堂：制定信用条件

业务挂图：制定信用条件

信用条件是指销货企业要求赊购客户支付货款的时间，由信用期限、现金折扣和折扣期限几个要素组成。

（一）信用期限决策

财务微课堂：不同信用期限下的信用政策选择

业务挂图：不同信用期限下的信用政策选择 1

业务挂图：不同信用期限下的信用政策选择 2

信用期限是指企业允许客户从购货到付款之间的时间，即企业为客户规定的最长付款期限，一般简称信用期。通常，延长信用期限有利于企业扩大销售、增加收入，但应收账款占用资金的数量和时间也会相应增加，从而导致机会成本等信用成本的增加；若缩短信用期限，虽然能减少信用成本的产生，但可能难以吸引客户，不利于企业扩大销售，甚至会使收入减少。因此，信用期限的确定应进行利弊分析，可将信用期限延长产生的边际收益与信用成本相比较，以确定最佳信用期限。

【工作实例 5－3】钱塘公司目前采用现金交易销售方式，每年销售产品 3 000 万元，变动成本率为 60%。为了扩大产品销售，企业拟订了两个信用条件备选方案，有关资料见表5-1。假设有价证券利息率为10%，企业收账政策不变，固定成本总额不变。请尝试为该公司作出信用期限决策。

表5-1　信用期限备选方案

单位：万元

备选方案	信用条件	销售额	坏账损失率	收账费用
A	N/30	3 600	2%	36
B	N/60	3 960	3%	60

解：钱塘公司信用期限的决策过程如下：

根据以上资料计算，见表5-2。

当前现销模式下相关净收益＝3 000×(1－60%)＝1 200（万元）

表5-2　信用条件分析评价表

单位：万元

	A方案（N/30）	B方案（N/60）
年赊销额 变动成本	3 600 3 600×60%＝2 160	3 960 3 960×60%＝2 376
边际收益	3 600－2 160＝1 440	3 960－2 376＝1 584
信用成本： 机会成本 坏账成本 收账成本 小计	 3 600÷360×30×60%×10%＝18 3 600×2%＝72 36 126	 3 960÷360×60×60%×10%＝39.6 3 960×3%＝118.8 60 218.4
净收益	1 440－126 ＝1 314	1 584－218.4＝ 1 365.6

以上计算表明，从两个方案与现在情况来看，B方案增加的净收益较多，故应采用B方案。

（二）现金折扣和折扣期限决策

扫一扫

财务微课堂：不同折扣条件下的信用政策选择

现金折扣是指企业为了鼓励客户尽早（在规定的期限内）付款而给予的价格扣减。现金折扣包括两方面的内容：一是折扣期限，即在多长时间内给予折扣；二是折扣率，即在折扣期内给予客户多少折扣。现金折扣示例“3/10，2/20，N/30”，其含义为：客户在10天以内付款可享受3%的价格优惠，客户在20天内付款可享受2%的价格优惠，客户在30天内付款将全额付款。

企业采用什么程度的现金折扣，要与信用期限结合起来考虑。例如，要求顾客最迟不超过30天付款，若希望顾客在20天、10天付款，能给予多大折扣？或者给予3%、2%的折扣，能吸引顾客在多少天内付款？不论是信用期限还是现金折扣，都可能会给企业带来收益，但也会增加成本。现金折扣能鼓励顾客尽早付款，但也会带来折扣损失。当企业给予顾客某种现金折扣时，应当考虑折扣所能带来的收益与成本孰高孰低，权衡利弊后最终确定最佳方案。

【工作实例 5－4】 仍以工作实例 5－3 所列资料为例，如果钱塘公司采用 B 方案，但为了加速应收账款回收，决定提供现金折扣，将信用条件改为“2/10，1/20，N/60”（C 方案），预计有 60%的客户利用 2%的折扣，15% 的客户将利用 1%的折扣，坏账损失率下降为 1.5%，收账费用下降为 42 万元。请问：钱塘公司是否应采用现金折扣方案的决策？

解： 钱塘公司现金折扣的决策过程如下：

应收账款的机会成本 $=3\ 960\div360\times(60\%\times10+15\%\times20+25\%\times60)\times60\%\times10\%$

$=15.84$（万元）

现金折扣成本 $=3\ 960\times(60\%\times2\%+15\%\times1\%)=53.46$（万元）

根据以上资料计算，见表 5－3。

表 5－3　现金折扣分析评价表　　单位：万元

	B 方案（N/30）	C 方案（2/10，1/20，N/30）
年赊销额 变动成本	3 960 3 960×60%=2 376	3 960 3 960×60%=2 376
边际收益	3 960－2 376=1 584	3 960－2 376=1 584
信用成本： 机会成本 坏账成本 收账成本 现金折扣成本 小计	 3 960÷360×60×60%×10%=39.6 3 960×3%=118.8 60 218.4	 15.84 3 960×1.5%=59.4 42 53.46 170.7
净收益	1 584－218.4= 1 365.6	1 584－170.7= 1 413.3

以上计算表明，C 方案比 B 方案增加的净收益更多，因此应该采用现金折扣的方案。

三、收账政策决策

扫一扫

财务微课堂：应收账款的收账策略

收账政策是指客户违反信用条件，拖欠甚至拒付账款时企业应采取的策略。

首先，企业应投入一定收账费用以减少坏账的发生。一般来说，随着收账费用的增加，坏账损失会逐渐减少，但收账费用不是越多越好，因为收账费用增加到一定数额后，坏账损失不再减少，说明在市场经济条件下不可能绝对避免坏账。收账费用投入多少为好要在权衡增加的收账费用和减少的坏账损失后作出判断。

其次，企业对客户欠款的催收应做到有理、有利、有节。对超过信用期限不多的客户宜采用电话、发信等方式“提醒”对方付款。对久拖不还的欠款，应具体调查分析客户欠款不还的原因：如果客户确实因财务困难而无力支付，则应与客户相互协商沟通，寻求解决问题的较理想的办法，甚至对客户予以适当帮助、进行债务重整等；如果客户欠款属于恣意赖账、品质恶劣，则应逐渐加强催账力度，直至诉诸法律，并将该客户从信用名单中排除。对客户的强硬措施应尽量避免，要珍惜与客户之间的友情，以有利于树立企业的良好形象。我们不仅要想到争取更多的回头客，也要想到如果日后与客户地位倒置的话，留下回旋的余地。

【工作实例 5-5】钱塘公司上年销售收入为 4 000 万元，总成本为 3 000 万元，其中固定成本为 600 万元。假设今年钱塘公司变动成本率维持在上年的水平，现有两种信用政策可供选用：

甲方案的信用政策为（2/10，1/20，N/90），预计销售收入为 5 400 万元，将有 30%的货款于第 10 天收到，20%的货款于第 20 天收到，其余 50%的货款于第 90 天收到（前两部分货款不会产生坏账，后一部分货款的坏账损失率为该部分货款的 4%），收账费用为 50 万元。

乙方案给予客户 45 天信用期限（N/45），预计销售收入为 5 000 万元，货款将于第 45 天收到，其收账费用为 20 万元，坏账损失率为货款的 2%。

钱塘公司的固定成本 600 万元中，有 400 万元的销售收入相关范围是 3 000 万～6 000万元，有 200 万元的销售收入相关范围是 3 000 万～5 100 万元。如果销售收入为 5 100 万～6 000 万元，则 200 万元的固定成本会变为 250 万元。

已知资本成本率为 8%（为简化计算，本题不考虑增值税因素，一年按 360 天计算）。

要求：

（1）计算钱塘公司上年的下列指标：变动成本总额；以销售收入为基础计算的变动成本率。

（2）计算甲、乙方案的收益之差（提示：边际贡献率＝1－变动成本率）；

（3）计算乙方案的应收账款相关成本费用；

（4）计算甲方案的应收账款相关成本费用；

（5）计算甲、乙方案税前收益之差，并在甲、乙两个方案之间作出选择。

解：（1）钱塘公司上年的指标：

变动成本总额＝3 000－600＝2 400（万元）

变动成本率＝2 400÷4 000×100%＝60%

（2）甲、乙方案收益之差：

甲、乙方案收益之差＝5 400×(1－60%)－5 000×(1－60%)－(250－200)

＝110（万元）

（3）乙方案的应收账款相关成本费用：

应收账款应计利息＝(5 000×45)÷360×60%×8%＝30（万元）

坏账成本＝5 000×2%＝100（万元）

收账费用＝20（万元）

采用乙方案的应收账款相关成本费用＝30＋100＋20＝150（万元）

（4）甲方案的应收账款相关成本费用：

平均收账天数＝10×30%＋20×20%＋90×50%＝52（天）

应收账款应计利息＝(5 400×52)÷360×60%×8%＝37.44（万元）

坏账成本＝5 400×50%×4%＝108（万元）

现金折扣成本＝5 400×30%×2%＋5 400×20%×1%＝43.2（万元）

收账费用＝50（万元）

采用甲方案的应收账款相关成本费用＝37.44＋108＋50＋43.2＝238.64（万元）

（5）甲、乙方案税前收益之差：

甲、乙方案税前收益之差＝110－(238.64－150)＝21.36（万元）

因为21.36＞0，所以应选用甲方案。

任务4

应收账款的日常管理

应收账款的管理难度比较大，在确定合理的信用政策后，还要做好应收账款的日常管理工作，包括调查与评估客户信用、应收账款日常监控、应收账款保理等工作。

一、调查与评估客户信用

（一）调查客户信用

扫一扫

财务微课堂：客户信用调查

客户信用调查是通过对客户信用状况进行调查分析，从而判断应收款项成为坏账的可能性，为防范坏账提供决策依据。几乎所有成功的企业，都非常重视客户信用调查。企业对客户信用进行调查主要有两种方法：

1. 直接调查法

直接调查法是指调查者到现场直接与被调查者进行面对面的接触而进行的调查方法，通常称为访谈法。对被调查者进行直接询问调查的方式有多种，如入户调查、随机采访、座谈会等。

2. 间接调查法

间接调查法是指以被调查单位以及其他单位保存的有关原始记录和核算资料为基础，通过加工整理获得被调查单位信用资料的一种方法。这些资料主要来自以下几个方面：

（1）数据公司。数据公司专门收集、整合和分析各类客户的数据和客户属性。专门从事这一领域的数据公司往往与政府以及拥有大量数据的相关行业、机构有着良好而密切的合作关系。一般情况下，这类公司都可以为直复营销行业提供成千上万的客户数据列表。在北京、上海、广州、深圳等国内大中城市，这类公司发展非常迅速，已经开始成为数据营销领域的重要角色。

（2）目录营销与直复营销组织。这类组织直接给消费者打电话或邮寄产品目录。只要有合适的价格或目的安排，许多这样的公司都愿意分享他们的数据列表。

（3）零售商。一些大型的零售公司也会有丰富的客户会员数据可以获取。

（4）信用卡公司。信用卡公司保存有大量的客户交易历史记录，这类数据的质量非常高。

（5）信用调查公司。在国外有专门从事客户信用调查的公司，而且这类公司一般愿意出售这些客户的数据。

（6）专业调查公司。在消费品行业、服务行业及其他一些行业中，有许多专注于产品调查的公司。这些公司通过长期的积累和合作，积累了大量的客户数据。

（7）消费者研究公司。这类组织往往分析并构建复杂的客户消费行为特征，这类数据可以通过购买获取。

（8）相关服务行业。这类行业可以通过与相关行业有大量客户数据的公司进行合作或交换的方式获取客户数据。这类行业包括：通信公司、航空公司、金融机构、旅行社、寻呼公司等。

（9）杂志和报纸。一些全国性或区域性的杂志和报纸媒体也保有大量的客户订阅信息和调查信息。

（10）政府机构。官方人口普查数据、政府资助的调查以及消费者研究信息都有助于丰富客户数据列表。政府的行政机关和研究机构往往也有大量的客户数据，如公安户政部门的户政数据、税务机关的纳税信息、社保部门的社会保险信息等。

在国内，政府部门往往拥有最完整而有效的大量数据。以前，这些数据并没有很好地应用于商业，但如今政府部门已经在大力加强基础信息数据库的建设工作，在数据基础越来越好、数据的管理和应用越来越规范的市场趋势下，政府部门也在有意识地开放这些数据用于商业用途。

（二）评估客户信用

建立客户信用档案的企业应在财务部门中设置风险控制员，通过风险控制员对供应商、客户的信用情况进行深入调查和建档，并进行信用等级设置，对处于不同等级的客户实行不同等级的信用政策，减少购货和赊销风险。

实施审批制度即对不同信用规模、信用对象实施不同的审批级别。一般可设置三级审批制度，由销售经理、财务经理或风险管理员、总经理三级审核。销售部门如果采用赊销方式，应先由财务部门根据赊销带来的经济利益与产生的成本风险进行衡量，方案可行时再交总经理审核。这样既可以提高决策的效率，又可以降低企业经营的风险。收集好信用资料后，企业一般用 5C 系统来评价，并对客户信用进行等级划分。

目前评级机构基本都是以“三级九等制”，即 AAA、AA、A、BBB、BB、B、CCC、CC、C 级为结果显示。A 级代表诚信企业，B 级代表企业信用一般，C 级代表不诚信企业。

二、应收账款日常监控

实施信用政策时，企业需要监督和控制每一笔应收账款和应收账款总额。例如，可以运用应收账款周转天数衡量企业需要多长时间收回应收账款，可以通过账龄分析表追踪每笔应收账款，可以采用 ABC 分析法来确定重点监控的对象等。监督每笔应收账款的理由是：第一，在开票或收款过程中可能会发生错误或延迟；第二，有些客户可能故意拖欠到企业采取追款行动才付款；第三，客户财务状况的变化可能会改变其按时付款的能力，并且需要缩减该客户未来的赊销额度。

（一）应收账款周转天数

应收账款周转天数或平均收账期是衡量应收账款管理状况的一个指标。将企业当前的应收账款周转天数与规定的信用期限、历史趋势以及行业正常水平进行比较，可以反映企业整体的收款效率。然而，应收账款周转天数可能会被销售量的变动趋势和剧烈的季节性销售所破坏。

【工作实例 5－6】 钱塘公司 2022 年第一季度应收账款平均余额为 285 000 元，信用条件为在 60 天内按全额付清款项，3 个月的赊销情况为：

1 月份：90 000 元

2 月份：105 000 元

3 月份：115 000 元

应收账款周转天数的计算：

平均日销售额＝(90 000＋105 000＋115 000)÷90＝3 444.44（元）

应收账款周转天数＝285 000÷3 444.44＝82.74（天）

平均逾期天数的计算：

平均逾期天数＝应收账款周转天数－平均信用期天数＝82.74－60＝22.74（天）

（二）账龄分析表

扫一扫

财务微课堂：应收账款的账龄分析

扫一扫

业务挂图：应收账款的账龄分析

账龄是指负债人所欠账款的时间。账龄越长，发生坏账损失的可能性就越大。账龄分析法是指根据应收账款的时间长短来估计坏账损失的一种方法，又称“应收账款账龄分析法”。采用账龄分析法时，将不同账龄的应收账款进行分组，并根据前期坏账实际发生的有关资料，确定各账龄组的估计坏账损失百分比，再将各账龄组的应收账款金额乘以对应的估计坏账损失百分比数，计算出各组的估计坏账损失额之和，即为当期的坏账损失预计金额。

账龄分析表比应收账款周转天数更能揭示应收账款变化趋势，因为账龄分析表给出了应收账款分布的模式，而不仅仅是一个平均数，见表 5-4。应收账款周转天数有可能与信用期限相一致，但是有些账户可能拖欠很严重，因此，应收账款周转天数不能明确地表现应收账款拖欠情况。当各个月之间的销售额变化很大时，账龄分析表和应收账款周转天数都可能发出类似的错误信号。

表 5-4　应收账款账龄分析表

年　月　日　　　　单位：元

账龄（天）	应收账款金额（元）	占应收账款总额的百分比（%）
0～30	1 750 000	70
31～60	375 000	15
61～90	250 000	10
91 以上	125 000	5
合计	2 500 000	100

（三）应收账款账户余额

账龄分析表可以用于进一步建立应收账款余额的模式，这是重要的现金流预测工具。应收账款账户余额的模式反映一定期间（如 1 个月）的赊销额在发生赊销的当月月末及随后的各月仍未偿还的百分比。企业收款的历史决定了其正常的应收账款余额的模式，企业管理部门通过将当前的模式和过去的模式进行对比来评价应收账款余额模式的任何变化。企业还可以运用应收账款账户余额的模式来计划应收账款金额水平，衡量应收账款的收账效率以及预测未来的现金流。

【工作实例 5-7】钱塘公司 1 月份实现销售额 250 000 元，企业收款模式为：

（1）销售的当月收回销售额的 5%；

（2）销售后的第一个月收回销售额的 40%；

（3）销售后的第二个月收回销售额的 35%；

（4）销售后的第三个月收回销售额的 20%。

要求：计算 1 月份的销售在 3 月末仍未收回的应收账款。

解：根据以上资料计算，见表 5-5。

表 5-5 各月份销售及收款情况

金额单位：元

1 月份销售：			250 000
1 月份收款（销售额的 5%）	0.05×250 000	=	12 500
2 月份收款（销售额的 40%）	0.40×250 000	=	100 000
3 月份收款（销售额的 35%）	0.35×250 000	=	87 500
收款合计：			200 000
1 月份的销售在 3 月末仍未收回的应收账款：	250 000−200 000	=	50 000

计算未收回应收账款的另一个方法是将销售三个月后未收回销售额的百分比（20%）乘以销售额（250 000 元），即：20%×250 000=50 000（元）。

【工作实例 5-8】下面提供一个应收账款账户余额模式的例子（表 5-6）。为了计算简便，假设该例没有坏账费用，假定收款模式如下：

（1）销售的当月收回销售额的 5%；

（2）销售后的第一个月收回销售额的 40%；

（3）销售后的第二个月收回销售额的 35%；

（4）销售后的第三个月收回销售额的 20%。

表 5-6 各月份应收账款账户余额模式

月份	销售额（元）	月销售中于 3 月底仍未收回的金额（元）	月销售中于 3 月底仍未收回的百分比（%）
1	250 000	50 000	20
2	300 000	165 000	55
3	400 000	380 000	95
4	500 000		

要求：

（1）3 月末应收账款余额合计；

（2）预计 4 月份现金流入。

解：（1）3 月底未收回应收账款余额合计为：

50 000+165 000+380 000=595 000（元）

（2）4 月份现金流入估计=4 月份销售额的 5%+3 月份销售额的 40%+2 月份销售额的 35%+1 月份销售额的 20%：

估计的 4 月份现金流入=(5%×500 000)+(40%×400 000)+(35%×300 000)+(20%×250 000)=340 000（元）

（四）ABC 分析法

ABC 分析法是现代经济管理中广泛应用的一种“抓重点、照顾一般”的管理方法，又称重点管理法。它是将企业的所有欠款客户按其金额的多少进行分类，然后分别采用不同的收账策略的一种方法。应收账款 ABC 管理方法见表 5-7。

表 5-7　应收账款 ABC 管理方法

分类	特点	管理方法
A 类客户	应收账款逾期金额占应收账款逾期金额总额的比重大	这类客户作为催款的重点对象，可以发出措辞较为严厉的信件催收，或派专人催收，或委托收款代理机构处理，甚至可以通过法律解决
B 类客户	应收账款逾期金额占应收账款逾期金额总额的比重居中	可以多发几封信函催收，或打电话催收
C 类客户	应收账款逾期金额占应收账款逾期金额总额的比重较小	对 C 类客户只需要发出通知其付款的信函即可

【工作实例 5-9】钱塘公司应收账款逾期金额为 260 万元，为了及时收回逾期货款，企业采用 ABC 分析法来加强应收账款回收的监控，具体数据见表 5-8。先按所有客户应收账款逾期金额的多少分类排队，并计算出逾期金额所占比重。从表 5-8 中可以看出：应收账款逾期金额在 25 万元以上的有 3 家，占客户总数的 6%，逾期总额为 165 万元，占应收账款逾期金额总数的 63.46%，我们将其划入 A 类，这类客户是催款的重点对象；应收账款逾期金额在 10 万～25 万元的客户有 5 家，占客户总数的 10%，其逾期金额占应收账款逾期金额总数的 30.77%，我们将其划入 B 类；应收账款逾期金额在 10 万元以下的客户有 42 家，占客户总数的 84%，但其逾期金额仅占应收账款逾期金额总数的 5.77%，我们将其划入 C 类。

表 5-8　欠款客户 ABC 分类法（共 50 家客户）

顾客	逾期金额（万元）	逾期期限	逾期金额所占比重（%）	类别
A	85	4 个月	32.69	A
B	46	6 个月	17.69	
C	34	3 个月	13.08	
小计	165		63.46	
D	24	2 个月	9.23	B
E	19	3 个月	7.31	
F	15.5	2 个月	5.96	
G	11.5	55 天	4.42	
H	10	40 天	3.85	
小计	80		30.77	
I	6	30 天	2.31	C
J	4	28 天	1.54	
…	…	…		
小计	15		5.77	
合计	260		100	

对于这三类客户，应采取不同的收款策略：对 A 类客户，可以发出措辞较为严厉的信件催收，或派人催收，或委托收款代理机构处理，甚至通过法律解决；对 B 类客户，则可以多发几封信件催收，或打电话催收；对 C 类客户，只需要发出通知其付款的信函

即可。

三、应收账款保理

（一）应收账款保理的概念

应收账款保理是指企业将赊销形成的未到期应收账款在满足一定条件的情况下，转让给商业银行，以获得银行的流动资金支持，加快资金周转。

（二）应收账款保理的分类

保理可以分为有追索权保理（非买断型保理）和无追索权保理（买断型保理）、明保理和暗保理、折扣保理（融资保理）和到期保理（见表5-9）。

表5-9 应收账款保理分类

分类标准	分类	说明
按照保理商是否有追索权	有追索权保理（非买断型保理）	指在供应商将债权转让给保理商、供应商向保理商融通货币资金后，如果购货商拒绝付款或无力付款，保理商有权向供应商要求偿还预付的货币资金；如果购货商破产或无力支付，只要有关款项到期未能收回，保理商都有权向供应商进行追索，因而保理商具有全部“追索权”
	无追索权保理（买断型保理）	指保理商将销售合同完全买断，并承担全部的收款风险
按照是否通知购货商保理情况	明保理	指保理商和供应商需要将销售合同被转让的情况通知购货商，并签订保理商、供应商、购货商之间的三方合同
	暗保理	指供应商为了避免让客户知道自己因流动资金不足而转让应收账款，并不将债权转让情况通知客户，货款到期时仍由销售商出面催款，再向银行偿还借款
按照保理商是否提供预付账款融资	折扣保理（融资保理）	指在销售合同到期前，保理商将剩余未收款部分先预付给销售商，一般不超过全部合同额的70%～90%
	到期保理	指保理商并不提供预付账款融资，而是在赊销到期时才支付，届时不管货款是否收到，保理商都必须向销售商支付货款

（三）应收账款保理的作用

1. 融资功能

应收账款保理的实质也是一种利用未到期应收账款这种流动资产作为抵押从而获得银行短期借款的一种融资方式。对于那些规模小、销售业务少的企业来说，向银行贷款将会受到很大的限制，而自身的原始积累又不能支撑企业的高速发展，通过保理业务进行融资可能是企业较为明智的选择。

2. 减轻企业应收账款的管理负担

推行保理业务是市场分工思想的运用，面对市场的激烈竞争，企业可以把应收账款交给专门的保理商进行管理，使企业从应收账款的管理之中解脱出来。由专业的保理企业对销售企业的应收账款进行管理，他们具备专业技术人员和业务运行机制，会详细地对销售客户的信用状况进行调查，建立一套有效的收款政策，及时收回账款，使企业减轻财务管理负担，提高财务管理效率。

3. 减少坏账损失，降低经营风险

企业只要有应收账款，就有发生坏账的可能性。以往应收账款的风险都是由企业单独承担，而采用应收账款保理后，该融资方式一方面可以提供信用风险控制与坏账担保，帮助企业降低其客户违约的风险；另一方面可以借助专业的保理商去催收账款，能够在很大程度上降低坏账发生的可能性，有效地控制坏账风险。

4. 改善企业的财务结构

应收账款保理业务是指将企业的应收账款与货币资金进行置换。企业通过出售应收账款，将流动性较弱的应收账款置换为具有高度流动性的货币资金，增强了企业资产的流动性，提高了企业的债务清偿能力。

【工作实例 5-10】钱塘公司主要生产和销售冰箱、中央空调、液晶电视。2022 年全年实现的销售收入为 14.44 亿元。公司 2022 年有关应收账款具体情况见表 5-10。

表 5-10 钱塘公司 2022 年应收账款账龄分析表金额 单位：亿元

应收账款	冰箱	中央空调	液晶电视	合计
年初应收账款总额	2.93	2.09	3.52	8.54
年末应收账款：				
(1) 6 个月以内	1.46	0.80	0.58	2.84
(2) 6 至 12 个月	1.26	1.56	1.04	3.86
(3) 1 至 2 年	0.20	0.24	3.26	3.70
(4) 2 至 3 年	0.08	0.12	0.63	0.83
(5) 3 年以上	0.06	0.08	0.09	0.23
年末应收账款总额	3.06	2.80	5.60	11.46

上述应收账款中，冰箱的欠款单位主要是机关和大型事业单位的后勤部门；中央空调的欠款单位均是国内知名厂家；液晶电视的主要欠款单位是美国 Y 公司。

2022 年，钱塘公司销售收入预算为 18 亿元，有 6 亿元资金缺口。为了加快资金周转速度，钱塘公司决定对应收账款采取以下措施：

(1) 较大幅度地提高现金折扣率，在其他条件不变的情况下，预计可使应收账款周转率由 2021 年的 1.44 次提高至 2022 年的 1.74 次，从而加快回收应收账款。

(2) 成立专门催收机构，加大应收账款催收力度，预计可提前收回资金 0.4 亿元。

(3) 将 6 至 12 个月应收账款转售给有关银行，提前获得周转所需货币资金。据分析，钱塘公司销售冰箱和中央空调发生的 6 至 12 个月应收账款可平均以 9.2 折转售银行

（且可无追索权），销售液晶电视发生的 6 至 12 个月应收账款可平均以 9 折转售银行（但必须附追索权）。

（4）2022 年以前，钱塘公司给予 Y 公司一年期的信用政策；2023 年，Y 公司要求将信用期延长至 2 年。考虑到 Y 公司信誉好，且钱塘公司资金紧张时应收账款可转售银行（但必须附追索权），为了扩大外销，钱塘公司接受了 Y 公司的条件。

要求：

（1）计算钱塘公司采取第（1）项措施后，2022 年所能增收的资金数额；

（2）计算钱塘公司采取第（3）项措施后，2022 年所能增收的资金数额；

（3）计算钱塘公司采取第（1）至第（3）项措施后，2022 年所能增收的资金总额；

（4）请针对钱塘公司 2022 年对应收账款采取的各项措施应注意的问题或存在的潜在风险进行说明。

解：（1）2022 年年末应收账款：

$(18 \div 1.74) \times 2 - 11.46 = 9.23$（亿元）

采取第（1）项措施后，2022 年增收的资金数额：

$11.46 - 9.23 = 2.23$（亿元）

（2）采取第（3）项措施后，2022 年增收的资金数额：

$(1.26 + 1.56) \times 0.92 + 1.04 \times 0.9 = 3.53$（亿元）

（3）采取第（1）至第（3）项措施后，2022 年增收的资金数额：

$2.23 + 0.4 + 3.53 = 6.16$（亿元）

（4）钱塘公司 2022 年所采取的各项措施评价：

①大幅度提高现金折扣，虽然可以提高公司货款回收速度，但也可能导致企业盈利水平降低甚至使企业陷入亏损。因此，公司应当在仔细分析计算后，适当提高现金折扣水平。

②成立专门机构催款，必须充分考虑成本效益原则，防止得不偿失。

③公司选择将收账期在 1 年以内、销售冰箱和中央空调的应收账款出售给有关银行，提前获得企业周转所需货币资金，应考虑折扣水平的高低，同时注意防范所附追索权带来的风险。

④销售液晶电视的账款，虽可转售银行，但由于必须附追索权，风险仍然无法控制或转移，因此，应尽量避免以延长信用期限方式销售。

【工作实例 5-11】 A 公司是一家小型玩具制造商，2022 年 11 月的销售额为 40 万元，12 月的销售额为 45 万元。根据公司市场部的销售预测，预计 2023 年第一季度 1—3 月份的月销售额分别为 50 万元、75 万元和 90 万元。根据公司财务部一贯执行的收款政策，销售额的收款进度为销售当月收款的 60%，次月收款 30%，第三个月收款 10%。

公司预计 2023 年 3 月有 30 万元的资金缺口，为了筹措所需资金，公司决定将 3 月份全部应收账款进行保理，保理资金回收比率为 80%。

要求：

（1）测算 2023 年 2 月的现金收入合计；

（2）测算 2023 年 3 月应收账款保理资金回收额；

（3）测算 2023 年 3 月应收账款保理收到的资金能否满足当月资金需求。

解：（1）2 月份现金收入合计＝45×10％＋50×30％＋75×60％＝64.5（万元）。

（2）3 月份应收账款＝75×10％＋90×40％＝43.5（万元）。

3 月份应收账款保理资金回收额＝43.5×80％＝34.8（万元）。

（3）3 月份应收账款保理资金回收额为 34.8 万元＞3 月份公司的资金缺口 30 万元，所以 3 月份应收账款保理收到的资金能够满足当月资金需求。

项目小结

应收账款功能包括扩大销售和降低存货。应收账款的机会成本是指将资金投资于应收账款而不能进行其他投资所丧失的收益；应收账款的管理成本是指企业对应收账款进行管理而耗费的开支，主要包括调查顾客信用状况的费用、收集信息的费用、收账费用、账簿的记录费用、数据处理成本、相关管理人员成本和从第三方购买信息的成本等；应收账款的坏账成本是指由于应收账款无法收回而给企业造成的损失。

应收账款内部控制流程包括事前客户信息动态管理和资信评估阶段、事中合同签订审批和发货阶段以及事后应收账款催收阶段。

信用政策包括信用标准、信用条件和收账政策三个方面。信用标准是指信用申请者获得企业提供信用所必须达到的最低信用水平。信用条件是指销货企业要求赊购客户支付货款的时间，由信用期限、现金折扣和折扣期限三个要素组成。信用期限的确定应进行利弊分析，可将信用期限延长产生的边际收益与其成本相比较，以确定最佳信用期限；收账费用投入多少为好要在权衡增加的收账费用和减少的坏账损失后作出判断。

应收账款的管理难度比较大，在确定合理的信用政策后，还要做好应收账款的日常管理工作，包括调查与评估客户信用、应收账款日常监控、应收账款保理等工作。应收账款日常监控方法有应收账款周转天数、账龄分析表、应收账款账户余额、ABC 分析法等。

知识巩固与技能训练

一、单选题

1. 企业拟将信用期由目前的 30 天放宽为 60 天，预计赊销额由 1 000 万元变为 1 200 万元，变动成本率为 60％，等风险投资的最低报酬率为 10％，则放宽信用期后应收账款占用资金应计利息增加（　　）万元（一年按 360 天计算）。

A. 17　　B. 5　　C. 7　　D. 12

2. 某企业预计下年度销售净额为 3 600 万元，应收账款周转天数为 60 天（一年按 360 天计算），变动成本率为 80％，资金成本率为 10％，则应收账款的机会成本是（　　）万元。

A. 48　　B. 45　　C. 108　　D. 180

3. 企业在制定或选择信用标准时不需要考虑的因素包括（　　）。

A. 预计可以获得的利润　　B. 同行业竞争对手的情况

C. 客户资信程度　　D. 企业承担违约风险的能力

4. 信用的5C系统中，资本（Capital）是指（　　）。

A. 顾客的财务实力和财务状况，表明顾客可能偿还债务的背景条件

B. 顾客拒付款项或无力支付款项时能被用作抵押的资产条件

C. 影响顾客付款能力的经济环境条件

D. 企业流动资产的数量和质量以及与流动负债的比例条件

5. 某企业年销售收入为720万元，信用条件为“1/10，N/30”时，预计有20%的选择享受现金折扣优惠，其余客户在信用期付款，变动成本率为70%，资金成本率为10%，则下列选项不正确的是（　　）。

A. 平均收账天数为26天

B. 应收账款占用资金应计利息为5.2万元

C. 应收账款占用资金为36.4万元

D. 应收账款占用资金应计利息为3.64万元

6. 企业目前信用条件为“N/30”，赊销额为1 200万元，预计将信用期延长为“N/60”，预计赊销额将变为3 600万元，若该企业变动成本率为70%，资金成本率为10%。该企业应收账款占用资金的变化为（　　）。

A. 增加500万元　　B. 增加350万元　　C. 增加410万元　　D. 增加250万元

7. 制定较严的收账政策，会给企业带来的不良后果有（　　）。

A. 降低应收账款的机会成本　　B. 引起坏账损失和收账费用的减少

C. 使得平均收账期缩短　　D. 造成销售萎缩

8. 下列关于信用政策的说法中，不正确的有（　　）。

A. 如果企业执行的信用标准过于严格，可能会限制公司的销售机会

B. 如果企业执行的信用标准过于宽松，可能会增加随后还款的风险并增加坏账费用

C. 公司的信用条件决定了其应收账款的水平

D. 企业现金折扣的确定，要与信用期间结合起来考虑

9. 乙公司主营A产品，该产品的单价为12元，变动成本率为60%。原有信用期为20天，全年销售15万件，现将信用期延长至30天，全年的销售量增至20万件，固定成本为15万元，信用期政策的改变不影响变动成本率，则改变信用期后，乙公司的收益增加（　　）万元。

A. 9　　B. 15　　C. 24　　D. 30

10. 对信用期限的叙述，正确的是（　　）。

A. 信用期限越长，企业坏账风险越小

B. 信用期限越长，表明客户享受的信用条件越优越

C. 延长信用期限，不利于销售收入的扩大

D. 信用期限越长，应收账款的机会成本越低

二、多选题

1. 关于应收账款机会成本的计算，说法正确的有（　　）。

A. 应收账款平均余额＝(年初应收款＋年末应收款)/2

B. 维持赊销业务所需资金＝应收账款平均余额×变动成本率

C. 应收账款机会成本＝应收账款平均余额×资金成本率

D. 应收账款机会成本＝维持赊销业务所需资金×资金成本率

2. 下列各项中，属于应收账款管理成本的是（　　）。

A. 客户信誉调查费　　B. 收账费用

C. 记账核算费用　　D. 应收账款占用资金的应计利息

3. 企业应当制定较为宽松的信用标准的情况有（　　）。

A. 企业抗风险能力强　　B. 竞争对手的市场地位明显优于自己

C. 企业自身财务状况非常良好　　D. 企业现金流充足

4. 企业如果延长信用期限，可能导致的结果有（　　）。

A. 扩大当期销售　　B. 延长平均收账期

C. 增加坏账损失　　D. 增加收账费用

5. 某企业的信用条件为“5/10，2/20，N/30”，则以下选项正确的有（　　）。

A. 5/10 表示 10 天内付款，可以享受 5%的价格优惠

B. 2/20 表示在 20 天内付款，可以享受 2%的价格优惠

C. N/30 表示最后的付款期限是 30 天，此时付款无优惠

D. 如果该企业有一项 100 万元的货款需要收回，客户在 15 天付款，则该客户只需要支付 98 万元货款

6. 现金折扣是企业对顾客在商品价格上的扣减。向顾客提供这种价格上的优惠，可以达到的目的有（　　）。

A. 缩短企业的平均收款期　　B. 扩大销售量

C. 增加收益　　D. 减少成本

7. 制定企业的信用政策，需要考虑的因素包括（　　）。

A. 资本成本　　B. 收账费用　　C. 存货数量　　D. 现金折扣

8. 收账力度逐渐增加，可能起到的作用有（　　）。

A. 有利于缩短企业的平均收款期　　B. 有利于扩大销售量

C. 可能增加收账费用　　D. 可能减少坏账

9. 与应收账款机会成本有关的因素是（　　）。

A. 平均收账天数　　B. 变动成本率　　C. 销售净利率　　D. 资金成本率

10. 信用期限延长，影响的因素包括（　　）。

A. 销售可能会增加　　B. 变动成本率会变大

C. 收账费用可能会增加　　D. 坏账率可能会提升

三、判断题

1. 通常情况下，赊销力度越大，应收账款的机会成本也越大。（　　）

2. 当客户账款逾期超过 1 年，则相应地将其确认为坏账损失。（ ）

3. 在 5C 评价系统中，“能力”反映的是公司或个人在当前的现金流不足以还债时在短期和长期内可供使用的财务资源。（ ）

4. 企业采用严格的信用标准，虽然会增加应收账款的机会成本，但能扩大商品销售额，从而给企业带来更多的收益。（ ）

5. 延长信用期限，可能导致销售的扩大，边际贡献会增加，同时也可能会带来应收款机会成本、收账费用和坏账损失的增加。（ ）

6. 企业可以通过增加折扣金额力度来加速回笼资金。（ ）

7. 企业应当针对不同账龄内的应收款制定不同的收账策略。（ ）

8. 账龄分析表比计算应收账款周转天数更能揭示应收账款的变化趋势。（ ）

9. 应收账款周转期是指将原材料加工成产成品并售出到收到顾客支付货款的时间。（ ）

10. 供应商在信用条件中规定有现金折扣，目的主要是扩大销售收入。（ ）

四、计算题

某企业上年销售收入为 400 万元，总成本为 300 万元，其中固定成本为 60 万元。假设今年该企业变动成本率维持在上年的水平，现有两种信用政策可供选用：

甲方案的信用政策为（2/10，1/20，N/90），预计销售收入为 540 万元，将有 30% 的货款于第 10 天收到，20%的货款于第 20 天收到，其余 50%的货款于第 90 天收到（前两部分货款不会产生坏账，后一部分货款的坏账损失率为该部分货款的 4%），收账费用为 50 万元。

乙方案给予客户 45 天信用期限（N/45），预计销售收入为 500 万元，货款将于第 45 天收到，其收账费用为 2 万元，坏账损失率为货款的 2%。

该企业的固定成本 60 万元中，有 40 万元的销售收入相关范围是 300 万～600 万元，有 20 万元的销售收入相关范围是 300 万～510 万元，如果销售收入为 510 万～600 万元，则 20 万元的固定成本会变为 25 万元。

已知资金成本率为 8%（为简化计算，本题不考虑增值税因素，一年按 360 天计算）。

要求：

（1）计算该企业上年的下列指标：变动成本总额；以销售收入为基础计算的变动成本率。

（2）计算甲、乙方案的收益之差（提示：边际贡献率＝1－变动成本率）。

（3）计算乙方案的应收账款相关成本费用。

（4）计算甲方案的应收账款相关成本费用。

（5）计算甲、乙方案税前收益之差，并在甲、乙两个方案之间作出选择。

项目六

存货管理

【知识目标】

- 掌握存货持有的动因
- 理解存货管理的目标
- 掌握存货的成本分析与计算
- 理解存货定额资金的测算方法
- 掌握经济订货批量基本模型
- 掌握再订货点计算方法
- 掌握陆续供应模式存货批量计算方法
- 掌握保险储备的计算方法
- 掌握商业折扣模型存货批量计算方法
- 理解存货 ABC 控制管理法和存货适时控制系统

【能力目标】

- 能够运用经济订货批量基本模型确定最佳经济订货批量
- 能够运用存货陆续供应和使用模型确定最佳经济订货批量
- 能够正确计算存货订货点
- 能够确定存货最佳保险储备量

【素养目标】

- 培养学生爱岗敬业、忠于职守、尽心尽力的敬业精神
- 培养学生诚实守信的品质，说老实话，办老实事，不弄虚作假，不泄露机密
- 培养学生能够运用相关模型进行企业最佳存货量的确定，帮助企业降低成本，提高经济效益

任务 1
存货持有的动因及管理的目标

引导案例

存货管理——沃尔玛的命门

【背景资料】

在沃尔玛的企业文化里，一项重要的使命便是为顾客服务，换言之，也就是提供顾客所需要或感兴趣的商品。而最后一项任务便是把合适的货物搬到合适的货架上，但是根据彭博社、纽约《时代周刊》以及其他媒体的报道，由于沃尔玛减少员工的工作时间，因此没有足够的人手去把商品从仓库及时地搬到货架上。

这种情况导致了日常零售中的缺货，那些本应摆放各种各样商品的货架如今却空荡荡的。很明显，这也导致了滞销。很多报告显示，购物者总是两手空空地离开沃尔玛，转向其他超市。沃尔玛方面则称这并无大碍，偶然性的缺货几乎遍地都是，尤其是在运营超过4 500家的沃尔玛店铺。这家零售巨头还称，沃尔玛的商品存货率为90%～95%，虽然沃尔玛言之凿凿，但是毫无争议的是，沃尔玛在去年削减了运营成本。根据最近的数据报告，2013 财年，沃尔玛（北美）店面的营业利润增长快于收入增长。在此期间，该公司的营业支出相较于去年减少了 27 个基点，这意味着沃尔玛节省了 7.4 亿美元的成本。其中减少的一部分来源于人工成本，所以这项减支是否以服务水准的降低为代价有待探究。

这并不仅仅是少数顾客双手空空地离开沃尔玛的结果，存货管理才是直指沃尔玛的命门。零售的经济学往往是循环的：你下了订单，货到了，你有 30 天的时间来付款（存货周转天数），商品卖得越快，资金损失会越小，这也是为什么存货周转天数是零售中重要的指标之一。更快的周转率、更低的成本，意味着你承担的更少，如果想要周转率和成本控制更上一个台阶，这种强烈的良好愿望很可能使你成为沃尔玛的主脑核心——任何某一环节的提速和改良，都会驱使整体的提升和自我净化。

资料来源：存货管理——沃尔玛的命门．(2013-04-13). https://www.huxiu.com/article/12942.html.

【思考讨论】

请简要分析沃尔玛存货管理的得与失。

存货是指企业在生产经营过程中为销售或者耗用而储备的物资，包括材料、燃料、低值易耗品、在产品、半成品、产成品、协作件等。存货管理水平的高低直接影响企业的生产经营能否顺利进行，并最终影响企业的收益、风险等状况，因此，存货管理是财务管理的一项重要内容。

一、掌握存货持有的动因

（一）保证生产正常进行

生产过程中需要的原材料和在产品，是生产的物质保证。为保障生产的正常进行，必须储备定量的原材料，否则可能会造成生产中断、停工待料现象。尽管当前部分企业的存货管理已经实现计算机自动化管理，但要实现存货为零的目标实属不易。

（二）有利于销售

一定数量的存货储备能够增加企业在生产和销售方面的机动性和适应市场变化的能力，当企业需求量增加时，若产品储备不足就有可能失去销售良机。同时，客户为了节约采购成本和其他费用，一般可能成批采购。企业为了达到运输商的最优批量也会组织成批发运，因此保持一定量的存货有利于市场销售。

（三）便于维持均衡生产，降低产品成本

有些企业产品属于季节性产品或需求波动比较大的产品。此时若根据需求状况组织生产，则可能生产能力得不到充分利用，有时又会出现超负荷生产，造成产品成本的上升。为了降低生产成本，实现均衡生产，就要储备一定的产成品存货，并相应地保持一定的原材料存货。

（四）降低存货取得成本

一般情况下，当企业进行采购时，进货总成本与采购物资的单价和采购次数密切相关，而许多供应商为鼓励客户多购买其产品，往往在客户采购量达到一定数量时，给予价格折扣。所以企业通过大批量集中进货，既可以享受价格折扣，降低购置成本，也因减少订货次数，降低了订货成本，使总的进货成本降低。

（五）防止意外事件的发生

企业在采购、运输生产和销售过程中，都可能发生意料之外的事故，保持必要的存货保险储备，可以避免或减少意外事件的损失。

二、理解存货管理的目标

企业持有存货一方面是为了保证生产或销售的经营需要，另一方面是出自价格的考虑，零购物资的价格往往较高，而整批购买在价格上有优惠。但是，过多的存货要占用较多资

金，并且会增加包括仓储费、保险费、维护费、管理人员工资在内的各项开支，因此，存货管理的目标就是在保证生产或销售经营需要的前提下，最大限度地降低存货成本。

【想一想】存货管理的目标是保证生产或销售经营需要，增加存货储备，这一说法正确吗？

任务 2

存货的成本及资金等额测算

一、掌握存货的成本分析与计算

扫一扫

财务微课堂：存货的相关成本

扫一扫

业务挂图：存货成本

（一）取得成本

取得成本是指为取得某种存货而支出的成本，通常用 TC_a 来表示。它可分为订货成本和购置成本。

1. 订货成本

订货成本是指取得存货订单的成本，如办公费、差旅费、邮资、电报电话费、运输费等支出。订货成本有一部分与订货次数无关，如常设机构的基本开支等，称为订货固定成本，用 F_1 表示；另一部分与订货次数有关，如邮资和差旅费等，称为订货变动成本，每次订货的变动成本用 K 表示。订货次数等于存货年需求量 D 与每次进货量 Q 之商。订货成本的计算公式为：

$$订货成本 = F_1 + \frac{D}{Q}K$$

2. 购置成本

购置成本是指存货本身的价值，一般用数量与单价的乘积来确定。如果年需求量用 D 表示，单价用 U 表示，则购置成本为 DU。

订货成本与购置成本之和便为存货的取得成本，取得成本的计算公式为：

取得成本＝订货成本＋购置成本

＝订货固定成本＋订货变动成本＋购置成本

$$TC_a = F_1 + \frac{D}{Q}K + DU$$

（二）储存成本

储存成本是指为保存存货而发生的成本，包括存货占用资金所应计的利息（即机会成本）、仓储成本、保险费用、存货破损和变质损失等，通常用 TC_c 表示。

储存成本也分为固定成本和变动成本。固定成本与存货数量的多少无关，如仓库折旧、仓库职工的固定工资等，常用 F_2 表示；变动成本与存货的数量有关，如存货资金的应计利息、存货的破损和变质损失、存货的保险费用等，单位变动成本用 K_c 表示。由此，储存成本的计算公式为：

$$TC_c = F_2 + K_c \frac{Q}{2}$$

（三）缺货成本

缺货成本是指由于存货供应中断而造成的损失，包括材料供应中断造成的停工损失、产成品库存缺货造成的拖欠发货损失和丧失销售机会的损失等。缺货成本用 TC_s 表示。

如果以 TC 表示与存货相关的总成本，则其计算公式为：

$$TC = TC_a + TC_c + TC_s = F_1 + \frac{D}{Q}K + DU + F_2 + K_c \frac{Q}{2} + TC_s$$

企业存货的最优化就是使上式中的 TC 值最小。

【工作实例 6－1】 东方公司是亚洲地区的玻璃套装门分销商，套装门在香港生产然后运至上海。公司管理层预计年度需求量为 10 000 套。套装门购进单价为 395 元（包括运费，单位是人民币，下同）。与订购和储存这些套装门相关的资料如下：

（1）去年订单共 22 份，总处理成本为 13 400 元，其中固定成本为 10 760 元，预计未来成本性态不变。

（2）虽然对于香港原产地商品进入内地已经免除关税，但是对于每一张订单都要经双方海关检查，其费用为 280 元。

（3）套装门从香港运抵上海后，接收部门要进行检查。公司为此雇用一名检验人员，每月支付工资 3 000 元，每个订单检验工作需要 8 小时，发生变动费用每小时 2.5 元。

（4）公司租借仓库来储存套装门，估计成本为每年 2 500 元，另外每套门发生储存成本 4 元。

（5）在储存过程中会出现破损，估计破损成本平均每套门 28.5 元。

（6）占用资金利息等其他储存成本每套门 20 元。

要求：

（1）计算经济批量模型中“每次订货变动成本”；

（2）计算经济批量模型中“单位变动存货储存成本”。

解：（1）每次订货变动成本=(13 400−10 760)÷22+280+8×2.5=420（元）

（2）单位变动存货储存成本=4+28.5+20=52.5（元）

二、掌握存货资金定额的测算

存货在企业流动资产中占的比重很大，做好存货资金定额的测算工作，有助于控制存货资金在流动资产中的比重，提高存货资金的利用效果。测算存货资金定额的方法有定额日数法、因素分析法和比例分析法等。

（一）定额日数法

定额日数法是指根据存货每日平均资金占用额和定额日数来计算存货资金定额的一种方法。其计算公式为：

存货资金定额=每日平均资金占用额×定额日数

这种方法适用于原材料、在产品、产成品等资金定额的测算。

1. 原材料资金定额的测算

原材料资金定额的计算公式为：

$$\begin{aligned}&\text{原材料资金定额}\\&=\text{原材料每日平均资金占用额}\times\text{原材料资金定额日数}\\&=\frac{\text{计划期原材料耗用总量}\times\text{原材料计划单价}}{\text{计划期日数}}\times(\text{在途日数}+\text{验收日数}\\&\quad+\text{整理准备日数}+\text{保险日数}+\text{供应间隔日数}\times\text{供应间隔系数})\end{aligned}$$

公式中的供应间隔系数是指原材料平均库存量与周转最高库存量的比率，如果用的仅是一种原材料，则该比率为50%（精确地讲比50%略大一些），如果生产中同时用几种原材料，则该比率比50%要大，但一般小于60%。供应间隔系数的精确计算稍有难度，本书不作介绍。公式中供应间隔日数乘以供应间隔系数是对供应间隔日数打个折扣，这样处理的原因是原材料在供应间隔期内随着耗用，资金渐次转移到在产品项目上，并非始终全额占用。

【工作实例6-2】 某企业计划年度生产甲产品9 000件，每件耗用A材料200千克，A材料计划单价为每千克100元。A种材料在途4天，验收1天，整理准备1天，保险2天，供应间隔30天，供应间隔系数为60%。

要求：计算A材料资金定额。

解：$$\begin{aligned}\text{A材料资金定额}&=\frac{100\times200\times9\ 000}{360}\times(4+1+1+2+30\times60\%)\\&=13\ 000\ 000\ (\text{元})\end{aligned}$$

2. 在产品资金定额的测算

在产品资金定额的计算公式为：

$$\text{在产品资金定额}=\frac{\text{计划期生产总量}\times\text{单位产品计划成本}}{\text{计划期日数}}\times\text{生产周期}\times\text{在产品成本系数}$$

式中，在产品成本系数是指生产过程中在产品平均成本占产成品成本的百分比，打这个折扣的原因是产品生产成本不一定在生产周期之初便一次全额投入。例如，某产品的单位成本是 150 元，其中原材料费用为 90 元，在生产开始时一次投入，其他费用 60 元在生产过程中陆续投入。该产品的在产品成本系数为：$\frac{90+60\times50\%}{150}\times100\%=80\%$。

【工作实例 6-3】某企业甲产品全年产量为 20 000 吨，产品单位计划成本为 500 元，生产周期为 18 天，在产品成本系数为 70%。

要求：计算该在产品资金定额。

解：该在产品资金定额$=\frac{20\ 000\times500}{360}\times18\times70\%=350\ 000$（元）

3. 产成品资金定额的测算

产成品资金定额的计算公式为：

$$\text{产成品资金定额}=\frac{\text{计划期生产总量}\times\text{单位产品计划成本}}{\text{计划期日数}}\times\text{产成品定额日数}$$

式中，产成品定额日数包括产成品在库储存日数、发运日数和销售款项的结算日数。

【工作实例 6-4】根据工作实例 6-3 资料，若甲产品完工库存日数为 6 天，发运日数为 1 天，结算日数为 2 天。

要求：计算甲产品的产成品资金定额。

解：产成品资金定额$=\frac{20\ 000\times500}{360}\times(6+1+2)=250\ 000$（元）

（二）因素分析法

因素分析法是指以基期有关存货资金实际合理占用额为基础，分析有关因素变动情况来测算存货资金定额的一种方法。其计算公式为：

$$\text{存货资金定额}=\left(\text{上年存货实际平均占用额}-\text{不合理占用额}\right)\times\left(1+\text{预测年度生产增长率}\right)\times\left(1+\text{预测年度价格增长率}\right)\times\left(1-\text{预测年度存货周转速度增长率}\right)$$

【工作实例 6-5】某企业上年度包装物平均占用资金为 20 万元，其中不合理占用为 2 万元。假定计划年度生产增长 5%，价格上涨 10%，资金周转加速 5%。

要求：计算计划年度包装物资金定额。

解：包装物资金定额$=(200\ 000-20\ 000)\times(1+5\%)\times(1+10\%)\times(1-5\%)$

$=197\ 505$（元）

（三）比例分析法

比例分析法是指根据存货资金占用额的相关指标的变动情况，按比例推算存货资金定额的一种方法。其计算公式为：

$$\text{存货资金定额}=\text{计划年度某项指标的数额}\times\text{上年该项指标正常存货率}\times\left(1-\text{预测计划年度存货周转速度增长率}\right)$$

【工作实例 6-6】 某企业上年度合理存货平均占用额为 40 万元，上年销售收入总额为 800 万元，预测计划年度销售收入将增加到 1 000 万元，计划年度存货周转速度增长 10%。

要求：计算计划年度存货资金定额。

解： 存货资金定额 $=1\,000\times\dfrac{40}{800}\times(1-10\%)=45$（万元）

任务 3 最优存货量的确定

经济订货批量是指一定时期储存成本和订货成本之和最低时（不考虑缺货成本）的采购批量。储存成本与采购批量的大小直接相关，这是因为储存成本的高低取决于存货的储存量，而储存量又是由每次的采购批量所决定的。在存货需求量一定的条件下，每次的采购批量越大，存货的平均储存量就越大，储存成本就越大；反之，则越小。订货成本与每次采购批量的大小无关，与订货的次数相关，即订货成本会随着订货次数的增加而上升。由此可以看出，企业减少储存成本的同时会引起订货成本的上升，这两种成本是互为消长的，存货控制的目的就是要找到能使这两种成本合计数最低的点，即经济订货批量。

一、经济订货批量基本模型

扫一扫

财务微课堂：经济订货批量基本模型下最优存货量的确定

经济订货批量是建立在一系列严格假设条件基础之上的，这些假设条件包括：（1）存货总需求量是已知常数；（2）订货提前期是常数；（3）货物是一次性入库；（4）单位货物成本为常数，无批量折扣；（5）库存储存成本与库存水平呈线性关系；（6）货物是一种独立需求的物品，不受其他货物影响。

设立上述假设后，前述的总成本公式可以简化为：

$$TC=TC_a+TC_c+TC_s=F_1+\frac{D}{Q}K+DU+F_2+K_c\frac{Q}{2}$$

采用微分极值定理，可得出经济订货批量基本模型，其计算公式如下：

$$EDQ=\sqrt{\frac{2KD}{K_c}}$$

式中，EDQ 表示经济订货批量；D 表示存货年需要量；K 表示每次订货变动成本；K_c 表示单位变动储存成本。

另外，还可以得到下列结论：

每年最佳订货次数＝存货年需求量/经济订货批量

最佳订货周期（年）＝1/每年最佳订货次数

与批量有关的存货总成本 $TC=\sqrt{2KDK_c}$

在经济订货批量下变动订货成本＝变动储存成本＝$\sqrt{2KDK_c}/2$

【工作实例6－7】背景资料同工作实例6－1。

要求：

(1) 计算经济订货批量；

(2) 计算每年与批量相关的存货总成本。

解：承工作实例6－1：

每次订货变动成本＝(13 400－10 760)÷22＋280＋8×2.5＝420（元）

单位变动存货储存成本＝4＋28.5＋20＝52.5（元）

(1) 经济订货批量＝$\sqrt{\frac{2\times10\ 000\times420}{52.5}}$＝400(套)

(2) 与批量相关的存货总成本＝$\sqrt{2\times10\ 000\times420\times52.5}$＝21 000（元）

【工作实例6－8】假设钱塘公司每年所需的原材料为80 000千克，单位成本为15元/千克，每次订货的变动成本为20元，单位变动储存成本为0.8元/千克，一年按360天计算。

要求：

(1) 计算经济订货批量；

(2) 计算每年最佳订货次数；

(3) 计算最佳订货周期；

(4) 计算经济订货量平均占用资金；

(5) 计算与经济订货批量相关的存货总成本；

(6) 计算在经济订货批量下变动订货成本和变动储存成本。

解：

(1) 经济订货批量＝$\sqrt{\frac{2\times80\ 000\times20}{0.8}}$＝2 000(千克)

(2) 每年最佳订货次数＝80 000÷2 000＝40（次）

(3) 最佳订货周期＝360÷40＝9（天）

(4) 经济订货量平均占用资金＝2 000÷2×15＝15 000（元）

(5) 与经济订货批量相关的存货总成本＝$\sqrt{2\times80\ 000\times20\times0.8}$＝1 600(元)

(6) 在经济订货批量下变动订货成本＝40×20＝800（元）

(7) 在经济订货批量下变动储存成本＝2 000÷2×0.8＝800（元）

二、经济订货基本模型的扩展

放宽经济订货基本模型的相关假设，就可以扩展经济订货基本模型，以扩大其适用范围。

（一）再订货点

一般情况下，企业的存货不能做到随用随补充，因此需要在没有用完时提前订货。再订货点就是在提前订货的情况下，为确保存货用完时订货刚好到达，企业再次发出订货单时应保持的存货库存量。它的数量等于平均交货时间和每日平均需用量的乘积，其计算公式为：

$$R=L\times d$$

式中，R 表示再订货点，L 表示平均交货时间，d 表示每日平均需用量。

例如，企业订货日至到货期日的时间为 5 天，每日存货需用量为 20 千克，那么：

$$R=L\times d=5\times 20=100\text{（千克）}$$

企业在尚存 100 千克存货时，就应当再次订货，等到下批订货到达时（再次发出订货单 5 天后），原有库存刚好用完。此时，订货提前期的情形如图 6-1 所示。这就是说，订货提前期对经济订货量并无影响，每次订货批量、订货次数、订货间隔时间等与瞬时补充相同。

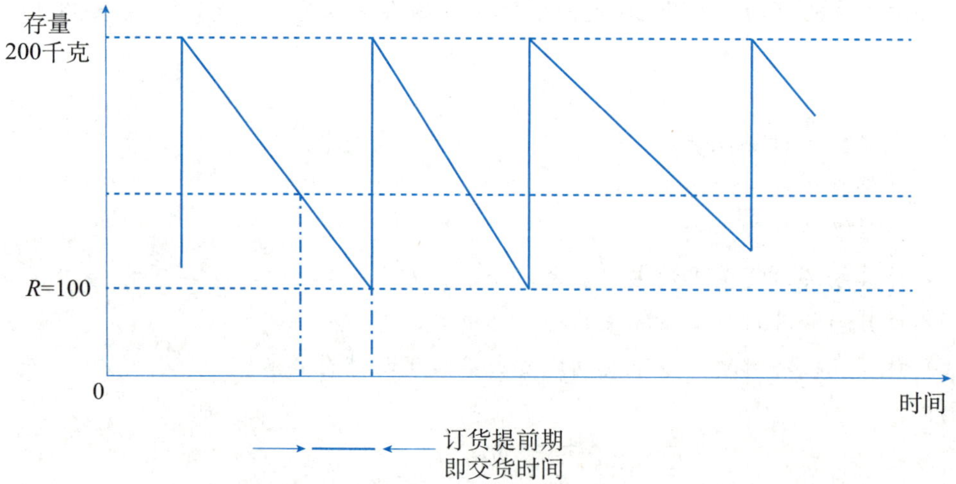

图 6-1　订货提前期

【工作实例 6-9】 钱塘公司是一家制造类企业，全年平均开工 250 天。为生产产品，全年需要购买 A 材料 250 000 件，该材料进货价格为 150 元/件，每次订货需支付运费、订单处理费等变动费用 500 元，材料的单位变动年储存成本为 10 元/件。A 材料平均交货时间为 4 天。该公司 A 材料满足经济订货基本模型各项前提条件。

要求：

(1) 利用经济订货基本模型，计算A材料的经济订货批量和全年订货次数；

(2) 计算按经济订货批量采购A材料的年存货相关总成本；

(3) 计算A材料每日平均需用量和再订货点。

解：

(1) A材料的经济订货批量$=\sqrt{2\times250\,000\times500\div10}=5\,000$（件）

全年订货次数=全年需求量/经济订货批量$=250\,000\div5\,000=50$（次）

(2) A材料的年存货相关总成本$=\sqrt{2\times250\,000\times500\times10}=50\,000$（元）

(3) 每日平均需用量$=250\,000\div250=1\,000$（件）

再订货点$=1\,000\times4=4\,000$（件）

（二）存货陆续供应和使用模型

在建立基本模型时，假设存货一次全部入库，故存货增加时存量变化为一条垂直的直线。事实上，各批存货可能陆续入库，使存量陆续增加。尤其是产成品入库和在产品转移，几乎总是陆续供应和陆续耗用的。陆续供货时存货数量的变动如图6－2所示。

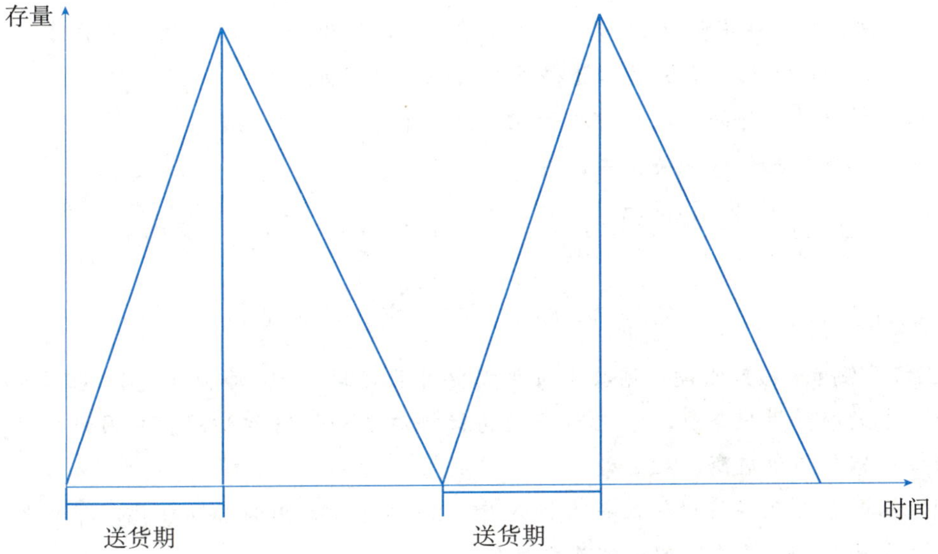

图6－2 陆续供货时存货数量的变动

假设每批订货数为Q，由于每日送货量为P，故该批货全部送达所需日数为$\frac{Q}{P}$，称之为送货期。

因为零件每日耗用量为d，所以送货期内的全部耗用量为：

$$全部耗用量=\frac{Q}{P}\times d$$

因为零件边送边用，所以每批送完时，最高库存量为：

$$最高库存量=Q-\frac{Q}{P}\times d$$

平均存量则为：

$$平均存量=\frac{1}{2}(Q-\frac{Q}{P}\times d)$$

假设存货年需要量为 D，每次订货费用为 K，单位变动储存成本为 K_c，则与批量有关的总成本为：

$$TC(Q)=\frac{D}{Q}\times K+\frac{1}{2}(Q-\frac{Q}{P}\times d)\times K_c$$

当订货成本与储存成本相等时，TC 有最小值，此时

$$EDQ=\sqrt{\frac{2KD}{K_c}\times\frac{P}{P-d}}$$

将这一公式代入上述 $TC(Q)$ 公式中，可得出存货陆续供应和使用的经济订货量相关总成本为：

$$TC(EDQ)=\sqrt{2KDK_c\times\left(1-\frac{d}{P}\right)}$$

【工作实例 6-10】假设钱塘公司某零件年需用量（D）为 3 600 件，每日送货量（P）为 30 件，每日耗用量（d）为 10 件，单价（U）为 10 元，一次订货成本（生产准备成本）（K）为 25 元，单位变动储存成本（K_c）为 2 元。

要求：计算该零件的经济订货量和相关总成本。

解：将例中数据代入相关公式，则：

$$EDQ=\sqrt{\frac{2\times3\ 600\times25}{2}\times\frac{30}{30-10}}=367\text{（件）}$$

$$TC(EDQ)=\sqrt{2\times25\times3\ 600\times2\times\left(1-\frac{10}{30}\right)}=490\text{（元）}$$

【工作实例 6-11】假设钱塘公司每年需要外购某材料 108 000 千克，现有 S 和 T 两家符合要求的材料供应企业，它们所提供的材料质量和价格都相同。公司计划从两家企业中选择一家作为供应商。相关数据如下：

（1）从 S 企业购买该材料，一次性入库。每次订货费用为 5 000 元，年单位材料变动储存成本为 30 元/千克。假设不存在缺货。

（2）从 T 企业购买该材料，每次订货费用为 6 050 元，年单位材料变动储存成本为 30 元/千克。材料陆续到货并使用，每日送货量为 400 千克，每日耗用量为 300 千克。

要求：

（1）利用经济订货基本模型，计算从 S 企业购买材料的经济订货批量和相关存货总成本；

（2）利用经济订货扩展模型，计算从 T 企业购买材料的经济订货批量和相关存货总成本；

（3）基于成本最优原则，判断钱塘公司应该选择哪家企业作为供应商。

解：(1) 从S企业购买材料：

$$经济订货批量=\sqrt{\frac{2\times 108\ 000\times 5\ 000}{30}}=6\ 000(千克)$$

$$相关存货总成本=\sqrt{2\times 108\ 000\times 5\ 000\times 30}=180\ 000(元)$$

(2) 从T企业购买材料：

$$经济订货批量=\sqrt{\frac{2\times 6\ 050\times 108\ 000}{30}\times\frac{400}{400-300}}=13\ 200(千克)$$

$$相关存货总成本=\sqrt{2\times 108\ 000\times 6\ 050\times 30\times\left(1-\frac{300}{400}\right)}=99\ 000(元)$$

(3) 基于成本最优原则，从T企业购买材料的相关存货总成本小于从S企业购买材料的相关存货总成本，所以应该选择T企业作为供应商。

(三) 保险储备

前面讨论的经济订货量是以供货稳定为前提的，但实际情况并非完全如此，企业对存货的需求量可能会发生变化，交货时间也可能会延迟。在交货期内，如果发生需求量增大或交货时间延误，企业就会发生缺货。为防止由此造成的损失，企业应有一定的保险储备。如图6-3所示，在再订货点，企业按照经济订货批量订货；在订货期内，如果对存货的需求量很大或交货时间由于某种原因被延误，企业可能出现缺货的现象。为防止存货中断，再订货点等于交货期内的预计需求与保险储备之和，即：

扫一扫

财务微课堂：存在保险储备的最优存货量的确定

再订货点＝预计交货期内的需求＋保险储备

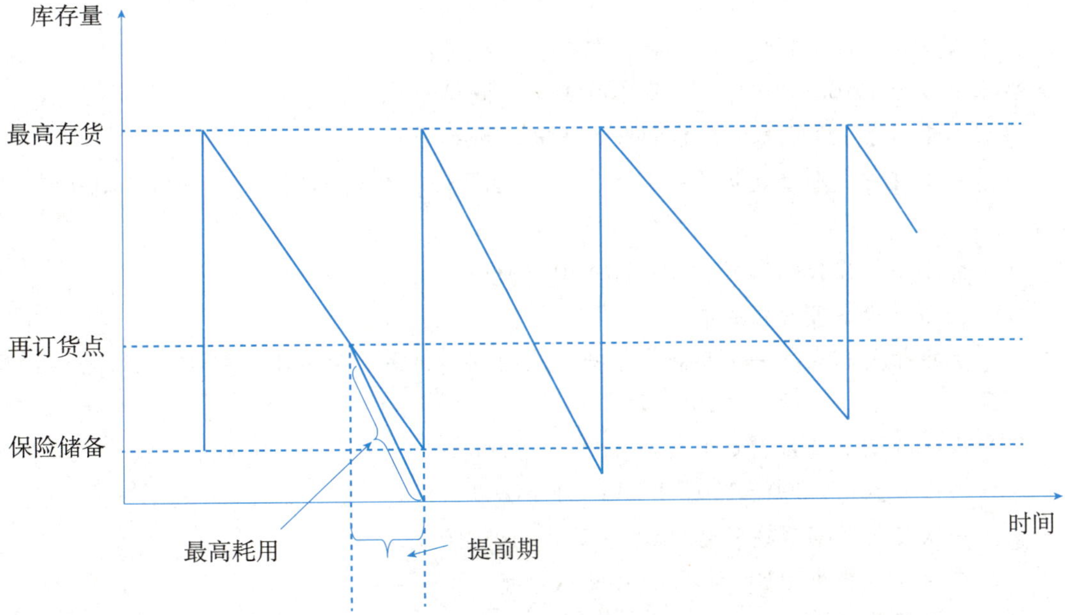

图6-3 不确定需求量和保险储备下的存货水平

合理保险储备的确定：

（1）最佳保险储备确定的原则：使缺货损失和保险储备的储存成本之和达到最低。

（2）与保险储备和缺货量相关的总成本：

设单位缺货成本为K_u，一次订货缺货量为S，年订货次数为N，保险储备量为B，单位存货成本为K_m，则：

相关成本＝缺货损失＋保险储备的储存成本

$$TC(S,B)=K_u\times S\times N+B\times K_m$$

【工作实例6-12】假设钱塘公司计划年度耗用某材料为100 000千克，材料单价为50元，经济订货批量为25 000千克，年订货4（＝100 000/25 000）次，订货点为1 200千克，单位材料年储存成本为材料单价的25%，单位材料缺货成本损失为24元。在交货期内，生产需求量及其概率见表6-1。

表6-1 公司生产需求量概率分布

生产需求量（千克）	概率
1 000	0.1
1 100	0.2
1 200	0.4
1 300	0.2
1 400	0.1

要求：计算公司最佳保险储备量。

解：

（1）设保险储备量为0：

再订货点＝预计交货期内的需求＋保险储备＝1 200＋0＝1 200（千克）

当需求量为1 200千克或以下时，不会发生缺货；

当需求量为1 300千克时，缺货100千克，概率为0.2；

当需求量为1 400千克时，缺货200千克，概率为0.1。

一次订货的期望缺货量＝0×0.1＋0×0.2＋0×0.4＋100×0.2＋200×0.1
＝40（千克）

全年缺货损失＝40×4×24＝3 840（元）

全年保险储备储存成本＝0

全年相关总成本＝全年缺货损失＋全年保险储备储存成本＝3 840＋0
＝3 840（元）

（2）设保险储备量为100千克：

再订货点＝1 200＋100＝1 300（千克）

一次订货的期望缺货量＝100×0.1＝10（千克）

全年缺货损失＝10×4×24＝960（千克）

全年保险储备储存成本＝100×50×25%＝1 250（元）

全年相关总成本＝960＋1 250＝2 210（元）

（3）设保险储备量为 200 千克：

再订货点＝1 200＋200＝1 400（千克）

全年缺货损失＝0

全年保险储备储存成本＝200×50×25%＝2 500（元）

全年相关总成本＝2 500（元）

保险储备分析见表 6-2。

表 6-2　保险储备分析　　金额单位：元

保险储备量（千克）	缺货量（千克）	缺货概率	缺货损失	保险储备的储存成本	总成本
0	0	0.1	0		
	0	0.2	0		
	0	0.4	0		
	100	0.2	4×100×0.2×24＝1 920		
	200	0.1	4×200×0.1×24＝1 920		
			缺货损失期望值＝3 840	0	3 840
100	0	0.1	0		
	0	0.2	0		
	0	0.4	0		
	0	0.2	0		
	100	0.1	4×100×0.1×24＝960		
			缺货损失期望值＝960	100×50×0.25＝1 250	2 210
200	0	0.1	0		
	0	0.2	0		
	0	0.4	0		
	0	0.2	0		
	0	0.1	0		
			缺货损失期望值＝0	200×50×0.25＝2 500	2 500

综上，当保险储备量为 100 千克时，全年相关总成本最低。因此，该企业保险储备量为 100 千克比较合适。

【工作实例 6-13】假设某公司每年需要外购零件 3 600 千克，该零件单价为 10 元，单位变动储存成本为 20 元，一次订货成本为 25 元，单位缺货成本为 100 元，企业目前建立的保险储备量为 30 千克。交货期内的需求量及其概率见表 6-3。

表 6-3　公司生产需求量概率分布

需求量（千克）	概率
50	0.1
60	0.2
70	0.4
80	0.2
90	0.1

要求：

(1) 计算最优经济订货批量、年最优订货次数（计算结果保留整数）；

(2) 按企业目前的保险储备标准，判断存货水平为多少时应补充订货；

(3) 判断企业目前的保险储备标准是否恰当；

(4) 按合理保险储备标准，计算企业的再订货点。

解：

(1) 经济订货批量$=\sqrt{\dfrac{2\times3\ 600\times25}{20}}=95$（千克）

年最优订货次数$=3\ 600\div95=38$（次）

(2) 交货期内平均需求$=50\times0.1+60\times0.2+70\times0.4+80\times0.2+90\times0.1$

$=70$（千克）

含有保险储备的再订货点$=70+30=100$（千克）

按目前的保险储备标准，存货水平为 100 千克时应补充订货。

(3) ①设保险储备量为 0：

再订货点＝预计交货期内的需求量＋保险储备量$=70+0=70$（千克）

缺货量$=(80-70)\times0.2+(90-70)\times0.1=4$（千克）

缺货损失与保险储备储存成本之和$=4\times100\times38+0\times20=15\ 200$（元）

②设保险储备量为 10 千克：

再订货点$=70+10=80$（千克）

缺货量$=(90-80)\times0.1=1$（千克）

缺货损失与保险储备储存成本之和$=1\times100\times38+10\times20=4\ 000$（元）

③设保险储备量为 20 千克：

再订货点$=70+20=90$（千克）

缺货量$=0$

缺货损失与保险储备储存成本之和$=0\times100\times38+20\times20=400$（元）

因此合理保险储备为 20 千克，相关成本最小。

企业目前的保险储备标准过高，会加大储存成本。

(4) 按照合理保险储备标准：

企业的再订货点$=70+20=90$（千克）

（四）商业折扣模型

为了鼓励客户购买更多的商品，销售企业通常会给予不同程度的价格优惠，即实行商业折扣或称价格折扣。购买越多，所获得的价格优惠越大。此时，进货企业对经济进货批量的确定，除了考虑进货费用与储存成本外，还应考虑存货的进价成本，因为此时的存货进价成本已经与进货数量的大小有了直接的联系，属于决策的相关成本。

在经济进货批量基本模式其他各种假设条件均具备的前提下，存在数量折扣时的存货相关总成本可按下式计算：

总成本＝订货成本＋储存成本＋采购成本

实行数量折扣的经济进货批量具体确定步骤如下：

第一步，按照基本经济进货批量模式确定经济进货批量。

第二步，计算按经济进货批量进货时的存货相关总成本。

第三步，计算按给予数量折扣的进货批量进货时的存货相关总成本。如果给予数量折扣的进货批量是一个范围，如进货数量在 1 000～1 999 千克之间可享受 2％的价格优惠，此时则按给予数量折扣的最低进货批量，即按 1 000 千克计算存货相关总成本。

第四步，比较不同进货批量的存货相关总成本，最低存货相关总成本对应的进货批量，就是实行数量折扣的最佳经济进货批量。

【工作实例 6－14】 某企业甲材料的年需求量为 4 000 千克，每千克标准价格为 20 元。销售企业规定：客户每批购买量不足 1 000 千克的，按照标准价格计算；每批购买量 1 000 千克以上、2 000 千克以下的，价格优惠 2％；每批购买量 2 000 千克以上的，价格优惠 3％。已知每批进货费用为 60 元，单位材料的年储存成本为 3 元。

要求：确定该企业的经济订货批量。

解：（1）按经济进货批量基本模式确定的经济进货批量：

$$EDQ=\sqrt{\frac{2\times 60\times 4\ 000}{3}}=400\text{（千克）}$$

（2）按经济进货批量（Q＝400 千克）进货时的存货相关总成本：

$$TC(Q=400)=4\ 000\times 20+\frac{4\ 000}{400}\times 60+\frac{400}{2}\times 3=81\ 200\text{（元）}$$

按给予数量折扣的进货批量（Q＝1 000 千克）进货时的存货相关总成本：

$$TC(Q=1\ 000)=4\ 000\times 20\times(1-2\%)+\frac{4\ 000}{400}\times 60+\frac{1\ 000}{2}\times 3=80\ 140\text{（元）}$$

按给予数量折扣的进货批量（Q＝2 000 千克）进货时的存货相关总成本：

$$TC(Q=2\ 000)=4\ 000\times 20\times(1-3\%)+\frac{4\ 000}{400}\times 60+\frac{2\ 000}{2}\times 3=80\ 720\text{（元）}$$

（3）比较不同进货批量的存货相关总成本：

综上，通过比较发现，每次进货为 1 000 千克时的存货相关总成本最低，所以此时最佳经济进货批量为 1 000 千克。

任务 4

存货内部控制及控制系统

一、存货内部控制

（一）存货内部控制的概念

存货内部控制是指为了提升企业的管理水平而针对存货管理的各个环节进行的彼此制衡的控制活动与方法。它涉及存货的取得、存货的保管、存货的销售、存货的盘点清查、存货的处置等多项管理活动。好的内部控制制度对企业管理有很大帮助，能确保企业的安全运营，提高资金周转速度，帮助企业提高利润。如果对存货内部控制的设计合理、运行有效，那么将有利于企业减少存货相关业务在进行记录时发生失误的可能性，减少员工舞弊行为；也可以帮助企业降低相关成本，增加其在行业中的竞争力，为企业带来更多收益，实现企业的长远发展。

（二）存货内部控制流程

存货内部控制在内部控制中具有重要地位，它主要围绕存货开展内部控制活动，细化了企业对内部控制的研究，拓宽了内部控制的研究范围，延伸了内部控制的定义。企业内部控制是从企业经营管理的全局进行控制，而存货内部控制仅以存货为核心进行控制，具有更加鲜明的特色。作为以生产制造为主的企业，其存货内部控制的范围包括企业生产、销售等多项活动，涵盖采购、仓储、验收入库、盘点等多个环节。其控制流程主要有以下几方面：

1. 采购环节的内部控制

企业的采购环节主要由采购部、供应部、财务部三个部门共同完成。在采购工作开始之前，由供应部向公司提出采购申请，采购部根据企业年度生产计划等相关信息制定详细的采购计划，同时需经部门领导批准，并对审批结果进行签字确认，审批通过后才能实施采购计划。采购时，采购部应对所需采购的物资进行招标，严格选定供应商建立合作关系，双方就所采购的物资数量和价格等重要信息达成一致后拟定采购合同的内容，并提交领导审批，审批通过后方能签订采购合同。采购合同需经公司进行档案保管，方便以后查阅。财务部根据采购相关信息向供应商付款，并做好财务登记工作。供应部对采购回的物资进行检查，仔细核对供应商的送货信息，确保物资质量过关后才能进入仓库保管。若质量不过关则应予以退回。

2. 验收入库环节的内部控制

存货内部控制的顺利开展离不开对企业所采购存货的准确计量和严格验收。存货进行仓储保管之前，公司员工应仔细核查所采购物资的数量，做到与送货单数量保持一致，无误后方能入库保管。在企业的验收入库环节，所涉及的各个部门都应严格履行自己的职责。采购部应对其所签署的物资清单及存货验收清单负责，供应部应将实际采购的存货数量依据存货验收清单进行验收。验收过程要做到认真细心，如果验收过程中未出现异常，则可以填制存货入库单并进行存货保管登记。最后，将存货单据移交给企业财务部门。

3. 保管环节的内部控制

仓储保管环节的主要控制内容是企业存货进行仓储保管时需要经领导审核通过。在进行仓储保管时，仓储环境应当拥有合适的存储设备来保管存货，以降低存货损失、被盗等保管不当所带来的风险。仓储保管员应将不同的存货依据其不同的特点及规格分别存储。仓储部门领导应重视存货保管工作，定期组织员工盘查存货数量，及时发现并记录好在存储过程中出现的问题，并针对这些问题及时采取积极的应对措施，以避免存货出现变质等问题。

4. 领用出库环节的内部控制

在领用出库环节，生产部门应根据生产需求对所需物资填写领料单，并需要经过部门主管审批通过。生产部门将领料单交由仓库保管员，保管员接收领料单后办理存货出库业务，填写存货出库单，并由仓储保管人员和领料人员共同签字才算完成。对于需要发出的存货，仓储保管员应依照销售清单上的存货数量发货并做好存货收发登记，将存货出库清单及销售清单等多项单据一并交由公司财务部。财务部应对收到的单据及时登记处理。

5. 盘点清查环节的内部控制

存货的盘点清查应符合企业存货内部控制制度的要求，制定详细的存货盘点计划。在盘点清查时，企业应重点关注存货的账实是否相符，同时应采取定期与不定期相结合的方式对存货实行盘点清查。具体的盘点清查工作除了盘点人员外还应指定专人对其盘点过程实施监督，从而降低存货舞弊风险及企业存货丢失风险，达到存货盘点工作真实可靠的目的。在编制存货盘点清查表时，企业应考虑到存货的特性，清晰、简明地记录盘点清查数量及其账面余额。最后，企业要将盘点清查情况及时向上级领导汇报，并做好相应记录。

二、存货控制系统

扫一扫

财务微课堂：存货的日常管理

存货管理不仅需要各种模型帮助确定适当的存货水平，还需要建立相应的存货控制系统。传统的存货控制系统有定量控制系统和定时控制系统两种。定量控制系统是指当存货下降到一定水平时即发出订货单，订货数量是事先决定好的。定时控制系统是指每隔一固定时期，无论现有存货水平有多少，即发出订货申请。这两种系统都较简单和易于理解，但不够精确。现在许多大型企业都已采用了计算机存货控制系统。当存货数据输入计算机后，计算机即对这批货物开始跟踪。此后，每当有该货物被取出时，计算机就及时作出记录并修正库存余额。当存货下降到订货点时，计算机自动发出订单，并在收到订货时记下所有的库存量。计算机系统能对大量种类的存货进行有效管理，这也是大型企业愿意采用这种系统的原因之一。对于大型企业而言，其存货种类数以十万计，要使用人力及传统方法来对如此众多的库存进行有效管理，及时调整存货水平，避免出现缺货或浪费现象简直是不可能的，但计算机系统对此却能作出迅速、有效的反应。以下对两个典型的存货控制系统进行介绍。

（一）ABC 控制系统

1. 分类方法

扫一扫

业务挂图：存货ABC分类法示意图

ABC 控制法的要点是把企业的存货物资按其金额大小划分为 A、B、C 三类，然后根据重要性在控制管理中分别对待。

A 类物资是指品种少、实物量少而价值高的物资，其成本金额约占 70%，而实物量不超过 20%；

C 类物资是指品种多、实物量多而价值低的物资，其成本金额约占 10%，而实物量不低于 50%；

B 类物资介于 A 类、C 类物资之间，其成本金额约占 20%，而实物量不超过 30%。

2. 分类程序

（1）把各类库存物资全年平均耗用总量分别乘以它的单价，计算出各种物资耗用总量及总金额。

（2）按各品种物资耗费的金额的大小顺序重新排列，并分别计算各种物资所占领用总数量和总金额的比重。

（3）把耗费金额适当分段，根据一定标准分为 A、B、C 三类。

3. 管理策略

对于 A 类物资，应经常检查库存，严格管理，科学地制定其资金定额并按经济批量模型合理进货。对于 C 类物资，不必严加控制，一次进货可适当多些，待发现存量已经不多时再次进货即可。对于 B 类物资，采取比较严格的管理，视具体情况，部分参照 A 类、部分参照 C 类控制。

当企业存货品种繁多、单价高低悬殊、存量多寡不一时，使用 ABC 控制法可以分清主次、抓住重点、区别对待，使存货控制更方便有效。

【工作实例 6-15】钱塘公司根据各种物品的年耗用金额来进行排列，发现少数物品占用了很大的资金，而大多数物品占用的资金却很少。这个关系可以从表 6-4 中明显地看出。

表 6-4　各种物品的年耗用金额

物品编号	年耗用金额（元）	占全部金额的比重（%）
22	95 000	40.8
68	75 000	32.1
27	25 000	10.7
03	15 000	6.4
82	13 000	5.6
54	7 500	3.2
36	1 500	0.6
19	800	0.3
23	425	0.2
41	225	0.1
合计	233 450	100.0

ABC 控制法把物品按年耗费金额分成三类：A 类物品的品种约为 15%，占全部金额的比重约为 70%；B 类物品品种约为 35%，占全部金额的比重约为 20%；C 类物品的品种约为 50%，占全部金额的比重约为 4%。物品的 ABC 分类见表 6-5。

表 6-5　物品的 ABC 分类

类别	物品编号	年耗用金额（元）	占全部金额的比重（%）
A 类	22、68	170 000	72.9
B 类	27、03、82	53 000	22.7
C 类	54、36、19、23、41	10 450	4.4

将物品进行 ABC 分类，其目的在于根据分类结果对每类物品采取适宜的控制措施，见表 6-6。

表 6-6　不同类别存货的库存控制策略

存货类别	库存控制策略
A 类	严密控制，每月检查一次
B 类	严密控制，每月检查一次
C 类	自由处理

（二）JIT 生产方式

JIT 生产方式的基本思想是“只在需要的时候，按需要的量，生产所需的产品”，也就是追求一种无库存或库存达到最小的生产系统。JIT 的基本思想是生产的计划和控制及库存的管理。JIT 生产方式以准时性生产为出发点，首先暴露出生产过量和其他方面的浪费，然后对设备、人员等进行淘汰、调整，达到降低成本、简化计划和提高控制的目的。在生产现场控制技术方面，JIT 的基本原则是在正确的时间，生产正确数量的零件或产品，即准时生产。它将传统生产过程中前道工序向后道工序送货，改为后道工序根据“看板”向前道工序取货，看板系统是 JIT 生产现场控制技术的核心，但 JIT 不仅仅是看板管理。JIT 的基础之一是均衡化生产，即平均制造产品，使物流在各作业之间、生产线之间、工序之间、工厂之间平衡、均衡地流动。为达到均衡化，在 JIT 中采用月计划、日计划，并根据需求变化及时对计划进行调整。JIT 提倡采用对象专业化布局，用以减少排队时间、运输时间和准备时间，在工厂一级采用基于对象的专业化布局，以使各批工件能在各操作间和工作间顺利流动，减少通过时间，在流水线和工作中心一级采用微观对象专业化布局和工作中心形布局，可以减少通过时间。JIT 可以使生产资源合理利用，包括劳动力柔性和设备柔性。当市场需求波动时，劳动力资源也要作相应调整，例如：需求量增加不大时，可通过适当调整现有多种技能操作者的操作来完成；当需求量降低时，可采用减少生产班次、解雇临时工、分配多余的操作工去参加维护和维修设备。这就是劳动力柔性的含义。而设备柔性是指在产品设计时就考虑加工问题，发展多功能设备。JIT 强调全面质量管理，目标是消除不合格品，消除可能引起不合格品的根源，并设法解决问题。JIT 中还包含许多有利于提高质量的因素，如批量小、零件很快移到下道工序、质量问题可以及早发现等。JIT 以订单驱动，通过看板，采用拉动方式把供、产、销紧密地衔接起来，使物资储备、成本库存和在制品大为减少，提高了生产效率。

项目小结

存货持有的动因包括：保证生产正常进行；有利于销售；便于维持均衡生产，降低产品成本；降低存货取得成本；防止意外事件的发生。存货管理的目标是在保证生产或销售经营需要的前提下，最大限度地降低存货成本。

存货的成本包括取得成本、储存成本和缺货成本。取得成本包括订货成本和购置成本。订货成本有一部分是与订货次数无关的订货的固定成本，另一部分是与订货次数有关的订货的变动成本，其与订货次数成同向变动关系。储存成本也分为固定成本和变动成本。固定成本与存货数量的多少无关，变动成本与存货的数量有关，呈正向变动关系。缺货成本与存货持有量呈反向变动关系。

测算存货资金定额的方法有定额日数法、因素分析法和比例分析法等。定额日数法是指根据存货每日平均资金占用额和定额日数来计算存货资金定额的一种方法；因素分析法是指根据基期有关存货资金实际合理占用额为基础，分析有关因素变动情况来测算存货资金定额的一种方法；比例分析法是指根据存货资金占用额的相关指标的变动情况，按比例推算存货资金定额的一种方法。

经济订货批量是指一定时期储存成本和订货成本之和最低时（不考虑缺货成本）的采购批量，有基本模型和扩展模型两种确定最佳经济订货批量的方法。

存货内部控制以存货为核心进行控制，以生产制造为主的企业其存货内部控制的范围包括企业生产、销售等多项活动，涵盖采购、仓储、验收入库、盘点等多个环节。存货内部控制流程包括采购环节的内部控制、验收入库环节的内部控制、仓储保管环节的内部控制、领用出库环节的内部控制、盘点清查环节的内部控制。

ABC控制法的要点是把企业的存货物资按其金额大小划分为A、B、C三类，然后根据重要性在控制管理中分别对待。对于A类物资，应经常检查库存，严格管理，科学地制定其资金定额并按经济批量模型合理进货。对于C类物资，不必严加控制，一次进货可适当多些，待发现存量已经不多时再次进货即可。对于B类物资，采取比较严格的管理，视具体情况，部分参照A类、部分参照C类控制。

知识巩固与技能训练

一、单选题

1. 下列各项中，不属于存货储存成本的是（　　）。

A. 存货仓储费用　　B. 存货破损和变质损失

C. 存货储备不足而造成的损失　　D. 存货占用资金的应计利息

2. 与持有存货有关的成本不包括（　　）。

A. 取得成本　　B. 储存成本　　C. 缺货成本　　D. 转换成本

3. 下列选项中，不属于储存成本的是（　　）。

A. 搬运费　　B. 谈判费　　C. 利息支出　　D. 变质损失

4. 下列订货成本中，属于变动性成本的是（　　）。

A. 采购部门打印机折旧费　　B. 采购部门行政人员工资

C. 采购部门水电费　　D. 订货过程中的差旅费

5. 与建立存货保险储备量无关的因素是（　　）。

A. 交货期　　B. 存货需求量　　C. 缺货成本　　D. 平均库存量

6. 在交货期内，如果存货需求量增加或供应商交货时间延迟，就可能发生缺货。为此，企业应保持的最佳保险储备量是（　　）。

A. 使保险储备的订货成本与储存成本之和最低的存货量

B. 使缺货损失和保险储备的储存成本之和最低的存货量

C. 使保险储备的持有成本最低的存货量

D. 使缺货损失最低的存货量

7. 采用ABC控制法对存货进行控制时，应当重点控制的是（　　）。

A. 数量较多的存货　　B. 占用资金较多的存货

C. 品种较多的存货　　D. 库存时间较长的存货

8. 在存货的ABC管理中，A类存货具备的特征是（　　）。

A. 价值高，品种数量较少　　B. 价值低，品种数量较多

C. 品种数量繁多，价值却很小　　D. 价值一般，品种数量相对较多

二、多选题

1. 下列选项中，属于变动的订货成本的有（　　）。

A. 差旅费　　B. 采购机构的管理费

C. 邮资　　D. 存货占用资金应计利息

2. 存货的缺货成本包括（　　）。

A. 停工损失　　B. 产成品缺货造成的拖欠发货损失

C. 丧失销售机会的损失　　D. 存货占用资金的应计利息

3. 下列各项中，属于建立存货经济订货批量基本模型假设前提的有（　　）。

A. 订货提前期是常数　　B. 有批量折扣

C. 货物一次性入库　　D. 库存持有成本与库存水平呈线性关系

4. C公司生产中使用的甲标准件，全年共需耗用 9 000 件（一年按照 360 天计算），该标准件通过自制方式取得。其日产量为 50 件，单位生产成本为 50 元；每次生产准备成本为 200 元，固定生产准备成本为每年 10 000 元；年变动储存成本为每件 5 元，固定储存成本为每年 20 000 元。假设一年按 360 天计算，下列各项中，正确的有（　　）。

A. 经济生产批量为 1 200 件

B. 最高库存量为 600 件

C. 经济生产批量占用资金为 30 000 元

D. 与经济生产批量相关的总成本是 3 000 元

5. 确定建立保险储备量的再订货点，需要考虑的因素有（　　）。

A. 交货时间　　B. 平均日需求量　　C. 保险储备量　　D. 平均库存量

6. 下列各项因素中，影响经济订货批量大小的有（　　）。

A. 仓库人员的固定月工资　　B. 存货的年耗用量

C. 存货资金的应计利息　　D. 保险储备量

7. 下列关于存货管理的 ABC 控制法描述正确的是（　　）。

A. A 类存货金额巨大，但品种数量较少

B. C 类存货金额巨大，但品种数量较少

C. 对 A 类存货应重点控制

D. 对 C 类存货应重点控制

8. 在生产经营过程中，存货管理的目标主要有（　　）。

A. 有利于销售　　B. 降低存货取得成本

C. 降低产品成本　　D. 防止意外事件的发生

三、判断题

1. 在其他条件不变的情况下，随每次订货批量的变动，变动订货成本成同方向变化，变动储存成本成反方向变化。（　　）

2. 在存货管理中，假设不存在数量价格折扣，所有的取得成本会随着订货批量的变动而变动。（　　）

3. 根据存货经济订货批量基本模型，经济订货批量是能使订货成本与储存总成本相等的订货批量。（ ）

4. 变动订货成本随着订货量的增加而增加。（ ）

5. 订货提前期对经济订货量不产生影响，因而存在或不存在订货提前，订货批量、订货次数、订货间隔期都是一样的。（ ）

6. 企业的最佳保险储备点是使缺货损失、变动订货成本和保险储备的储存成本之和达到最低。（ ）

7. 在存货的 ABC 控制法下，应当重点管理的是虽然品种数量较少，但金额较大的存货。（ ）

8. 在存货的 ABC 控制法下，对 A 类存货一般采用实地盘点制。（ ）

四、综合题

某企业 2019 年计划全年的 A 种材料的需求量为 1 800 千克，材料单价为 20 元，预计一次采购费用为 50 元，单位材料的年持有成本为材料进价成本的 10%，单位材料缺货损失为 4 元，交货时间为 10 天。一年按 360 天计算。交货期内的材料需要量及其概率分布见表 6-7。

表 6-7 交货期内的材料需要量及其概率分布表

需要量（千克）	20	30	40	50	60	70	80
概率	0.01	0.04	0.20	0.50	0.20	0.04	0.01

要求：

（1）计算材料的经济订货批量；

（2）计算达到经济订货批量时相关的最低总成本（不含保险储备成本）；

（3）计算全年最佳订货次数；

（4）计算该材料含有保险储备量的再订货点（建立保险储备时，最小增量为 10 千克）。

项目七

成本管理

【知识目标】

- 理解成本管理的内容
- 理解本量利分析的概念
- 掌握本量利分析的基本原理
- 掌握产品本量利分析方法
- 掌握目标利润分析方法
- 掌握利润敏感性分析方法
- 掌握标准成本计算方法
- 掌握标准成本分析方法

【能力目标】

- 能够运用本量利分析法进行产品定价决策
- 能够运用本量利分析法进行产品销售量决策
- 能够通过利润敏感性分析法进行利润敏感性分析
- 能够运用标准成本法进行企业成本管理

【素养目标】

- 培养学生爱岗敬业、忠于职守、尽心尽力的敬业精神
- 培养学生诚实守信的品质，说老实话，办老实事，不弄虚作假，不泄露机密
- 培养学生能够运用本量利分析法进行产品定价和保本销售额决策，能够利用敏感性分析法进行利润敏感性分析

任务 1 成本管理的意义、目标及内容

引导案例

格兰仕——固定资产虚拟扩张

【背景资料】

规模和效益有时候并不同步，尤其是与规模相伴而行的固定资产投资往往成为很多工业企业难以摆脱的达摩克利斯之剑，一旦销售出现问题，这柄利剑就毫不迟疑地向企业砍去。广东格兰仕充分结合中国人力、土地廉价优势，采取代工的方式换取生产线，然后采取内部挖潜、提升生产线剩余生产能力的方式为自己生产产品。这种使用权的虚拟扩张方式迅速构造了竞争力的成本动因，创造了微波炉制造、光波炉制造第一的世界奇迹。

【思考讨论】

格兰仕是如何控制自己的固定成本的？

一、理解成本管理的意义

（一）通过成本管理降低成本，为企业扩大再生产创造条件

降低成本一般通过两个阶段来实现。第一，在既定的经济规模、技术水平、质量标准等前提条件下，通过合理的组织管理提高生产效率，降低消耗；第二，当成本降低到这些条件许可的极限时，通过改变成本发生的基础条件，如采用新技术设备、新工艺流程、新产品设计、新材料等，使影响成本的结构性因素得到改善，为成本的进一步降低提供新的空间，使原来难以降低的成本在新的基础上进一步降低。

（二）通过成本管理增加企业利润，提高企业经济效益

成本降低与收入增加一样，都是企业效益提高的重要源泉。当成本变动与其他因素的变动相关联时，如何在成本降低与生产经营需要之间作出权衡取舍，是企业成本管理者无法回避的困难抉择。

（三）通过成本管理帮助企业取得竞争优势

通过成本管理降低单位产品成本，企业能明显且直接提高在市场上的主动性和话语

权，提升核心竞争力；通过实施差异化战略，适时进行流程优化或流程再造，在资源既定的前提下，生产出满足客户需求的产品。

二、理解成本管理的目标

从成本管理活动所涉及的层面来看，成本管理的目标可以分为总体目标和具体目标两个方面。

（一）总体目标

成本管理的总体目标服从于企业的整体经营目标。在竞争性经济环境中，成本管理的总体目标主要依据企业竞争战略制定：成本领先战略中，成本管理的总体目标是追求成本水平的绝对降低；差异化战略中，成本管理的总体目标则是在保证实现产品、服务等方面差异化的前提下，对产品全生命周期成本进行管理，实现成本的持续降低。

（二）具体目标

成本管理的具体目标是对总体目标的进一步细分，主要包括成本计算的目标和成本控制的目标。

1. 成本计算的目标

外部信息使用者关注的信息主要是资产价值和盈亏情况。因此，成本计算的目标之一是确定存货等资产价值和企业盈亏状况，即按照成本会计制度的规定计算成本，满足编制会计报表的需要。

内部信息使用者使用成本信息，除了了解资产价值及盈亏情况外，重点用于经营管理。因此，成本计算的目标又包括：通过向管理人员提供成本信息，提高人们的成本意识；通过成本差异分析，评价管理人员的业绩，促进管理人员采取改善措施；通过盈亏平衡分析等方法，提供成本管理信息，有效地满足现代经营决策对成本信息的需求。

2. 成本控制的目标

实施成本领先战略的企业中，成本控制的目标是在保证一定产品质量和服务的前提下，最大限度地降低企业内部成本，表现为对生产成本和经营费用的控制。实施差异化战略的企业中，成本控制的目标则是在保证企业实现差异化战略的前提下，降低产品全生命周期成本，实现持续性的成本节省，表现为对产品所处生命周期不同阶段发生成本的控制，如对研发成本、供应商成本和消费成本等的控制。

三、理解成本管理的主要内容

（一）成本规划

成本规划是进行成本管理的第一步，主要是指成本管理的战略制定。它从总体上规划成本管理工作，并为具体的成本管理提供战略思路和总体要求。成本规划根据企业的竞争战略和所处的内外部环境制定，主要包括确定成本管理的重点、规划控制成本的战略途径、提出成本计算的精度和确定业绩评价的目的和标准。

（二）成本核算

成本核算是成本管理的基础环节，是指对生产费用发生和产品成本形成所进行的会计核算，它是成本分析和成本控制的信息基础。进行成本核算时，首先，要审核生产经营管理费用，看其是否已发生、是否应发生，已发生的是否应计入产品成本，从而实现对生产经营管理费用和产品成本的直接管理和控制；其次，要对已发生的费用按照用途进行分配和归集，计算各种产品的总成本和单位成本，为成本管理提供真实资料。

（三）成本控制

成本控制是成本管理的核心，是指企业采取经济、技术、组织等手段降低成本或改善成本的一系列活动。成本控制的关键是选取适用于本企业的成本控制方法，它决定着成本控制的效果。

（四）成本分析

成本分析是成本管理的重要组成部分，是指利用成本核算，结合有关计划、预算和技术资料，应用一定的方法对影响成本升降的各种因素进行科学的分析和比较，了解成本变动情况，系统地研究成本变动的因素和原因。通过成本分析，企业可以深入了解成本变动的规律，寻求成本降低的途径，为有关人员进行成本规划和经营决策提供参考依据。

（五）成本考核

成本考核是定期对成本计划及有关指标实际完成情况进行总结和评价，对成本控制的效果进行评估。其目的在于改进原有的成本控制活动并激励、约束员工和团体的成本行为，从而更好地履行经济责任，提高企业成本管理水平。

上述五项活动中，成本分析贯穿于成本管理的全过程，成本规划在战略上对成本核算、成本控制、成本分析和成本考核进行指导，成本规划的变动是企业外部经济环境和企业内部竞争战略变动的结果，而成本核算、成本控制、成本分析和成本考核则通过成本信息的流动互相联系。

任务 2

本量利分析

一、理解什么是本量利分析

（一）本量利分析的概念

扫一扫

财务微课堂：本量利分析认知

本量利分析也叫量本利分析，它是指在成本性态分析和变动成本计算模式的基础上，通过研究企业在一定期间内的成本、业务量和利润三者之间的内在联系，揭示变量之间的内在规律，为企业预测、决策、规划和业绩考评提供必要的财务信息的一种定量分析方法。

（二）本量利分析基本假设

1. 总成本由固定成本和变动成本两部分组成

该假设要求企业所发生的全部成本可以按其性态区分为变动成本和固定成本，并且变动成本总额与业务量成正比例变动，固定成本总额保持不变。

2. 销售收入与业务量呈完全线性关系

该假设要求销售收入必须随业务量的变化而变化，两者之间应保持完全线性关系。因此，当销售量在相关范围内变化时，产品的单价不会发生变化。而在现实中，销售收入是随着销售量的增长而增长的，但是随着销售量的进一步增长，销售收入的增长速度会放慢。

3. 产销平衡

假设当期产品的生产量与业务量相一致，不考虑存货变动对利润的影响，即假定每期生产的产品总量总是能在当期全部售出，产销平衡。假设产销平衡，主要是在保本分析时不考虑存货的影响。

4. 产品产销结构稳定

假设同时生产销售多种产品的企业，其销售产品的品种结构不变，即在一个生产与销售多种产品的企业，以价值形式表现的产品的产销总量发生变化时，原来各产品的产销额在全部产品的产销额中所占的比重不会发生变化。这是因为在产销多种产品的情况下，保本点会受到多种产品贡献和产销结构的影响，只有在产销结构不变的基础上进行的保本分析才是有效的。

二、掌握本量利分析的基本原理

（一）本量利分析的基本关系式

本量利分析所考虑的相关因素主要包括销售量、单价、销售收入、单位变动成本、固定成本、营业利润等。这些因素之间的关系可以用下列基本公式来表示：

利润＝销售收入－总成本

＝销售收入－（变动成本＋固定成本）

＝销售量×（单价－单位变动成本）－固定成本

这个方程式明确地表达了本量利之间的数量关系，它含有五个相互联系的变量，给定其中四个变量，便可求出另外一个变量的值。

（二）边际贡献

边际贡献又称为边际利润、贡献毛益等，是指产品的销售收入减去变动成本后的余额。边际贡献的表现形式有两种：一种是以绝对额表现的边际贡献，分为边际贡献总额和单位边际贡献；另一种是以相对数表示的边际贡献率，是边际贡献总额与销售收入的比率。相关公式表示如下：

边际贡献总额＝销售收入－变动成本

单位边际贡献＝单价－单位变动成本

$$\text{边际贡献率}=\frac{\text{边际贡献总额}}{\text{销售收入}}\times 100\%=\frac{\text{单位边际贡献}}{\text{单价}}\times 100\%$$

$$\text{变动成本率}=\frac{\text{变动成本总额}}{\text{销售收入}}\times 100\%=\frac{\text{单位变动成本}}{\text{单价}}\times 100\%$$

边际贡献率＝1－变动成本率

根据本量利的基本关系，利润、边际贡献及固定成本之间的关系可以表示为：

利润＝边际贡献－固定成本

＝销售量×单位边际贡献－固定成本

＝销售收入×边际贡献率－固定成本

从上述公式可以看出，企业的边际贡献与营业利润有着密切的关系：边际贡献首先用于补偿企业的固定成本，只有当边际贡献大于固定成本时才能为企业提供利润，否则企业将亏损。

【工作实例 7-1】钱塘公司生产甲产品，售价为 60 元/件，单位变动成本为 24 元，固定成本为 100 000 元，当年产销量为 20 000 件。

要求：计算单位边际贡献、边际贡献总额、边际贡献率及利润。

解：单位边际贡献＝单价－单位变动成本＝60－24 ＝36（元）

边际贡献总额＝单位边际贡献×产销量＝36×20 000 ＝720 000（元）

边际贡献率＝36÷60×100% ＝60%

利润＝720 000－100 000 ＝620 000（元）

三、单一产品本量利分析

财务微课堂：单一品种本量利分析（上）

财务微课堂：单一品种本量利分析（下）

（一）保本分析

保本分析又称盈亏临界分析，是指研究当企业恰好处于保本状态时本量利关系的一种定量分析方法，是本量利分析的核心内容。

1. 保本点

保本点又称盈亏临界点，是指企业达到保本状态的业务量或金额，即企业一定时期的总收入等于总成本、利润为零时的业务量或金额。

单一产品的保本点有两种表现形式：一种是以实物量来表现，称为保本销售量；另一种是以货币单位表示，称为保本销售额。根据本量利分析基本关系式：

利润＝销售量×单价－销售量×单位变动成本－固定成本

当利润为零时，求出的销售量就是保本销售量，即：

$$\text{保本销售量}=\frac{\text{固定成本}}{\text{单价}-\text{单位变动成本}}=\frac{\text{固定成本}}{\text{单位边际贡献}}$$

若用销售额来表示，则保本销售额的计算公式为：

$$\text{保本销售额}=\frac{\text{固定成本}}{1-\dfrac{\text{单位变动成本}}{\text{单价}}}=\frac{\text{固定成本}}{\text{边际贡献率}}$$

保本分析的主要作用在于使企业管理者在经营活动发生之前，对该项经营活动的盈亏临界情况做到心中有数。从保本点的计算公式可以看出，降低保本点的途径主要有三个：

一是降低固定成本总额。在其他因素不变时，保本点的降低幅度与固定成本的降低幅度相同。

二是降低单位变动成本。在其他因素不变时，可以通过降低单位变动成本来降低保本点，但两者降低的幅度并不一致。

三是提高销售单价。在其他因素不变时，可以通过提高单价来降低保本点，同降低单位变动成本一样，销售单价与保本点的变动幅度也不一致。

【工作实例 7－2】某企业销售甲产品，单价为 100 元/件，单位变动成本为 50 元，固定成本为130 000元。

要求：计算甲产品的边际贡献率、保本销售量及保本销售额。

解：

$$边际贡献率=\frac{100-50}{100}\times 100\%=50\%$$

$$保本销售量=\frac{130\ 000}{100-50}=2\ 600(件)$$

$$保本销售额=\frac{13\ 000}{50\%}=260\ 000(元)$$

2. 保本作业率

以保本点为基础，还可以得到另一个辅助性指标，即保本作业率，或称为盈亏临界点作业率。保本作业率是指保本点销售量（额）占实际或预计销售量（额）的百分比，用公式表示为：

$$\begin{aligned}保本作业率&=\frac{保本点销售量}{预计销售量或实际销售量}\times 100\%\\&=\frac{保本点销售额}{预计销售额或实际销售额}\times 100\%\end{aligned}$$

由于企业通常应该按照正常的销售量来安排产品的生产，在合理库存的条件下，产品生产量与正常的销售量应该大体相同，因此，该指标也可以提供企业在保本状态下对生产能力利用程度的要求。

【工作实例7-3】沿用前例的资料及有关计算结果，并假定该企业正常经营条件下的销售量为5 000件。

要求：计算该企业的保本作业率。

解：

$$保本作业率=\frac{2\ 600}{5\ 000}\times 100\%=52\%$$

计算结果表明，该企业保本作业率为52%，即正常销售量的52%用于保本，也即企业的生产能力利用程度必须达到52%方可保本。

（二）本量利分析图

在进行本量利分析时，不仅可以通过数据计算出达到保本状态时的销售量与销售额，还可以通过绘制本量利分析图的方法进行分析。在本量利分析图上，可以描绘出影响利润的因素，例如单价、销售量、单位变动成本、固定成本。因此，借助本量利分析图不仅可以得出达到保本状态的销售量和销售额，还可以一目了然地观察到相关因素变动对利润的影响，从而有助于管理者进行各种短期经营决策。

1. 基本本量利分析图表达的意义

基本本量利分析图如图7-1所示。

（1）固定成本与横轴之间的区域为固定成本值，它不因产量增减而变动，总成本线与固定成本线之间的区域为变动成本，它随产量而成正比例变化。

（2）总收入线与总成本线的交点是保本点，图中可以直观地看出保本销售量。

（3）在保本点以上的总收入线与总成本线相夹的区域为盈利区，保本点以下的总收入线与总成本线相夹的区域为亏损区。因此，只要知道销售数量或销售金额信息，就可以在图上判断该销售状态下的结果是亏损还是盈利，易于理解，直观方便。

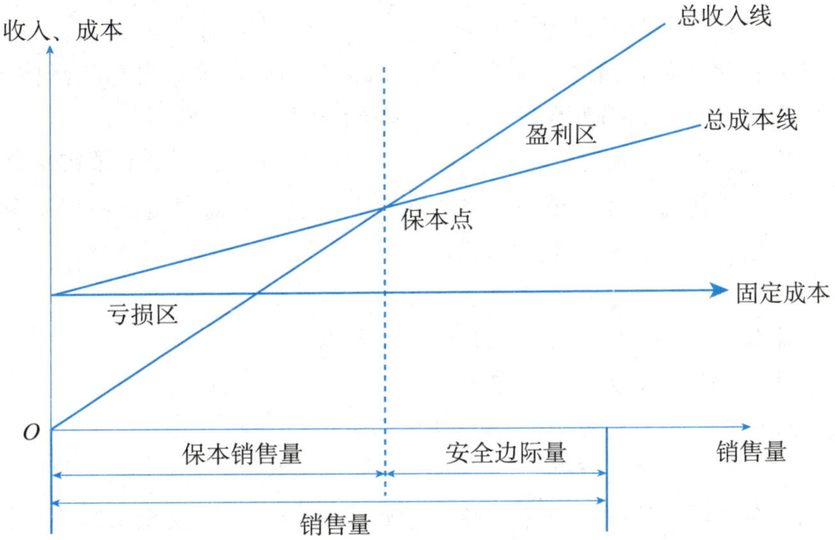

图 7-1　基本本量利分析图

2. 边际贡献式本量利分析图

边际贡献式本量利分析图如图 7-2 所示。

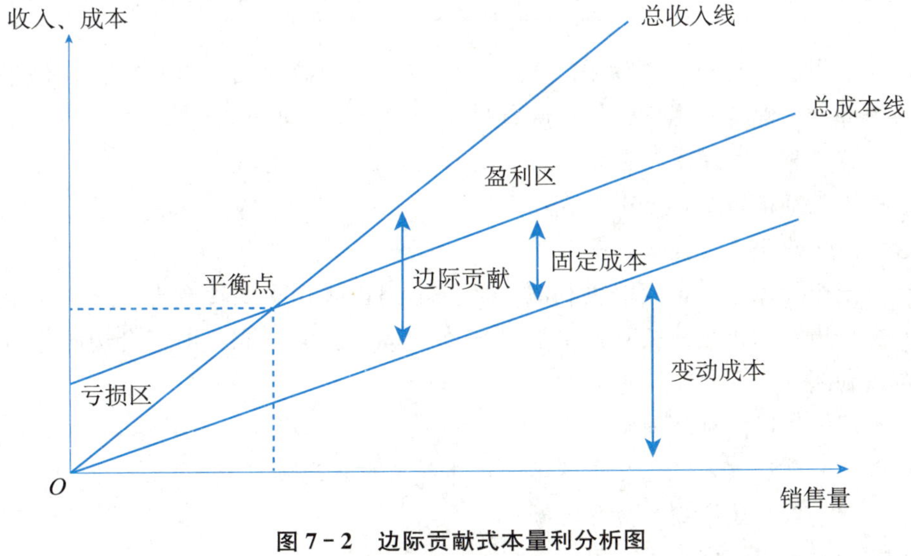

图 7-2　边际贡献式本量利分析图

这种盈亏平衡图的特点是固定成本置于变动成本的上方，该图可反映企业在不同销售量或不同销售额下的边际贡献水平，将边际贡献与固定成本之间的关系反映得十分清楚。在盈亏平衡点上，现行或预计的销售量（销售额）的边际贡献正好等于固定成本，企业损益平衡；若现行或预计的销售量（销售额）的边际贡献大于固定成本，便有盈利，销售量越大，利润越多；若现行或预计的销售量（销售额）低于平衡点，便有亏损，销售量越小，亏损越大。

3. 安全边际分析

盈亏临界点是企业经营成果允许下降（下浮）的下限，作为经营者，总是希望企业在保本的基础上获取更大的利润。企业在经营活动开始前，根据自身的具体条件，通过分析制定出实现目标利润的销售数量（或销售金额），形成安全边际。

（1）安全边际。安全边际是指企业实际（或预计）销售量与保本销售量之间的差额，或实际（或预计）销售额与保本销售额之间的差额。它表明销售量、销售额下降了多少，企业仍不至于亏损。

安全边际量＝实际或预计销售量－保本点销售量

安全边际额＝实际或预计销售额－保本点销售额

＝安全边际量×单价

安全边际率＝安全边际量÷实际或预计销售量×100%

＝安全边际额÷实际或预计销售额×100%

通常采用安全边际率这一指标来评价企业经营是否安全。安全边际率是评价企业经营安全程度的一般性标准，该标准可以作为企业评价经营安全与否的参考（见表 7-1）。

表 7-1　安全边际表

安全边际率	40%以上	30%～40%	20%～30%	10%～20%	10%以下
经营安全程度	很安全	安全	较安全	值得注意	危险

（2）保本作业率与安全边际率的关系。保本点（即盈亏临界点）把正常销售量分为两部分，一部分是保本销售量，另一部分是安全边际量。如下式：

正常销售量＝保本销售量＋安全边际量

上式除以正常销售量，可得下式：

保本作业率＋安全边际率＝1

只有安全边际才能为企业提供利润，而保本销售额扣除变动成本后只为企业收回固定成本。安全边际销售额减去其自身变动成本后成为企业利润，即安全边际中的边际贡献等于企业利润。

利润＝边际贡献－固定成本

＝销售收入×边际贡献率－保本销售额×边际贡献率

＝安全边际额×边际贡献率

将上式同时除以销售收入，可得下式：

销售利润率＝安全边际率×边际贡献率

从上式可以看出，要提高企业销售利润率水平主要有两种途径：一是扩大现有销售水平，提高安全边际率；二是降低变动成本水平，提高边际贡献率。

四、多种产品本量利分析

在市场经济环境下，企业可能有多种产品，大多数企业都同时进行着多种产品的生产和经营。因为各种产品的销售单价、单位变动成本、固定成本不一样，所以各种产品的边际贡献或边际贡献率不一致。因此，对多种产品进行保本分析，在遵循单一产品的保本分析的基础上，应根据不同情况采用相应的具体方法来确定。目前，进行多种产品保本分析的方法包括加权平均法、联合单位法、分别计算法等。

扫一扫

财务微课堂：多品种本量利分析

（一）加权平均法

加权平均法是指在各种产品边际贡献的基础上，以各种产品的预计销售收入占总收入的比重为权数，确定企业加权平均的边际贡献率，进而分析多品种条件下保本点销售额的一种方法。

采用加权平均法计算多种产品保本点销售额的关键，是根据各种产品的销售单价、单位变动成本和销售数量计算出一个加权平均的边际贡献率，然后根据固定成本总额和加权平均的边际贡献率计算出保本点销售额。其计算公式如下：

$$\text{加权平均边际贡献率}=\frac{\sum(\text{某种产品销售额}-\text{某种产品变动成本})}{\sum\text{各种产品销售额}}\times 100\%$$

$$\text{综合保本销售额}=\frac{\text{固定成本总额}}{\text{加权平均边际贡献率}}$$

（二）联合单位法

联合单位法是指在事先确定各种产品间产销实物量比例的基础上，将各种产品产销实物量的最小比例作为一个联合单位，确定每一联合单位的单价、单位变动成本，进行本量利分析的一种分析方法。

所谓联合单位，是指固定实物比例构成的一组产品。例如，企业同时生产甲、乙、丙三种产品，且三种产品之间的产销量长期保持固定的比例关系，产销量比为 1∶2∶3，那么，1 件甲产品、2 件乙产品和 3 件丙产品就构成一组产品，简称联合单位。其计算公式为：

$$\text{联合保本销售量}=\frac{\text{固定成本总额}}{\text{联合单价}-\text{联合单位变动成本}}$$

上式中，联合单价等于一个联合单位的全部收入，联合单位变动成本等于一个联合单位的全部变动成本，在此基础上，计算出每种产品的保本量。其计算公式如下：

$$\text{某产品保本量}=\text{联合保本量}\times\text{一个联合单位中包含的该产品的数量}$$

（三）分别计算法

分别计算法是指在一定条件下，将全部固定成本按一定标准在各种产品之间进行合理分配，确定每种产品应补偿的固定成本数额，然后再对每一种产品按单一品种条件下的情况分别进行本量利分析的方法。

该方法的关键是要合理地进行固定成本的分配。在分配固定成本时，对于专属于某种产品的固定成本应直接计入产品成本；对于应由多种产品共同负担的公共性固定成本，则应选择适当的分配标准（如销售额、边际贡献、工时、产品重量、长度、体积等）在各产品之间进行分配。鉴于固定成本需要由边际贡献来补偿，故按照各种产品的边际贡献比重分配固定成本的方法最为常见。

分别计算法由于可以提供各种产品计划与控制所需要的详细资料，因此受到基层管理部门的重视与欢迎。但在选择分配固定成本的标准时，分别计算法容易出现问题，尤其在品种较多时较为烦琐。

【工作实例 7-4】钱塘公司生产销售 A、B、C 三种产品，销售单价分别为 20 元、30 元、40 元，预计销售量分别为 30 000 件、20 000 件、10 000 件，预计各产品的单位变动成本分别为 12 元、24 元、28 元，预计固定成本总额为 180 000 元。钱塘公司三种产品相关指标见表 7-2。

表 7-2　钱塘公司三种产品相关指标

项目	销售量（件）	单价（元）	单位变动成本（元）	销售收入（元）	各产品的销售比重	边际贡献（元）	边际贡献率
A 产品	30 000	20	12	600 000	37.5%	240 000	40%
B 产品	20 000	30	24	600 000	37.5%	120 000	20%
C 产品	10 000	40	28	400 000	25%	120 000	30%
合计				1 600 000	100%	480 000	30%

要求：请分别按加权平均法、联合单位法、分别计算法进行多种产品的本量利分析。

解：

1. 按加权平均法进行多种产品的本量利分析

（1）综合边际贡献率为：

综合边际贡献率＝480 000÷1 600 000×100%＝30%

或：

综合边际贡献率＝40%×37.5%＋20%×37.5%＋30%×25%＝30%

（2）综合保本销售额为：

综合保本销售额＝180 000÷30%＝600 000（元）

（3）各产品保本销售额为：

A 产品保本销售额＝600 000×37.5%＝225 000（元）

B 产品保本销售额＝600 000×37.5%＝225 000（元）

C 产品保本销售额＝600 000×25％＝150 000（元）

（4）各产品保本销售量为：

A 产品保本销售量＝225 000÷20＝11 250（件）

B 产品保本销售量＝225 000÷30＝7 500（件）

C 产品保本销售量＝150 000÷40＝3 750（件）

2. 按联合单位法进行多种产品的本量利分析

产品销售比＝A：B：C＝30 000：20 000：10 000＝3：2：1

联合单价＝20×3＋30×2＋40×1＝160（元）

联合单位变动成本＝12×3＋24×2＋28×1＝112（元）

联合保本量＝180 000 ÷(160－112)＝3 750（件）

各产品保本销售量和保本销售额计算：

A 产品保本销售量＝3 750×3＝11 250（件）

B 产品保本销售量＝3 750×2＝7 500（件）

C 产品保本销售量＝3 750×1＝3 750（件）

A 产品保本销售额＝11 250×20＝225 000（元）

B 产品保本销售额＝7 500×30＝225 000（元）

C 产品保本销售额＝3 750×40＝150 000（元）

3. 按分别计算法进行多种产品的本量利分析

固定成本分配率＝180 000÷480 000＝0.375

分配给 A 产品的固定成本＝240 000×0.375＝90 000（元）

分配给 B 产品的固定成本＝120 000×0.375＝45 000（元）

分配给 C 产品的固定成本＝120 000×0.375＝45 000（元）

A 产品的保本量＝90 000÷(20－12)＝11 250（件）

A 产品的保本额＝11 250×20＝225 000（元）

B 产品的保本量＝45 000÷(30－24)＝7 500（件）

B 产品的保本额＝7 500×30＝225 000（元）

C 产品的保本量＝45 000÷(40－28)＝3 750（件）

C 产品的保本额＝3 750×40＝150 000（元）

五、目标利润分析

（一）目标利润计算

目标利润分析将目标利润引进本量利分析的基本模型，在单价和成本水平既定、确保目标利润实现的前提下，揭示成本、业务量和利润三者之间的关系。目标利润分析是保本分析的延伸和拓展。如果企业在经营活动开始之前，根据有关收支状况确定了目标利润，就可以计算为实现目标利润而必须达到的销售量和销售额。计算公式如下：

目标利润=(单价-单位变动成本)×销售量-固定成本

$$目标利润销售量=\frac{固定成本+目标利润}{单位边际贡献}$$

$$目标利润销售额=\frac{固定成本+目标利润}{边际贡献率}$$

【工作实例 7-5】 钱塘公司生产和销售单一产品，该产品的单价为 50 元，单位变动成本为 25 元，固定成本为 50 000 元，如果将目标利润定为 40 000 元。

要求：(1) 计算目标利润销售量。

(2) 计算目标利润销售额。

解：

(1) 实现目标利润的销售量=(50 000+40 000)÷(50-25)=3 600（件）

(2) 实现目标利润的销售额=(50 000+40 000)÷50%=180 000（元）

应该注意的是，目标利润销售量公式只能用于单种产品的目标利润控制；而目标利润销售额既可用于单种产品的目标利润控制，又可用于多种产品的目标利润控制。

（二）实现目标利润的措施

目标利润是本量利分析的核心要素，它既是企业经营的动力和目标，也是本量利分析的中心。如果企业在经营中根据实际情况规划了目标利润，那么为了保证目标利润的实现，需要对其他因素作出相应调整。通常情况下，企业要实现目标利润，在其他因素不变时，销售数量或销售价格应当提高，而固定成本或单位变动成本则应下降。

【工作实例 7-6】 钱塘公司生产和销售单一产品，该产品的单价为 50 元，单位变动成本为 25 元，固定成本为 50 000 元，销量为 3 600 件，假定该公司将目标利润定为 58 000 元。

要求：从单个因素来看，影响目标利润的四个基本要素该做怎样的调整？

解：

(1) 实现目标利润的销售量

=(固定成本+目标利润)/单位边际贡献

=(50 000+58 000)÷(50-25) =4 320（件）

(2) 实现目标利润的单位变动成本

=单价-(固定成本+目标利润）/销售量

=50-(50 000+58 000)÷3 600=20（元）

(3) 实现目标利润的固定成本

=边际贡献-目标利润

=(50-25)×3 600-58 000=32 000（元）

(4) 实现目标利润的单价

=单位变动成本+（固定成本+目标利润）/销售量

=25+(50 000+58 000)÷3 600=55（元）

六、利润敏感性分析

（一）利润敏感性分析的概念

在计算保本点时，假定单价、固定成本、单位变动成本等诸多因素均不变动，但实际上，这种静态平衡不可能维持很久，这些因素也往往会发生变化，如价格波动、成本升降等。利润敏感性分析，就是研究本量利分析中影响利润的诸因素发生微小变化时，对利润的影响方向和程度。

（二）利润敏感性分析的内容

本量利分析的基本内容是确定企业的保本点，并规划目标利润。因此，基于本量利分析的利润敏感性分析主要应解决两个问题：一是各因素的变化对最终利润变化的影响程度，二是当目标利润要求变化时允许各因素的升降幅度。

1. 各因素对利润的影响程度

各相关因素变化都会引起利润的变化，但其影响程度各不相同。例如，有些因素虽然只发生了较小的变动，却导致利润有很大的变动，利润对这些因素的变化十分敏感，称这些因素为敏感因素；与此相反，有些因素虽然变动幅度很大，却有可能只对利润产生较小的影响，称之为不敏感因素。反映各因素对利润敏感程度的指标为利润的敏感系数。

$$敏感系数=\frac{利润变动百分比}{因素变动百分比}$$

【工作实例 7－7】 钱塘公司生产和销售单一产品，计划年度内有关数据预测如下：销售量为 10 000 件，单价为 30 元，单位变动成本为 20 元，固定成本为 200 000 元。假设销售量、销售单价、单位变动成本和固定成本均分别增长了 10%。

要求：计算各因素的敏感系数并排序。

解： 预计的目标利润＝(30－20)×100 000－ 200 000＝800 000（元）

(1) 销售量的敏感程度：

销售量＝ 100 000 ×(1＋10%)＝ 110 000（件）

利润＝(30－20)×110 000－200 000＝900 000（元）

$$利润变动百分比=\frac{900\ 000-800\ 000}{800\ 000}\times 100\%=12.5\%$$

$$销售量的敏感系数=\frac{12.5\%}{10\%}=1.25$$

可见，销售量变动 10%，利润就会变动 12.5%，当销售量增长时，利润会以更大的幅度增长，这是由企业固定成本的存在而导致的。对销售量进行敏感分析，实质上就是分析经营杠杆现象，利润对销售量的敏感系数其实就是经营杠杆系数。

（2）销售单价的敏感程度：

单价＝30×(1＋10％)＝33（元）

利润＝(33－20)×100 000－200 000＝1 100 000（元）

$$利润变动百分比=\frac{1\ 100\ 000-800\ 000}{800\ 000}\times 100\%=37.5\%$$

$$单价的敏感系数=\frac{37.5\%}{10\%}=3.75$$

可见，销售单价对利润的影响很大，从百分率来看，利润以3.75倍的速率随单价变化而变化。涨价是提高盈利的有效手段，反之，价格下跌也将对企业构成很大威胁。经营者根据敏感系数分析可知，每降价1％，企业将失去3.75％的利润，必须格外予以关注。

（3）单位变动成本的敏感程度：

单位变动成本＝20 ×(1＋10％)＝22（元）

利润＝(30－22)×100 000－200 000＝600 000（元）

$$利润变动百分比=\frac{600\ 000-800\ 000}{800\ 000}\times 100\%=-25\%$$

$$单位变动成本的敏感系数=\frac{-25\%}{10\%}=-2.5$$

由此可见，单位变动成本对利润的影响比单价小，单位变动成本每上升1％，利润将减少2.5％。但是，敏感系数绝对值大于1，说明单位变动成本的变化会造成利润更大的变化，仍属于敏感因素。

（4）固定成本的敏感程度：

固定成本＝200 000×(1＋10％)＝220 000（元）

利润＝(30－20)× 100 000－220 000 ＝780 000（元）

$$利润变动百分比=\frac{780\ 000-800\ 000}{800\ 000}\times 100\%=-2.5\%$$

$$固定成本的敏感系数=\frac{-2.5\%}{10\%}=-0.25$$

这说明固定成本每上升1％，利润将减少0.25％。

由上例可以看出，将四个因素按敏感系数的绝对值排列，其顺序依次是销售单价、单位变动成本、销售量、固定成本。也就是说，对利润影响程度最大的因素是销售单价，然后是单位变动成本、销售量和固定成本。上述各因素敏感系数的排序是在例题所设定的条件下得到的，如果条件发生变化，各因素敏感系数的排序也可能发生变化。

2. 目标利润要求变化时允许各因素的升降幅度

当目标利润有所变化时，只有通过调整各因素现有水平才能达到目标利润变动的要求，因此，对各因素允许升降幅度的分析，实质上是各因素对利润影响程度分析的反向推算，在计算上表现为敏感系数的倒数。

【想一想】根据利润敏感分析结论，可以给我们利润管理计划带来哪些启示？

任务 3

标准成本控制与分析

一、标准成本的选择

（一）什么是标准成本

财务微课堂：成本控制认知

标准成本，是指在正常的生产技术水平和有效的经营管理条件下，企业经过努力应达到的产品成本水平。

标准成本法，是指企业以预先制定的标准成本为基础，通过比较标准成本与实际成本，核算和分析成本差异，揭示成本差异的动因，实施成本控制，评价经济业绩的一种成本管理方法。

企业应用标准成本法的主要目标是，通过标准成本与实际成本的比较，揭示与分析标准成本与实际成本之间的差异，并按照例外管理的原则，对不利差异予以纠正，以提高工作效率，不断改善产品成本。

（二）标准成本分类

企业在确定标准成本时，可以根据自身的技术条件和经营水平在以下类型中进行选择：

1. 理想标准成本

这是一种理论标准，它是指在现有条件下所能达到的最优成本水平，即在生产过程中无浪费、机器无故障、人员无闲置、产品无废品等假设条件下制定的成本标准。

2. 正常标准成本

正常标准成本是指在正常情况下，企业经过努力可以达到的成本标准。这一标准考虑了生产过程中不可避免的损失、故障、偏差等。

通常来说，理想标准成本小于正常标准成本。由于理想标准成本要求异常严格，一般很难达到，而正常标准成本具有客观性、现实性、激励性等特点，因此，正常标准成本在实践中得到广泛应用。

二、标准成本的制定

财务微课堂：制定标准成本

制定标准成本时，企业需要设立由采购、生产、技术、营销、财务、人事、信息等有关部门组成的跨部门临时性组织，采用“自上而下，自下而上”的模式，经由企业管理层审批后，制定出产品的标准成本。在制定标准成本时，企业一般应结合经验数据、行业标杆或实地测算的结果，运用统计分析、工程试验等方法，首先，就不同的成本或费用项目，分别确定消耗量标准和价格标准；其次，确定每一成本或费用项目的标准成本；最后，汇总不同成本项目的标准成本，确定产品的标准成本。

产品标准成本通常由直接材料标准成本、直接人工标准成本和制造费用标准成本构成。每一成本项目的标准成本应分为用量标准（包括单位产品消耗量、单位产品人工小时等）和价格标准（包括原材料单价、小时工资率、小时制造费用分配率等）。产品标准成本的计算公式为：

产品标准成本＝直接材料标准成本＋直接人工标准成本＋制造费用标准成本

（一）直接材料标准成本的制定

直接材料标准成本是指直接用于产品生产的材料标准成本，包括标准单价和标准用量两方面。直接材料的标准单价通常采用企业编制的计划价格，它通常是以订货合同的价格为基础，并考虑到未来物价、供求等各种变动因素后，按材料种类分别计算的；直接材料的标准用量，一般由生产部门负责，会同技术、财务、信息等部门，按照以下步骤进行确定：

（1）根据产品的图纸等技术文件进行产品研究，列出所需的各种材料以及可能的代用材料，并要说明这些材料的种类、质量以及库存情况；

（2）通过对过去用料的经验记录进行分析，采用平均值，或最高值与最低值的平均数，或最节省数量，或实际测定数据，或技术分析数据等，科学地制定标准用量。

将单位产品的材料标准用量与材料的标准单价汇总得出直接材料标准成本，其计算公式为：

直接材料标准成本＝$\sum$（单位产品的材料标准用量×材料的标准单价）

【工作实例 7-8】假定钱塘公司 A 产品耗用甲、乙、丙三种直接材料，其直接材料标准成本的计算见表 7-3。

表 7-3　A 产品直接材料标准成本

项目	标准		
	甲材料	乙材料	丙材料
价格标准①	45 元/千克	15 元/千克	30 元/千克
用量标准②	3 千克/件	6 千克/件	9 千克/件
标准成本③＝②×①	135 元/件	90 元/件	270 元/件
单位产品直接材料标准成本④＝$\sum$③	495 元		

（二）直接人工标准成本的制定

直接人工标准成本，是指直接用于产品生产的人工标准成本，包括标准工时和标准工资率。在制定直接人工的标准工时时，一般由生产部门负责，会同技术、财务、信息等部门，在对产品生产所需作业、工序、流程工时进行技术测定的基础上，考虑正常的工作间隙，并适当考虑生产条件的变化，生产工序、操作技术的改善，以及相关工作人员主观能动性的充分发挥等因素，合理确定单位产品的工时标准。

在制定直接人工的标准工资率时，一般由人事部门负责，根据企业薪酬制度以及有关职工薪酬制度改革的相关规定等制定。直接人工标准成本的计算公式如下：

$$直接人工标准成本=单位产品的标准工时\times小时标准工资率$$

$$小时标准工资率=\frac{标准工资总额}{标准总工时}$$

【工作实例 7-9】沿用工作实例 7-8 中的资料，A 产品直接人工标准成本的计算见表 7-4。

表 7-4 A 产品直接人工标准成本

项目	标准
月标准总工时①	15 600 小时
月标准总工资②	168 480 元
标准工资率③=②÷①	10.8 元/小时
单位产品工时用量标准④	1.5 小时/件
直接人工标准成本⑤=④×③	16.2 元/件

（三）制造费用标准成本的制定

制造费用的用量标准即工时用量标准，其含义与直接人工用量标准相同。制造费用价格标准，即制造费用的分配率标准。制造费用标准成本的计算公式为：

$$制造费用标准成本=工时用量标准\times标准制造费用分配率$$

制造费用标准成本应区分变动制造费用项目和固定制造费用项目分别进行。前者随着产量的变动而变动；后者相对固定，不随产量波动。所以，制定制造费用标准成本时，企业应分别制定变动制造费用和固定制造费用的标准成本。

1. 变动制造费用

变动制造费用是指通常随产量变化而成正比例变化的制造费用。变动制造费用项目的标准成本包括标准用量和标准价格。变动制造费用的标准用量可以是单位产量的燃料、动力、辅助材料等标准用量，也可以是产品的直接人工标准工时，或者是单位产品的标准机器工时。标准用量的选择需要考虑用量与成本的相关性，制定方法与直接材料的标准用量以及直接人工的标准工时类似。

变动制造费用的标准价格可以是燃料、动力、辅助材料等标准价格，也可以是小时标准工资率等。制定方法与直接材料的价格标准以及直接人工的标准工资率类似。变动制造费用的计算公式如下：

变动制造费用项目标准成本＝变动制造费用项目的标准用量×变动制造费用项目的标准价格

2. 固定制造费用

固定制造费用是指在一定产量范围内，其费用总额不会随产量变化而变化，始终保持固定不变的制造费用。固定制造费用一般按照费用的构成项目实行总量控制；也可以根据需要，通过计算标准分配率，将固定制造费用分配至单位产品，形成固定制造费用的标准成本。制定固定制造费用标准成本时，一般由财务部门负责，会同采购、生产、技术、营销、财务、人事、信息等有关部门，按照以下步骤进行：

（1）依据固定制造费用的不同构成项目的特性，充分考虑产品的现有生产能力、管理部门的决策以及费用预算等，测算确定各固定制造费用构成项目的标准成本；

（2）通过汇总各固定制造费用项目的标准成本，得到固定制造费用的标准总成本；

（3）确定固定制造费用的标准分配率，标准分配率可根据产品的单位工时与预算总工时的比率来进行确定。

其中，预算总工时是指由预算产量和单位工时标准确定的总工时。单位工时标准可以依据相关性原则在直接人工工时或机器工时之间作出选择。固定制造费用项目标准成本的计算顺序及公式如下：

固定制造费用项目标准成本＝固定制造费用项目预算

固定制造费用总成本＝$\sum$ 固定制造费用项目标准成本

固定制造费用标准分配率＝单位产品的标准工时÷预算总工时

固定制造费用标准成本＝固定制造费用总成本×固定制造费用标准分配率

【工作实例 7-10】 沿用工作实例 7-9 中的资料，A 产品制造费用标准成本的计算见表 7-5。

表 7-5 A 产品制造费用标准成本

项目		标准
工时	月标准总工时①	15 600 小时
	单位产品工时标准②	1.5 小时/件
变动制造费用	标准变动制造费用总额③	56 160 元
	标准变动制造费用分配率④＝③÷①	3.6 元/小时
	变动制造费用标准成本⑤＝②×④	5.4 元/件
固定制造费用	标准固定制造费用总额⑥	187 200 元
	标准固定制造费用分配率⑦＝⑥÷①	12 元/小时
	固定制造费用标准成本⑧＝②×⑦	18 元/件
单位产品制造费用标准成本⑨＝⑤＋⑧		23.4 元

三、成本差异的计算和分析

扫一扫

财务微课堂：成本差异分析（上）

扫一扫

财务微课堂：成本差异分析（下）

成本差异是指一定时期生产一定数量的产品所发生的实际成本与相关标准成本之间的差额。凡实际成本大于标准成本的称为超支差异，凡实际成本小于标准成本的则称为节约差异。

从标准成本的制定过程可以看出，任何一项费用的标准成本都是由用量标准和价格标准两个因素决定的。因此，差异分析就应该从这两个方面进行。差异的计算公式为：

总差异＝实际产量下实际成本－实际产量下标准成本

＝实际用量×实际价格－实际产量下标准用量×标准价格

＝(实际用量－实际产量下标准用量)×标准价格＋实际用量×(实际价格－标准价格)

＝用量差异＋价格差异

用量差异＝标准价格×(实际用量－实际产量下标准用量)

价格差异＝(实际价格－标准价格)×实际用量

(一) 直接材料成本差异的计算和分析

1. 差异计算

直接材料成本差异是指直接材料实际成本与标准成本之间的差额，该项差异可分解为直接材料价格差异和直接材料数量差异。直接材料价格差异是指在采购过程中，直接材料实际价格脱离标准价格所形成的差异；直接材料数量差异是指在产品生产过程中，直接材料实际消耗量脱离标准消耗量所形成的差异。直接材料成本差异的计算公式如下：

直接材料成本差异＝实际成本－标准成本

＝实际用量×实际单价－标准用量×标准单价

＝直接材料数量差异＋直接材料价格差异

直接材料数量差异＝(实际用量－标准用量)×标准单价

直接材料价格差异＝实际用量×(实际单价－标准单价)

2. 差异分析

直接材料数量差异形成的原因是多方面的，有生产部门原因，也有非生产部门原因，如产品设计结构、原料质量、工人的技术熟练程度、废品率的高低等都会导致直接材料数量差异。直接材料数量差异的责任需要通过具体分析才能确定，但往往主要由生产部门承担。

直接材料价格差异的形成受各种主客观因素的影响，较为复杂，如市场价格、供货厂商、运输方式、采购批量等的变动，都可能导致直接材料价格差异。但由于它与采购部门的关系更为密切，因此其差异应主要由采购部门承担责任。

【工作实例7-11】 沿用工作实例7-10中的资料，A产品甲材料的标准单价为45元/千克，标准用量为3千克/件。假定企业本月投产A产品8 000件，领用甲材料32 000千克，其实际价格为40元/千克。

要求：计算直接材料成本差异。

解： 直接材料成本差异=32 000×40−8 000×3×45 =200 000（元）（超支）

其中：

材料耗用量差异=(32 000−8 000×3)×45 =360 000（元）（超支）

材料价格差异=32 000×(40−45)=−160 000（元）（节约）

通过以上计算可以看出，A产品本月耗用甲材料发生200 000元超支差异。由于生产部门耗用材料超过标准，导致超支360 000元，因此应该查明材料耗用量超标的具体原因，以便改进工作，节约材料。从材料价格而言，材料价格降低节约了160 000元，从而抵消了一部分由于材料超标耗用而形成的成本超支。这是材料采购部门的工作成绩，也应查明原因，巩固和发扬该成绩。

（二）直接人工成本差异的计算和分析

1. 差异计算

直接人工成本差异是指直接人工实际成本与标准成本之间的差额，该差异可分解为工资率差异和人工效率差异。

工资率差异是指实际工资率脱离标准工资率形成的差异，计算时按实际工时计算确定；人工效率差异是指实际工时脱离标准工时形成的差异，计算时按标准工资率计算确定。有关计算公式如下：

直接人工成本差异=实际成本−标准成本

=实际工时×实际工资率−标准工时×标准工资率

=直接人工工资率差异+直接人工效率差异

直接人工效率差异=(实际工时−标准工时)×标准工资率

直接人工工资率差异=实际工时×(实际工资率−标准工资率)

2. 差异分析

直接人工效率差异是用量差异，其形成原因也是多方面的，如工人技术状况、工作环境和设备条件的好坏等，都会影响效率的高低，但其主要责任还是在生产部门。

工资率差异是价格差异，其形成原因比较复杂，如工资制度的变动、工人的升降级、加班或临时工的增减等，都将导致工资率差异。一般地，这种差异的责任不在生产部门，劳动人事部门应对其承担责任。

【工作实例 7-12】 沿用工作实例 7-11 中的资料，A 产品标准工资率为 10.8 元/小时，标准工时为 1.5 小时/件，工资标准为 16.2 元/件。假定企业本月实际生产 A 产品 8 000 件，用工 10 000 小时，实际应付直接人工工资 110 000 元。

要求：计算直接人工成本差异。

解： 直接人工成本差异＝110 000－8 000×16.2＝－19 600（元）（节约）

其中：

直接人工效率差异＝(10 000－8 000× 1.5)×10.8＝－21 600（元）（节约）

直接人工工资率差异＝(110 000 ÷10 000－10.8)×10 000＝2 000（元）（超支）

通过以上计算可以看出，该产品的直接人工成本总体上节约 19 600 元。其中，直接人工效率差异节约 21 600 元，但直接人工工资率差异超支 2 000 元。工资率超过标准，可能是为了提高产品质量，调用了一部分技术等级和工资级别较高的工人，使小时工资率增加了 0.2 元。但也因此在提高产品质量的同时，提高了工作效率，使工时的耗用由标准的 12 000（＝8 000×1.5）小时降低为 10 000 小时，节约工时 2 000 小时，从而导致了最终的成本节约。可见，生产部门在生产组织上的成绩是值得肯定的。

（三）变动制造费用成本差异的计算和分析

1. 差异计算

变动制造费用成本的差异是指变动制造费用项目的实际发生额与变动制造费用项目的标准成本之间的差额，该差异可分解为变动制造费用项目的价格差异和数量差异。其中，变动制造费用项目的价格差异是指燃料、动力、辅助材料等变动制造费用项目的实际价格脱离标准价格的差异，变动制造费用项目的数量差异是指燃料、动力、辅助材料等变动制造费用项目的实际消耗量脱离标准用量的差异。变动制造费用成本差异的计算、分析原理与直接材料和直接人工成本差异的计算、分析相同，它可以分解为耗费差异和效率差异两部分。其计算公式如下：

变动制造费用成本差异＝总变动制造费用－标准变动制造费用

＝实际工时×实际变动制造费用分配率－标准工时×标准变动制造费用分配率

＝变动制造费用效率差异＋变动制造费用耗费差异

变动制造费用效率差异＝(实际工时－标准工时)×变动制造费用标准分配率

变动制造费用耗费差异＝实际工时×(变动制造费用实际分配率－变动制造费用标准分配率)

2. 差异分析

效率差异属于用量差异，耗费差异属于价格差异。变动制造费用效率差异的形成原因与直接人工效率差异的形成原因基本相同。

【工作实例 7-13】 沿用工作实例 7-12 中的资料，A 产品标准变动制造费用分配率为 3.6 元/小时，标准工时为 1.5 小时/件。假定企业本月实际生产 A 产品 8 000 件，用工 10 000 小时，实际发生变动制造费用 40 000 元。

要求：计算其变动制造费用成本差异。

解： 变动制造费用成本差异＝40 000－8 000×1.5×3.6＝－3 200（元）（节约）

其中：

变动制造费用效率差异＝(10 000－8 000×1.5)×3.6＝－7 200（元）（节约）

变动制造费用耗费差异＝(40 000÷10 000－3.6)×10 000 ＝4 000（元）（超支）

通过以上计算可以看出，A 产品变动制造费用节约 3 200 元，这是由于提高效率，工时由 12 000（＝8 000×1.5）小时降为 10 000 小时。但由于费用分配率由 3.6 元提高到 4（＝40 000÷10 000）元，因此变动制造费用发生超支，从而抵消了一部分变动制造费用的节约额，公司应该查明费用分配率提高的具体原因。

（四）固定制造费用成本差异的计算和分析

固定制造费用成本差异是指固定制造费用项目的实际成本与其标准成本之间的差额。其计算公式为：

固定制造费用成本差异＝固定制造费用实际成本－固定制造费用标准成本

＝实际工时×实际分配率－标准工时×标准分配率

标准分配率＝固定制造费用预算总额÷预算产量下标准总工时

由于固定制造费用相对固定，实际产量与预算产量的差异会对单位产品所应承担的固定制造费用产生影响，因此，固定制造费用成本差异的分析有其特殊性，分为两差异分析法和三差异分析法。

1. 两差异分析法

两差异分析法是指将总差异分为耗费差异和能量差异两部分。其中，耗费差异是指固定制造费用的实际金额与固定制造费用预算金额之间的差额，能量差异是指制造费用预算金额与固定制造费用标准成本的差额。计算公式如下：

耗费差异＝实际固定制造费用－预算产量下的标准固定制造费用

＝实际固定制造费用－工时标准×预算产量×标准分配率

能量差异＝预算产量下标准固定制造费用－实际产量下标准固定制造费用

＝预算产量下的标准工时×标准分配率－实际差量下的标准工时×标准分配率

【工作实例 7-14】 沿用工作实例 7-13 中的资料，A 产品固定制造费用标准分配率为 12 元/小时，标准工时为 5 小时/件。假定 A 产品预算产量为 10 400 件，实际生产 A 产品 8 000件，用工 10 000 小时，实际发生固定制造费用 190 000 元。

要求：计算其固定制造费用成本差异。

解： 固定制造费用成本差异＝190 000－8 000×1.5×12 ＝46 000（元）（超支）

其中：

耗费差异＝190 000－ 10 400×1.5×12＝2 800（元）（超支）

能量差异＝(10 400 ×1.5－8 000×1.5)×12＝43 200（元）（超支）

通过以上计算可以看出，该企业A产品固定制造费用超支46 000元，主要是由于生产能力利用不足、实际产量小于预算产量所致。

2. 三差异分析法

三差异分析法是将两差异分析法下的能量差异进一步分解为产量差异和效率差异，即将固定制造费用成本差异分为耗费差异、产量差异和效率差异三个部分。其中，耗费差异的概念和计算与两差异分析法一致。相关计算公式为：

耗费差异＝实际固定制造费用－预算产量下标准固定制造费用

＝实际固定制造费用－预算产量×工时标准×标准分配率

＝实际固定制造费用－预算产量下标准工时×标准分配率

产量差异＝(预算产量下标准工时－实际产量下实际工时)×标准分配率

效率差异＝(实际产量下实际工时－实际产量下标准工时)×标准分配率

【工作实例7－15】 沿用工作实例7－14中的资料。

要求：计算其固定制造费用的成本差异。

解：

固定制造费用成本差异＝190 000－8 000×1.5×12 ＝46 000（元）（超支）

其中：

耗费差异＝190 000－10 400×1.5×12 ＝2 800（元）（超支）

产量差异＝(10 400×1.5－ 10 000)×12＝67 200（元）（超支）

效率差异＝(10 000－8 000× 1.5)×12＝－24 000（元）（节约）

通过上述计算可以看出，采用三差异分析法，能够更好地说明生产能力利用程度和生产效率高低所导致的成本差异情况，便于分清责任。

四、分析结果的反馈

标准成本差异分析是企业规划与控制的重要手段。在成本差异的分析过程中，企业应关注各项成本差异的规模、趋势及其可控性。对于反复发生的大额差异，企业应进行重点分析与处理。通过差异分析，企业管理人员可以进一步揭示实际执行结果与标准不同的深层次原因。企业可将生成的成本差异信息汇总，定期形成标准成本差异分析报告，并有针对性地提供成本改进措施。为保证标准成本的科学性、合理性与可行性，企业应定期或不定期地对标准成本进行修订与改进。一般情况下，标准成本的修订工作由标准成本的制定机构负责。企业应至少每年对标准成本进行一次定期测试，通过编制成本差异分析报表，确认是否存在因标准成本不准确而形成的成本差异。当该类差异较大时，企业应按照标准成本的制定程序，对标准成本进行修订。除定期测试外，当组织机构、外部市场、产品品种、生产工艺等内外部环境发生较大变化时，企业也应该及时对标准成本进行修订与补充。

项目小结

成本管理的目标分为总体目标和具体目标，成本管理的具体目标是对总体目标的进一步细分，主要包括成本计算的目标和成本控制的目标。

本量利分析包括单一产品本量利分析和多种产品本量利分析、目标利润分析和利润敏感性分析。

标准成本计算与分析包括标准成本的选择、标准成本的制定、标准成本的计算与分析，以及标准成本分析结果的反馈。

知识巩固与技能训练

一、单选题

1. 下列各项中，不属于成本管理意义的是（　　）。

A. 通过成本管理降低成本，为企业扩大再生产创造条件

B. 通过成本管理增加企业利润，提高企业经济效益

C. 通过成本管理减少环境污染

D. 通过成本管理能帮助企业取得竞争优势，增强企业的竞争能力和抗风险能力

2. 某企业生产销售甲、乙两种产品，已知甲产品销售收入 100 万元，乙产品销售收入 400 万元，固定成本 100 万元，实现利润 200 万元，则该企业的加权平均边际贡献率为（　　）。

A. 40%　　B. 50%　　C. 60%　　D. 无法确定

3. 某公司生产单一产品，实行标准成本管理。每件产品的标准工时为 3 小时，固定制造费用的标准成本为 6 元，企业生产能力为每月生产产品 400 件。7 月份公司实际生产产品 350 件，发生固定制造成本 2 250 元，实际工时为 1 100 小时。根据上述数据计算，7 月份公司固定制造费用效率差异为（　　）元。

A. 100　　B. 150　　C. 200　　D. 300

4. A 产品的单位变动成本为 6 元，固定成本为 300 元，单价为 10 元，目标利润为 500 元，则实现目标利润的销售量为（　　）件。

A. 200　　B. 80　　C. 600　　D. 100

5. 下列成本差异中，应该由劳动人事部门承担责任的是（　　）。

A. 直接材料价格差异　　B. 直接人工工资率差异

C. 直接人工效率差异　　D. 变动制造费用效率差异

6. 某企业每月固定制造费用为 20 000 元，固定销售费用为 5 000 元，固定管理费用为

50 000 元，单位变动制造成本为 50 元，单位变动销售费用为 9 元，单位变动管理费用为 1 元。该企业生产一种产品，单价为 100 元，所得税税率为 25%，如果保证本年不亏损，则至少应销售（　　）件产品。

A. 22 500　　B. 1 875　　C. 7 500　　D. 3 750

7. 某公司生产单一产品，实行标准成本管理。每件产品的标准工时为 3 小时，变动制造费用的标准成本为 6 元，企业生产能力为每月 380 件。7 月份公司实际生产产品 350 件，发生变动制造费用 2 250 元，实际工时为 1 100 小时，则该公司 7 月份的变动制造费用效率差异为（　　）元。

A. －30　　B. 100　　C. －150　　D. －300

8. 某企业生产甲产品，已知该产品的单价为 20 元，单位变动成本为 8 元，销售量为 600 件，固定成本总额为 2 800 元，则边际贡献率和安全边际率分别为（　　）。

A. 60%和 61.11%　　B. 60%和 40%　　C. 40%和 66.11%　　D. 40%和 60%

9. 假设某企业只生产销售一种产品，单价为 50 元，边际贡献率为 40%，每年固定成本为 300 万元，预计下年产销量为 20 万件，则价格对利润影响的敏感系数为（　　）。

A. 10　　B. 8　　C. 4　　D. 40%

10. 根据本量利分析原理，下列计算利润的公式中，正确的是（　　）。

A. 利润＝保本销售量×边际贡献率

B. 利润＝销售收入×变动成本率－固定成本

C. 利润＝(销售收入－保本销售额)×边际贡献率

D. 利润＝销售收入×(1－边际贡献率)－固定成本

二、多选题

1. 下列各项中，属于本量利分析基本假设的有（　　）。

A. 总成本由固定成本和变动成本两部分组成

B. 销售收入与业务量呈完全线性关系

C. 产销平衡

D. 产品产销结构稳定

2. 某企业制定的 2023 年目标利润为 1 000 万元，初步估算的利润为 900 万元，则为了实现目标利润，企业可以采取的措施有（　　）。

A. 提高销售量　　B. 提高单价　　C. 提高固定成本　　D. 提高单位变动成本

3. 下列各项中，属于直接材料耗用量差异形成的原因的有（　　）。

A. 产品设计结构　　B. 采购批量的变动

C. 市场价格的变动　　D. 工人的技术熟练程度

4. 下列各选项中，属于降低保本点主要途径的有（　　）。

A. 提高固定成本总额　　B. 降低固定成本总额

C. 降低单位变动成本　　D. 提高销售单价

5. 关于正常标准成本，下列说法中不正确的有（　　）。

A. 正常标准成本没有考虑生产过程中不可避免的偏差

B. 通常来说，正常标准成本小于理想标准成本

C. 正常标准成本具有激励性

D. 正常标准成本在实践中应用比较广泛

三、判断题

1. 差异化战略中，成本管理的总体目标是在保证实现产品、服务等方面差异化的前提下，对产品全生命周期成本进行管理，实现成本的绝对降低。（　　）

2. 成本考核是成本管理的核心。（　　）

3. 根据基本的本量利分析图，在销售量不变的情况下，保本点越低，盈利区越小，亏损区越大。（　　）

4. 分别计算法在品种较多时较为简单，而且在选择分配固定成本的标准时不容易出现问题，因此受到基层管理部门的重视与欢迎。（　　）

5. 在主要产品法下，可以选择一种或两种最主要的产品进行本量利分析。（　　）

6. 本量利分析与风险分析相结合，可以为企业提供降低经营风险、财务风险的方法和手段，以保证企业实现既定目标。（　　）

7. 在经营决策中应用本量利分析法的关键在于确定成本分界点，找到了成本分界点，就可以在一定的业务量范围内，选择出最优的方案。（　　）

8. 双重价格的上限是市场价格，下限是单位变动成本。（　　）

9. 对于制造费用用量标准，其含义与直接材料用量标准相同。（　　）

四、综合题

1. 甲企业生产 A 产品，A 产品变动制造费用标准成本相关资料见表 7－6。

表 7－6　A 产品变动制造费用标准成本资料

项目	标准
月标准总工时	5 000 小时
单位产品工时标准	5 小时/件
标准变动制造费用总额	4 000 元

假定甲企业本月实际生产 A 产品 800 件，实际耗用总工时 4 400 小时，实际发生变动制造费用 4 000 元。

要求：

（1）计算 A 产品标准变动制造费用分配率和变动制造费用标准成本；

（2）计算 A 产品变动制造费用成本差异、变动制造费用效率差异和变动制造费用耗费差异，并说明是节约还是超支；

（3）分析一下差异发生的原因。

2. 某企业生产甲、乙、丙三种产品，固定成本为 600 000 元，有关资料见表 7－7。

表 7-7 某企业三种产品有关资料

产品	单价（元）	单位变动成本（元）	销售量（件）
甲	20	8	60 000
乙	30	18	40 000
丙	40	20	20 000

要求：

（1）计算各产品的边际贡献；

（2）假设固定成本按边际贡献的比重分配，请用分别计算法求出各产品的保本销售量和保本销售额。

3. 甲公司某产品下一年度预算资料见表 7-8。

表 7-8 甲公司某产品下一年度预算资料 单位：万元

预算资料	总成本	单位成本
直接材料	200 000	3.00
直接人工	400 000	6.00
变动制造费用	100 000	1.50
固定制造费用	500 000	7.50
销售费用（全部为变动费用）	300 000	4.50
管理费用（全部为固定费用）	778 400	11.676
合计	2 278 400	34.176

假设甲公司该产品生产和销售平衡，预计下一年销售 120 000 件产品，产品售价定为 30 元，公司适用的所得税税率为 25%。

要求：

（1）计算保本销售量（取整数）；

（2）计算边际贡献率；

（3）计算下一年度的预计利润；

（4）计算安全边际率；

（5）判断甲公司的经营安全程度；

（6）计算甲公司利润对销售量和单价的敏感系数。

项目八

收入管理

【知识目标】

- 掌握收入确认的原则
- 掌握销售预测的定性分析法
- 掌握销售预测的定量分析法
- 理解影响产品的价格因素
- 掌握产品定价方法
- 熟悉企业定价策略

【能力目标】

- 能够运用定性分析法进行销售预测
- 能够进行企业产品定价决策
- 能够制定企业定价策略

【素养目标】

- 培养学生爱岗敬业、忠于职守、尽心尽力的敬业精神
- 培养学生诚实守信的品质，说老实话，办老实事，不弄虚作假，不泄露机密
- 培养学生能够运用定性分析法进行销售预测，能正确运用定价策略帮助企业进行定价决策

任务 1

认知收入

收入是指企业在日常活动中形成的、会导致所有者权益增加的、与所有者投入资本无关的经济利益的总流入，一般包括销售商品收入、提供劳务收入和让渡资产使用权收入等。企业的收入主要来自生产经营活动，企业正常的经营活动主要包括销售商品、提供劳务、让渡本企业资产使用权等。具体表现为：销售商品得到的商品销售收入，提供运输、修理等劳务取得的劳务收入，让渡专利、商标等无形资产使用权而取得的使用费，以及以投资方式供其他企业使用本企业的资产而获得的股利。

销售收入是企业收入的主要构成部分，是企业能够持续经营的基本条件。销售收入的制约因素主要是销量与价格，销售预测分析与销售定价管理构成了收入管理的主要内容。

一、理解收入管理的意义

（一）收入的取得是企业继续经营的基本条件

企业的经营活动要不断地进行，就必须用取得的营业收入来补偿经营支出，才能重新购回原材料、支付工资和其他费用。

（二）收入的取得是企业实现盈利、上缴税费的前提

企业只有通过销售，并及时取得营业收入，生产经营活动中创造的盈利才能实现，从而按规定计算应缴纳的各种税费。

（三）收入的取得是加速资金周转的重要环节

企业应加强营业收入管理，扩大销售量，及时取得营业收入，从而加速资金周转，提高资金利用效率。

（四）加强收入管理，能提高企业素质和市场竞争力

加强营业收入管理，可以促使企业深入研究市场要求的变化，以便作出正确的经营决策，避免盲目经营，从而提高企业素质和市场竞争力。

二、收入的确认

（一）总体原则

当企业与客户之间的合同满足下列条件时，企业应当在客户取得相关商品控制权时确认收入：

（1）合同各方已批准该合同并承诺将履行各自义务；

（2）该合同明确了合同各方与所转让商品或提供劳务（简称“转让商品”）相关的权利和义务；

（3）该合同有明确的与所转让商品相关的支付条款；

（4）该合同具有商业实质，即履行该合同将改变企业未来现金流量的风险、时间分布或金额；

（5）企业因向客户转让商品而有权取得的对价很可能收回。

（二）具体收入确认原则

1. 销售商品收入

（1）企业已将商品所有权上的主要风险和报酬转移给购货方。具体包括以下两点：

① 商品所有权上的风险和报酬；

② 商品所有权上的主要风险和报酬是否已转移的判断。

（2）企业既没有保留通常与所有权相联系的继续管理权，也没有对已售出的商品实施控制。

（3）与交易相关的经济利益很可能流入企业。具体包括以下三点：

① 与交易相关的经济利益主要表现为销售商品的价款；

② 实务中，企业售出的商品符合合同或协议规定的要求，并已将发票账单交付买方，买方也承诺付款，即表明销售商品的价款能够收回；

③ 如果企业判断价款不能收回，应提供可靠的证据。

（4）相关的收入和成本能够可靠地计量。具体包括以下两点：

① 收入能否可靠地计量，是确认收入的基本前提；

② 成本不能可靠地计量，即使其他条件均已满足，相关的收入也不能确认。

2. 劳务收入

企业在资产负债表日提供劳务交易的结果能够可靠估计的，采用完工百分比法确认提供劳务收入。提供劳务交易结果能够可靠估计的条件包括以下几点：

（1）收入的金额能够可靠地计量，是指提供劳务收入的总额能够合理地估计；

（2）相关的经济利益很可能流入企业，是指劳务收入总额收回的可能性大于不能收回的可能性；

（3）交易的完工进度能够可靠地确定，是指交易的完工进度能够合理地估计；

（4）交易中已发生和将发生的成本能够可靠地计量，是指交易中已经发生和将要发生的成本能够合理地估计。

3. 让渡资产使用权

（1）相关的经济利益很可能流入企业；

（2）收入的金额能够可靠地计量。

任务 2 销售预测分析

销售预测分析是指通过市场调查，以有关的历史资料和各种信息为基础，运用科学的预测方法或管理人员的实际经验，对企业产品在计划期间的销售量或销售额作出预计或估量的过程。企业在进行销售预测时，应充分研究和分析企业产品销售的相关资料，诸如产品价格、产品质量、售后服务、推销方法等；此外，对企业所处的市场环境、物价指数、市场占有率及经济发展趋势等情况也应进行研究分析。销售预测的方法有很多种，主要包括定性分析法和定量分析法。

一、销售预测的定性分析法

扫一扫

财务微课堂：销售预测的定性分析法

扫一扫

业务挂图：销售预测的定性分析法

定性分析法，即非数量分析法，是指由专业人员根据实际经验，对预测对象的未来情况及发展趋势作出预测的一种分析方法。它一般适用于预测对象的历史资料不完备或无法进行定量分析时，主要包括营销员判断法、专家判断法和产品寿命周期分析法。

（一）营销员判断法

营销员判断法又称意见汇集法，是指由企业熟悉市场情况及相关变化信息的营销人员对市场进行预测，再将各种判断意见加以综合分析的一种分析方法。

（二）专家判断法

专家判断法是指由专家根据他们的经验和判断能力对特定产品的未来销售量进行判断和预测的方法。其主要有以下三种不同形式：

1. 个别专家意见汇集法

分别向每位专家征求对本企业产品未来销售情况的个人意见，然后将这些意见加以综合分析，确定预测值。

2. 专家小组

将专家分成小组，运用专家们的集体智慧进行判断预测的方法。此方法的缺陷是预测小组中专家意见可能受权威专家的影响，客观性较德尔菲法差。

3. 德尔菲法

采用函询的方式，征求各方面专家的意见，各专家在互不通气的情况下，根据自己的观点和方法进行预测，然后由企业把各个专家的意见汇集在一起，通过不记名方式反馈给各位专家，请专家们参考别人的意见完善本人原来的判断，如此反复数次，最终确定预测结果。

（三）产品寿命周期分析法

产品寿命周期分析法是指利用产品销售量在不同寿命周期阶段上的变化趋势，进行销售预测的一种定性分析方法。它是对其他预测分析方法的补充。产品寿命周期是指产品从投入市场到退出市场所经历的时间，一般要经过推广期、成长期、成熟期和衰退期四个阶段。在这一发展过程中，产品销售量的变化呈一条曲线，称为产品寿命周期曲线。

判断产品所处的寿命周期阶段，可根据销售增长率指标进行。一般地，推广期增长不稳定，成长期增长率较大，成熟期增长率稳定，衰退期增长率为负数。了解产品所处的寿命周期阶段，有助于正确选择预测方法。

二、销售预测的定量分析法

扫一扫　财务微课堂：销售预测的定量分析法

扫一扫　业务挂图：销售预测的定量分析法

定量分析法，也称数量分析法，是指在预测对象有关资料完备的基础上，运用一定的数学方法，建立预测模型，作出预测的一种分析方法。它一般包括趋势预测分析法和因果预测分析法两大类。

(一)趋势预测分析法

趋势预测分析法主要包括算术平均法、加权平均法、移动平均法、指数平滑法等。

1. 算术平均法

算术平均法是指将若干历史时期的实际销售量或销售额作为样本值，求出其算术平均数，并将该平均数作为下期销售量的预测值。其计算公式为：

$$Y=\frac{\sum X_i}{n}$$

式中，Y 表示预测值；X_i 表示第 i 期的实际销售量；n 表示期数。

算术平均法适用于每期销售量波动不大的产品的销售预测。

【工作实例 8-1】 钱塘公司 2015—2022 年的产品销售量资料见表 8-1。

表 8-1 历年产品销量

项目	2015 年	2016 年	2017 年	2018 年	2019 年	2020 年	2021 年	2022 年
销售量(吨)	3 250	3 300	3 150	3 350	3 450	3 500	3 400	3 600

要求：根据以上资料，用算术平均法预测公司 2023 年的产品销售量。

解： 根据算术平均法的计算公式，公司 2023 年的产品预测销售量为：

$$\text{预测销售量}(Y)=\frac{3\,250+3\,300+\cdots+3\,400+3\,600}{8}=3\,375\text{(吨)}$$

用算术平均法预测销售量的计算方法比较简单，但它未考虑到不同时期产品销售量变动对预测期的影响程度，把各个时期的销售差异平均化。因此，这种方法只适用于各期销售量比较稳定、没有季节性变动的食品或日常用品等的预测。

2. 加权平均法

加权平均法是指将若干历史时期的实际销售量或销售额作为样本值，将各个样本值按照一定的权数计算得出加权平均数，并将该平均数作为下期销售量的预测值。一般地，因为市场变化较大，离预测期越近的样本值对其影响越大，而离预测期越远的则影响越小，所以权数的选取应遵循“近大远小”的原则。其计算公式为：

$$Y=\sum_{i=1}^{n}W_iX_i$$

式中，Y 表示预测值；W_i 表示第 i 期的权数 $(0<W_i\leqslant 1)$；X_i 表示第 i 期的实际销售量；n 表示期数。

加权平均法较算术平均法更为合理，计算也较方便，因而在实践中应用较多。

【工作实例 8-2】 钱塘公司 2015—2022 年的产品销售量资料见表 8-2。

表 8-2 历年产品销量

项目	2015 年	2016 年	2017 年	2018 年	2019 年	2020 年	2021 年	2022 年
销售量(吨)	3 250	3 300	3 150	3 350	3 450	3 500	3 400	3 600
权数	0.04	0.06	0.08	0.12	0.14	0.16	0.18	0.22

要求：根据以上资料，用加权平均法预测公司 2023 年的产品销售量。

解： 根据加权平均法计算公式，公司 2023 年的产品预测销售量为：

$$\text{预测销售量}=\sum_{i=1}^{n}W_iX_i=3\,250\times0.04+3\,300\times0.06+\cdots+3\,600\times0.22$$
$$=3\,429\ (\text{吨})$$

3. 移动平均法

移动平均法是指从 n 期的时间数列销售量中选取 m 期（m 数值固定，且 $m<n/2$）数据作为样本值，求其 m 期的算术平均数，并不断向后移动，计算观测其平均值，以最后一个 m 期的平均数作为未来第 $n+1$ 期销售预测值的一种方法。这种方法假设预测值主要受最近 m 期销售量的影响。其计算公式为：

$$Y_{n+1}=\frac{X_{n-(m-1)}+X_{n-(m-2)}+\cdots+X_{n-1}+X_n}{m}$$

为了使预测值更能反映销售量变化的趋势，可以对上述结果按趋势值进行修正，其计算公式为：

$$\bar{Y}_{n+1}=Y_{n+1}+(Y_{n+1}-Y_n)$$

由于移动平均法只选用了 n 期数据中的最后 m 期作为计算依据，因此代表性较差。此法适用于销售量略有波动的产品预测。

【工作实例 8－3】 沿用工作实例 8－2 中的资料，假定公司预测前期（即 2022 年）的产品预测销售量为 3 475 吨。

要求：分别用移动平均法和修正的移动平均法预测公司 2023 年的产品销售量（假设样本期为 3 期）。

解：

（1）根据移动平均法的计算公式，公司 2023 年的产品预测销售量为：

$$\text{预测销售量}=\frac{3\,500+3\,400+3\,600}{3}=3\,500(\text{吨})$$

（2）根据修正的移动平均法计算公式，公司 2023 年的产品预测销售量为：

$$\text{修正后的预测销售量}=3\,500+(3\,500-3\,475)=3\,525\ (\text{吨})$$

4. 指数平滑法

指数平滑法实质上是一种加权平均法，是指以事先确定的平滑指数 a 及（$1-a$）作为权数进行加权计算、预测销售量的一种方法。其计算公式为：

$$Y_{n+1}=aX_n+(1-a)Y_n$$

式中，Y_{n+1} 表示未来第 $n+1$ 期的预测值；Y_n 表示第 n 期的预测值，即预测前期的预测值；X_n 表示第 n 期的实际销售量，即预测前期的实际销售量；a 表示平滑指数；n 表示期数。

一般地，平滑指数 a 的取值通常为 0.3～0.7，其取值大小决定了前期实际值与预测值对本期预测值的影响。采用较大的平滑指数，预测值可以反映样本值最近的变化趋势；采用较小的平滑指数，则反映了样本值变动的长期趋势。因此，在销售量波动较大或进行短期预测时，可以选择较大的平滑指数；在销售量波动较小或进行长期预测时，可以选择较小的平滑指数。

【工作实例8-4】 沿用工作实例8-2中的资料，2022年实际销售量为3 600吨，假设原预测销售量为3 475吨，平滑指数a为0.5。

要求：用指数平滑法预测公司2023年的产品销售量。

解： 根据指数平滑法的计算公式，公司2023年的产品预测销售量为：

预测销售量＝0.5×3 600＋(1－0.5)×3 475＝3 537.5（吨）

（二）因果预测分析法

因果预测分析法是指分析影响产品销售量（因变量）的相关因素（自变量）以及它们之间的函数关系，并利用这种函数关系进行产品销售预测的方法。回归直线法也称一元回归分析法，它假定影响预测对象销售量的因素只有一个，根据直线方程式$y=a+bx$，按照最小二乘法原理，确定一条误差最小的、能正确反映自变量x和因变量y之间关系的直线，其常数项a和系数b的计算公式为：

$$a=\frac{\sum y-b\sum x}{n}$$

$$b=\frac{\sum xy-\sum x\sum y}{n\sum x^2-(\sum x)^2}$$

待求出a、b的值后，代入$y=a+bx$，结合自变量x的取值，即可求得预测对象y的预测销售量或销售额。

任务3
销售定价管理

引导案例

一元水果　顾客爱买

【背景资料】

近年来，市场上增加了一类“一元货”，即切开零售卖的水果，商人们把哈密瓜、西瓜、菠萝等水果切成小份，一份只卖一元，这类生意还异常火爆。虽然一元水果要比整个购买水果要贵很多，但是还是深受客户喜爱。

【思考讨论】

这类商品定价是运用了哪种方法？

企业销售各种产品都必须确定合理的产品销售价格。产品价格的高低直接影响销售量的大小，进而作用于企业的盈利水平。单价水平过高，导致销售量降低，如果达不到保本点，企业就会亏损；单价水平过低，虽然会起到促销作用，但单位毛利降低，使企业的盈利水平下降。因此，产品销售价格的高低，价格策略运用得恰当与否，都会影响企业正常的生产经营活动，甚至会影响企业的生存和发展。进行良好的销售定价管理，可以使企业的产品更富有吸引力，扩大市场占用率，改善企业的相对竞争地位。

一、影响产品价格的因素

（一）价值因素

价格是价值的货币表现，价值的大小决定着价格的高低，而价值量的大小又是由生产产品的社会必要劳动时间决定的。因此，提高社会劳动生产率，缩短生产产品的社会必要劳动时间，可以相对地降低产品价格。

扫一扫

业务挂图：影响产品价格因素

（二）成本因素

成本是影响定价的基本因素。企业只有获得可以弥补已发生成本费用足够多的收入，才能长期生存发展下去。虽然短期内的产品价格有可能会低于其成本，但从长期来看，产品价格应等于总成本加上合理的利润，即产品售价必须足以补偿全部的生产、管理、营销成本，并为企业提供合理的利润，否则企业无利可图，难以长久生存。

（三）市场供求因素

市场供求变动对价格的变动具有重大影响。当一种产品的市场供应大于需求时，就会对其价格产生向下的压力；而当其供应小于需求时，则会推动价格的提升。市场供求关系是永远矛盾的两方面，因此，产品价格也会不断地波动。

（四）竞争因素

市场竞争程度的不同，对定价的影响也不同。竞争越激烈，对价格的影响也越大。在完全竞争的市场上，企业几乎没有定价的主动权，只能接受市场价格，其定价管理的核心问题是在产品价格既定的条件下，依据“边际收入与边际成本相等时，企业的利润最大化”的原则，决定预期实现最大化利润的产销水平；在不完全竞争的市场上，竞争的强度主要取决于产品生产的难易和供求形势。为了做好定价决策，企业必须充分了解竞争者的情况，最重要的是竞争对手的定价策略。

（五）政策法规因素

各个国家对市场物价的高低和变动都有限制和法律规定，同时国家会通过生产市场、货币金融等手段间接调节价格。企业在制定定价策略时，一定要很好地了解本国及所在国有关方面的政策和法规。

二、企业的定价目标

定价目标是指企业在一定的经营环境中，制定产品价格，通过价格效用实现企业预期的经营目标。要使销售定价的管理卓有成效，企业必须制定与战略目标相匹配、切实可行的定价目标，以明确定价管理的方向，并用于指导选择适合的定价方法和价格运用策略。因为企业自身的实际情况及所面临的外部环境不同，所以企业的定价目标也多种多样，主要有以下几种：

（一）实现利润最大化

这种目标通常是通过为产品制定一个较高的价格，从而提高产品单位利润率，最终实现企业利润最大化。它适用于在市场中处于领先或垄断地位的企业，或者在行业竞争中具有很强的竞争优势，并能长时间保持这种优势的企业。

（二）保持或提高市场占有率

市场占有率是指企业产品销售额在同类产品市场销售总额中所占的比重，其大小在一定程度上反映了企业的经营状况和竞争实力。以保持或提高市场占有率为定价目标，其目的是使产品价格有利于提高销售收入，有效保障企业利润，并且可以有力打击竞争对手，这是一种注重企业长期经营利润的做法。企业为了实现这一目标，其产品价格往往需要低于同类产品价格，以较低的价格吸引客户，逐步扩大市场份额，但在短期内可能要牺牲一定的利润空间。因此，这种定价目标要求企业具有潜在的生产经营能力，总成本的增长速度低于总销量的增长速度，商品的需求价格弹性较大，即这种定价目标要求适用于能够薄利多销的企业。

（三）稳定价格

为了长期、稳定地占领市场，行业中能左右市场价格的一些大企业往往希望价格稳定，在稳定的价格中获取稳定的利润。通常做法是由行业中的领导企业制定一个价格，其他企业的价格则与之保持一定的比例关系，无论是大企业还是中小企业都不会随便降价。其优点是创造了一个相对稳定的市场环境，避免过度竞争产生两败俱伤的负面效应，减少风险，使企业能够以稳定的价格获得比较稳定的利润。这种定价通常适用于产品标准化的行业，如钢铁制造业等。

（四）应付和避免竞争

企业参照对市场有决定性影响的竞争对手的产品价格变动情况，随时调整本企业产品价格。当竞争对手维持原价时，企业也保持原价；当竞争对手改变价格时，企业也相应地调整价格，但是企业不会主动调整价格。这种定价方法主要适用于中小型企业。在激烈的价格竞争中，中小型企业没有足够实力对价格进行干预，为了避免在竞争中被淘汰，必须与市场行情保持一致。

（五）树立企业形象及产品品牌

企业形象及产品品牌是企业在经营中创造的重要无形资产。而价格是企业竞争的一种手段，表达了企业产品的定位，在一定程度上反映了企业形象和产品形象。以树立企业形象及产品品牌为定价目标主要有两种情况：一是树立优质高价形象，采用这种策略，不但可以使企业获得高额利润，而且能够满足消费者的心理需求；二是树立大众化评价形象，通过大众化的评价定位树立企业形象，吸引大量的普通消费者，以扩大销量，获得利润。

三、产品定价方法

产品定价方法主要包括以成本为基础的定价方法和需求价格弹性系数定价法两大类。

（一）以成本为基础的定价方法

1. 理解成本

在企业成本范畴中，基本上有三种成本可以作为定价基础，即变动成本、制造成本和全部成本费用。

扫一扫

财务微课堂：以成本为基础的定价方法

变动成本是指在特定的业务量范围内，其总额会随业务量的变动而变动的成本。变动成本可以作为增量产量的定价依据，但不能作为一般产品的定价依据。

制造成本是指企业为生产产品或提供劳务等发生的直接费用支出，一般包括直接材料、直接人工和制造费用。由于制造成本不包括各种期间费用，因此不能正确地反映企业产品的真实价值消耗和转移情况。利用制造成本定价不利于企业简单再生产的继续进行。

全部成本费用是指企业为生产、销售一定种类和数量的产品所发生的所有成本和费用总额，包括制造成本和管理费用、销售费用及财务费用等各种期间费用。在全部成本费用基础上制定价格，既可以保证企业简单再生产的正常进行，又可以使劳动者为社会劳动所创造的价值得以全部实现。

2. 定价方法

（1）全部成本费用加成定价法。全部成本费用加成定价法是在全部成本费用的基础上，加上合理利润进行定价。合理利润的确定，在工业企业一般是根据成本利润率，而在商业企业一般是根据销售利润率。在考虑税金的情况下，有关计算公式为：

①成本利润率定价：

$$成本利润率=\frac{预测利润总额}{预测成本总额}\times 100\%$$

$$单位产品价格=\frac{单位成本\times(1+成本利润率)}{1-适用税率}$$

②销售利润率定价：

$$销售利润率=\frac{预测利润总额}{预测销售总额}\times 100\%$$

$$单位产品价格=\frac{单位成本}{1-销售利润率-适用税率}$$

上述公式中，单位成本是指单位全部成本费用，可以用单位制造成本加上单位产品负担的期间费用来确定。

【工作实例 8-5】钱塘公司生产甲产品，预计单位产品的制造成本为 100 元，计划销售 10 000 件，计划期的期间费用总额为 900 000 元，该产品适用的消费税税率为 5%，成本利润率必须达到 20%。

要求：用全部成本费用加成定价法测算单位甲产品价格。

解：根据上述资料，适用全部成本费用加成定价法测算的单位甲产品的价格应为：

$$单位甲产品价格=\frac{\left(100+\frac{900\ 000}{10\ 000}\right)\times(1+20\%)}{1-5\%}=240（元）$$

全部成本费用加成定价法可以保证全部生产耗费得到补偿，但它很难适应市场需求的变化，往往导致定价过高或过低。另外，当企业生产多种产品时，间接费用难以准确分摊，从而会导致定价不准确。

（2）保本点定价法。保本点定价法的基本原理是按照刚好能够保本的原理来制定产品销售价格，即能够保持既盈利也不亏损的销售价格水平。采用这一方法确定的价格是最低销售价格。其计算公式为：

$$单位产品价格=\frac{单位固定成本+单位变动成本}{1-适用税率}=\frac{单位完全成本}{1-适用税率}$$

【工作实例 8-6】钱塘公司生产乙产品，本期计划销售量为 10 000 件，应负担的固定成本总额为 250 000 元，单位变动成本为 70 元，适用的消费税税率为 5%。

要求：用保本点定价法测算单位乙产品价格。

解：根据上述资料，适用保本点定价法测算的单位乙产品价格应为：

$$单位乙产品价格=\frac{\frac{250\ 000}{10\ 000}+70}{1-5\%}=100（元）$$

（3）目标利润定价法。目标利润是指企业在预定时期内应实现的利润水平。目标利润定价法是根据预期目标利润和产品销售量、产品成本、适用税率等因素来确定产品销售价格的方法。其计算公式为：

$$单位产品价格=\frac{目标利润总额+完全成本总额}{产品销量\times(1-适用税率)}$$

【工作实例 8-7】 钱塘公司生产丙产品，本期计划销售量为 10 000 件，目标利润总额为 240 000 元，完全成本总额为 520 000 元，适用的消费税税率为 5%。

要求：用目标利润法测算单位丙产品价格。

解： 根据上述资料，运用目标利润法测算的单位丙产品价格应为：

$$单位丙产品价格=\frac{240\ 000+520\ 000}{10\ 000\times(1-5\%)}=80（元）$$

（4）变动成本定价法。变动成本定价法是指企业在生产能力有剩余的情况下增加生产一定数量的产品，这些增加的产品可以不负担企业的固定成本，只负担变动成本，在确定价格时产品成本仅以变动成本计算。此处所指的变动成本是指完全变动成本，包括变动制造成本和变动期间费用。其计算公式为：

$$单位产品价格=\frac{单位变动成本\times(1+成本利润率)}{1-适用税率}$$

【工作实例 8-8】 钱塘公司生产丁产品，设计生产能力为 12 000 件，计划生产 10 000 件，预计单位变动成本为 190 元，计划期的固定成本费用总额为 950 000 元，该产品适用的消费税税率为 5%，成本利润率必须达到 20%。假定本年度接到一额外订单，订购 1 000 件丁产品，单价 300 元。

要求：该企业计划内产品单位价格是多少？是否应接受这一额外订单？

解： 根据上述资料，企业计划内生产的产品价格为：

$$计划内单位产品价格=\frac{\left(\frac{950\ 000}{10\ 000}+190\right)\times(1+20\%)}{1-5\%}=360（元）$$

追加生产 1 000 件产品的单位变动成本为 190 元，则：

$$计划外单位产品价格=\frac{190\times(1+20\%)}{1-5\%}=240（元）$$

因为额外订单单价高于其按变动成本计算的价格，所以应该接受这一订单。

（二）需求价格弹性系数定价法

扫一扫

财务微课堂：以市场需求为基础的定价方法

扫一扫

业务挂图：需求价格弹性系数定价法计算公式

产品在市场上的供求变动关系，实质上体现在价格的刺激和制约作用上。需求增大导致价格上升，刺激企业生产；而需求减小，则会引起价格下降，从而制约了企业的生产规模。从另一个角度看，企业也可以根据这种关系，通过价格的升降来作用于市场需求。在其他条件不变的情况下，某种产品的需求量随其价格的升降而变动的程度，就是需求价格弹性系数。其计算公式为：

$$E=\frac{\frac{\Delta Q}{Q_0}}{\frac{\Delta P}{P_0}}$$

式中，E 表示某种产品的需求价格弹性系数；ΔP 表示价格变动量；ΔQ 表示需求变动量；P_0 表示基期单位产品价格；Q_0 表示基期需求量。

运用需求价格弹性系数确定产品的销售价格时，其基本计算公式为：

$$P=\frac{P_0 Q_0^{\ (1-|E|)}}{Q^{(\frac{1}{|E|})}}$$

式中，P_0 表示基期单位产品价格；Q_0 表示基期销售数量；E 表示需求价格弹性系数；P 表示单位产品价格；Q 表示预计销售数量。

【想一想】不同产品价格定价方法分别适用于哪类企业？

【工作实例 8-9】钱塘公司生产销售戊产品，2022 年前三个季度中，实际销售价格和销售数量见表 8-3。

要求：若企业在第四季度要完成 4 000 件的销售任务，那么销售价格应为多少？

表 8-3 销售数量

项目	第一季度	第二季度	第三季度
销售价格（元）	750	800	780
销售数量（件）	3 859	3 378	3 558

解：

$$E_1=\frac{\frac{(3\ 378-3\ 859)}{3\ 859}}{\frac{(800-750)}{750}}=-1.87$$

$$E_2=\frac{\frac{(3\ 558-3\ 378)}{3\ 378}}{\frac{(780-800)}{800}}=-2.13$$

$$E=\frac{E_1+E_2}{2}=-2$$

$$|E|=2$$

$$P=\frac{780\times 3\ 558^{\frac{1}{2}}}{4\ 000^{\frac{1}{2}}}=735.64\text{（元）}$$

因此第四季度要完成 4 000 件的销售任务，其单位产品的销售价格为 735.64 元。

四、价格运用策略

财务微课堂：价格运用策略

业务挂图：价格运用策略

企业之间的竞争在很大程度上表现为企业产品在市场上的竞争。市场占有率的大小是衡量产品市场竞争能力的主要指标。除了提升产品质量之外，企业根据具体情况合理运用不同的价格策略，可以有效地提高产品的市场占有率和企业的竞争能力。其中，主要的价格运用策略有以下几种：

（一）折让定价策略

折让定价策略是指在一定条件下，以降低产品的销售价格来刺激购买者，从而达到扩大产品销售量的目的。价格折让的主要表现是价格折扣，具体形式包括：

（1）现金折扣。现金折扣是指企业为了提高结算保障，对在一定期限内付款的购买者给予的折扣，即购买方如果在企业规定的期限内付款，企业就给予购买方一定的折扣。其目的是鼓励购买方提前付款，以尽快回笼资金，加速资金周转。

（2）数量折扣。数量折扣是指企业对大量购买或集中购买本企业产品的购买方给予的一种折扣优惠。一般购买量越多、金额越大，折扣也越大。数量折扣可分为一次性数量折扣和累计数量折扣。一次性数量折扣是指企业对一次性购买达到及超过一定数量或购买多种产品达到一定金额的客户所给予的价格折扣。采用这种折扣政策能刺激顾客大量购买，促使产品多销、快销，同时减少交易次数、时间，节省一定的销售、储存成本。累计数量折扣是指企业对一定时期内累计购买超过规定数量或金额的客户给予的价格优惠，目的在于鼓励企业与购买方建立长期稳定的关系，培养购买方的忠诚度。

（3）功能折扣。功能折扣是指当产品的制造商把产品卖给销售渠道的各个环节时，制造商为弥补买者完成最终销售之前，为要完善一定功能和服务所付出的费用，将其价格按零售价打的折扣。

（4）专营折扣。专营是一种排他性行为。专营折扣是指为了鼓励经销商专营本企业产品，给出力度很大的一种价格优惠行为。如果专营，就享受该折扣；不专营，就不享受该折扣。专营折扣的目的在于培养经销商的忠诚度。

（5）季节折扣。季节折扣是企业给予非季节性热销商品的购买者提供的一种价格优惠。这种折扣方式有利于减少存货成本和资金成本，加速资金回收，缓解供需在时间上的矛盾。季节折扣与购买数量、购买方无关，只是鼓励购买方在旺季之前订货。

（6）品种折扣。品种折扣是指企业针对特定品种产品提供的价格优惠。优惠产品可以是过时产品、存在缺陷产品（不影响产品质量，存在细微破损、带有污渍等产品）、本身已处于滞销状态的产品；也可以是特定某一种或几种产品，通过折扣吸引顾客入场消费，进而提高其他产品销售量。

（7）网上折扣。网上折扣是指企业针对在网上下单的购买者实行的价格优惠。采用网上折扣可以鼓励购买者进行网上交易，减少或者取消代理商，在时间和空间上都可以节约资源，从而降低促销成本、交易成本、运作成本。

（8）购买限制折扣。购买限制折扣是指企业针对特定时间上的制约、特定数量上的制约及购买条件上的制约所提供的价格优惠，如限时抢购、限购××件等。购买限制折扣使消费者产生紧迫感，从而考虑如何在该制约条件下产生购买行为。

（9）团购折扣。团购是一种基于网络的商业模式，买家通过团购网站集合足够人数，便可以以优惠价格购买或使用企业的商品或服务，企业薄利多销，买家得到优惠，节省金钱，而运行团购网站的公司则可以从企业收取佣金。

（10）预购折扣。预购折扣是指对预先向企业订购或购买产品的买家提供的折扣优惠，例如提前预订机票、提前预订旅游产品等。企业可以根据预订情况作出生产、销售计划，增加资金周转，进而降低产品库存，避免产品积压。对服务业可以提前做好服务计划安排，降低服务成本。

（11）众筹折扣。众筹是指用“团购＋预购”的形式，向网友募集项目资金的模式。众筹模式下，企业通过向公众展示他们的创意，争取大家的关注和支持，进而获得所需要的资金援助，生产的产品价格相对于同类产品价格较为优惠。

（12）会员折扣。会员折扣是指企业针对加入会员的主体给予的一种折扣优惠。

（二）心理定价策略

心理定价策略是指针对购买者的心理特点而采取的一种定价策略，主要有声望定价、尾数定价、双位定价和高位定价等。声望定价是指企业按照其产品在市场上的知名度和在消费者中的信任程度来制定产品价格的一种方法。一般地，声望越高，价格越高，这就是产品的“名牌效应”。尾数定价是指在制定产品价格时，价格的尾数取接近整数的小数（如 199.9 元）或带有一定谐音的数（158 元）等。它一般只适用于价值较小的中低档日用消费品定价。双位定价是指在向市场以挂牌价格销售时，采用两种不同的标价来促销的一种定价方法。例如，某产品标明“原价 158 元，现促销价 99 元”，这种策略适用于市场接受程度较低或销路不太好的产品。高位定价，即根据消费者“价高质优"的心理特点实行高标价促销的方法。但高位定价必须是优质产品，不能弄虚作假。

（三）组合定价策略

组合定价策略是指针对相关产品组合所采取的一种方法。它根据相关产品在市场竞争中的不同情况，采取降低部分产品价格来提高互补产品价格，以促进销售，提高整体利润，如便宜的整车与高价的配件等。对于具有配套关系的相关产品，可以对组合购买给予优惠，比如西服套装中的上衣和裤子等。组合定价策略可以扩大销售量、节约流通费用，有利于企业整体效益的提高。

（四）寿命周期定价策略

寿命周期定价策略是指根据产品从进入市场到退出市场的生命周期，分阶段确定不同价格的定价策略。产品在市场中的寿命周期一般分为推广期、成长期、成熟期和衰退期。推广期产品需要获得消费者的认同，进一步占有市场，应采用低价促销策略；成长期产品有了一定的知名度，销售量稳步上升，可以采用中等价格；成熟期产品的市场知名度处于最佳状态，可以采用高价促销，但由于市场需求接近饱和，竞争激烈，定价时必须考虑竞争者的情况，以保持现有市场销售量；衰退期产品的市场竞争力下降，销售量下滑，应该降价促销或维持现价，并辅之以折扣等其他手段，同时积极开发新产品，保持企业的市场竞争优势。

项目小结

销售预测的定性方法包括营销员判断法、专家判断法和产品寿命周期分析法。销售预测的定量分析方法包括趋势预测分析法和因果预测分析法。

以成本为基础的定价方法包括全部成本费用加成定价法、保本点定价法、目标利润法和变动成本定价法。

价格运用策略包括折让定价策略、心理定价策略、组合定价策略和寿命周期定价策略。

知识巩固与技能训练

一、单选题

1. 某公司 2015 年至 2022 年的实际销量分别为：2 100 千克、2 300 千克、2 150 千克、2 350 千克、2 450 千克、2 560 千克、2 400 千克、2 600 千克。2022 年的预测销售量为 2 470 千克，假设样本期为 3 期，则按修正的移动平均法预测公司 2023 年的销售量为（　　）千克。

A. 2 500　　B. 2 490　　C. 2 520　　D. 2 570

2. 2022 年实际销售量为 2 600 吨，原预测销售量为 2 375 吨，平滑指数 a 为 0.4，则按指数平滑法预测公司 2023 年的销售量为（　　）吨。

A. 2 375　　B. 2 465　　C. 2 525　　D. 2 650

3. 为了应付和避免竞争，企业通常会（　　）。

A. 制定低于同类产品的价格，以较低的价格吸引客户

B. 为产品制定一个较高的价格

C. 参照行业中的领导企业所制定的价格，与之保持一定的比例关系，不随便降价

D. 参照对市场有决定性影响的竞争对手的产品价格变动情况，随时调整本企业产品价格

4. 某公司非常重视产品定价工作，公司负责人强调，产品定价一定要正确反映企业产品的真实价值消耗和转移，保证企业简单再生产的继续进行。在下列定价方法中，该公司不宜采用的是（　　）。

A. 完全成本费用加成定价法　　B. 制造成本定价法

C. 保本点定价法　　D. 目标利润定价法

5. 某企业生产乙产品，本期计划销售量为 1 000 件，应负担的固定成本总额为 25 000 元，单位产品变动成本为 50 元，适用的消费税税率为 5%，若销售利润率为 20%，则以完全成本为基础，实现目标利润的定价为（　　）元。

A. 100　　B. 120　　C. 130　　D. 140

6. 某企业生产销售 A 产品，2022 年第一季度和第二季度的实际销售价格分别为 760 元和 855 元，实际销售数量分别为 3 200 件和 3 000 件，若企业在第三季度要完成 3 600 件的销售任务，按照需求价格弹性系数定价法，销售价格应为（　　）元。

A. 593.75　　B. 670.43　　C. 732.12　　D. 812.35

7. 购买方如果在企业规定的期限内付款，企业就给予购买方一定的折扣，鼓励购买方提前付款，以尽快回笼资金的折扣是（　　）。

A. 购买限制折扣　　B. 数量折扣　　C. 现金折扣　　D. 团购折扣

二、多选题

1. 下列销售预测方法中，属于定性分析法的有（　　）。

A. 德尔菲法　　B. 营销员判断法

C. 因果预测分析法　　D. 产品寿命周期分析法

2. 下列方法中，属于专家意见不受权威专家影响的专家判断法是（　　）。

A. 产品寿命周期分析法　　B. 个别专家意见汇集法

C. 专家小组法　　D. 德尔菲法

3. 下列属于折让定价策略的有（　　）。

A. 采取降低部分产品价格而提高互补产品价格

B. 预购折扣

C. 众筹折扣

D. 会员折扣

4. 下列各项中，可以作为企业产品定价目标的有（　　）。

A. 保持或提高市场占有率　　B. 应对和避免市场竞争

C. 实现利润最大化　　D. 树立企业形象

三、综合题

戊公司生产和销售 E、F 两种产品，每年产销平衡。为了加强产品成本管理，合理确定下年度经营计划和产品销售价格，该公司专门召开总经理办公会进行讨论。相关资料如下：

资料一：2022 年 E 产品实际产销量为 3 680 件，生产实际用工为 7 000 小时，实际人工成本为 16 元/小时。标准成本资料见表 8－4。

表 8－4　E 产品单位标准成本

项目	直接材料	直接人工	制造费用
价格标准	35 元/千克	15 元/小时	10 元/小时
用量标准	2 千克/件	2 小时/件	2 小时/件

资料二：F 产品年设计生产能力为 15 000 件，2022 年计划生产 12 000 件，预计单位变动成本为 200 元，计划期的固定成本总额为 720 000 元。该产品适用的消费税税率为 5%，成本利润率为 20%。

资料三：戊公司接到 F 产品的一个额外订单，意向订购量为 2 800 件，订单价格为 290 元/件，要求 2023 年内完工。

要求：

（1）根据资料一，计算 2022 年 E 产品的下列指标：①单位标准成本；②直接人工成本差异；③直接人工效率差异；④直接人工工资率差异。

（2）根据资料二，运用全部成本费用加成定价法测算 F 产品的单价。

（3）根据资料三，运用变动成本费用加成定价法测算 F 产品的单价。

（4）根据资料二、资料三和上述测算结果，作出是否接受 F 产品额外订单的决策，并说明理由。

（5）根据资料二，如果 2022 年 F 产品的目标利润为 150 000 元，销售单价为 350 元，假设不考虑消费税的影响，计算 F 产品保本销售量和实现目标利润的销售量。

项目九

收益分配管理

【知识目标】

- 理解收益分配管理的意义
- 理解股利分配的制约因素
- 理解股票回购的动机和意义
- 熟悉收益分配的原则
- 掌握收益分配的程序
- 掌握股利政策的类型
- 掌握股利分配方案的确定

【能力目标】

- 能够制定企业股利分配政策
- 能够作出股票回购与股票分割决策

【素养目标】

- 培养学生爱岗敬业、忠于职守、尽心尽力的敬业精神
- 培养学生诚实守信的品质，说老实话，办老实事，不弄虚作假，不泄露机密
- 培养学生能够运用股利分配相关理论帮助企业制定股利分配决策，能够为企业作出股票回购与分割决策，帮助企业协调好与股东的关系

任务1 认知收益分配

引导案例

天元公司的收益分配

【背景资料】

天元股份有限公司开始经营的前七年中实现税前利润（发生亏损以“—”号表示）见表9-1。

表9-1 天元股份有限公司税前利润

年份	1	2	3	4	5	6	7
利润（万元）	—200	50	—50	30	50	50	150

假设除弥补亏损以外无其他纳税调整事项，该公司的所得税税率一直为25%，天元公司按规定享受连续五年税前利润弥补亏损的政策，税后利润（弥补亏损后）按10%计提法定盈余公积金，公司不提取任意盈余公积金。

【思考讨论】

(1) 分析该公司第七年应缴所得税税额和税后利润；

(2) 分析该公司第七年应当提取的法定盈余公积金；

(3) 该公司第七年可以分配给投资者的利润最多能达到多少？

收益分配管理是指对企业收益分配的主要活动及其形成的财务关系的组织与调节，是企业将一定时期内所创造的经营成果合理地在企业内外部各利益相关者之间进行有效分配的过程。企业通过经营活动取得收入后，要按照补偿成本、缴纳所得税、提取公积金、向投资者分配利润等顺序进行收益分配。对于企业来说，收益分配不仅是资产保值、保证简单再生产的手段，也是资产增值、实现扩大再生产的工具。收益分配可以满足国家政治职能与组织经济职能的需要，是处理所有者、经营者等各方面物质利益关系的基本手段。

一、理解收益分配管理的意义

收益分配管理作为现代企业财务管理的重要内容之一，对于维护企业与各相关利益主体的财务管理、提升企业价值具有重要意义。具体而言，企业收益分配管理的意义表现在以下三个方面：

（一）收益分配集中体现了企业所有者、经营者与职工之间的利益关系

企业所有者是企业权益资金的提供者，按照谁出资、谁受益的原则，其应得的投资收益须通过企业的收益分配来实现，而获得投资收益的多少取决于企业盈利状况及利润分配政策。通过收益分配，投资者能实现预期的收益，提高企业的信誉程度，有利于增强企业未来融通资金的能力。企业的债权人在向企业投入资金的同时也承担了一定的风险，企业的收益分配应体现出对债权人利益的充分保护。除了按时支付到期本金、利息外，企业在进行收益分配时也要考虑债权人未偿付本金的保障程度，否则将在一定程度上削弱企业的偿债能力，从而降低企业的财务弹性。职工是价值的创造者，是企业收入和利润的源泉。企业通过薪资的支付以及各种福利的提供，可以提高职工的工作热情，为企业创造更多价值。因此，为了正确、合理地处理好企业各方利益相关者的需求，就必须对企业所实现的收益进行合理分配。

（二）收益分配是企业再生产的条件以及优化资本结构的重要措施

通过收益分配，企业能形成一部分自行安排的资金，可以增强企业生产经营的财力，有利于企业适应市场需要，扩大再生产。留存收益是企业重要的权益资金来源，收益分配的多少，将影响企业积累的多少，从而影响权益与负债的比例，即资本结构。企业价值最大化的目标要求企业的资本结构最优，因而收益分配便成了优化资本结构、降低资本成本的重要措施。

（三）收益分配是国家建设资金的重要来源之一

在企业正常的生产经营活动中，职工不仅为自己创造了价值，还为社会创造了一定的价值，即利润。利润代表企业的新创财富，是企业收入的重要构成部分。除了满足企业自身的生产经营性积累外，通过收益分配，国家财政也能够集中一部分企业利润，由国家有计划地分配使用，实现国家政治职能和经济职能，发展能源、交通和原材料基础工业，为社会经济的发展创造良好条件。

二、熟悉收益分配的原则

收益分配作为一项重要的财务活动，应当遵循以下原则：

扫一扫

财务微课堂：收益分配的原则

（一）依法分配原则

企业的收益分配必须依法进行。为了规范企业的收益分配行为，维护各利益相关者的合法权益，国家颁布了相关法规。这些法规规定

了企业收益分配的基本要求、一般程序和重要比例，企业应当认真执行，不得违反。

（二）分配与积累并重原则

企业的收益分配必须坚持积累与分配并重的原则。企业通过经营活动赚取收益，既保证企业简单再生产的持续进行，又不断积累企业扩大再生产的财力基础。恰当处理分配与积累之间的关系，留存一部分净收益以供未来分配之需，能够增强企业抵抗风险的能力，同时，也可以提高企业经营的稳定性与安全性。

（三）兼顾各方利益原则

企业的收益分配必须兼顾各方面的利益。企业是经济社会的基本单元，企业的收益分配涉及国家、企业股东、债权人、职工等多方面的利益。正确处理它们之间的关系，协调其矛盾，对企业的生存、发展是至关重要的。企业在进行收益分配时，应当统筹兼顾，维护各利益相关者的合法权益。

（四）投资与收益对等原则

企业进行收益分配应当体现“谁投资谁受益”、收益大小与投资比例相对等的原则。这是正确处理投资者利益关系的关键。企业在向投资者分配收益时，应本着平等一致的原则，按照投资者所投金额的比例进行分配，不允许任何一方随意多分多占，从根本上实现收益分配中的公开、公平和公正的原则，保护投资者的利益。

三、掌握收益分配的程序

扫一扫

财务微课堂：收益分配的程序

根据《中华人民共和国公司法》（简称《公司法》）及相关法律制度的规定，公司税后利润分配的顺序是：

（一）弥补以前年度亏损

企业在提取法定盈余公积金之前，应先用当年利润弥补以前年度亏损。企业年度亏损可以用下一年度的税前利润弥补，下一年度不足弥补的，可以在五年之内用税前利润连续弥补，连续五年未弥补的亏损则用税后利润弥补。其中，税后利润弥补亏损可以用当年实现的净利润，也可以用盈余公积金转入。

（二）提取法定盈余公积金

根据《公司法》的规定，法定盈余公积金的提取比例为当年税后利润（弥补亏损后）的10%。当年法定盈余公积金的累积额已达到注册资本的50%时，可以不再提取。法定盈余公积金可用于弥补亏损或转增资本，但企业用盈余公积金转增资本后，法定盈余公积金的余额不得低于公司注册资本的25%。提取法定盈余公积金的目的是增加企业内部积累，以利于企业扩大再生产。

(三) 提取任意盈余公积金

根据《公司法》的规定，公司从税后利润中提取法定盈余公积金后，经股东会或股东大会决议，还可以从税后利润中提取任意盈余公积金。这是为了满足企业经营管理的需要，控制向投资者分配利润的水平，以及调整各年度利润分配的波动。

(四) 向投资者分配利润或股利

根据《公司法》的规定，公司弥补亏损和提取公积金后所余税后利润，可以向投资者分配利润或股利。公司应按照同股同权、同股同利的原则，向普通股股东支付股利。其中，有限责任公司股东按照实缴的出资比例分配股利，全体股东约定不按照出资比例分配红利的除外；股份有限公司按照股东持有的股份比例分配，但股份有限公司章程规定不按照持股比例分配的除外。

【工作实例9-1】 钱塘公司开始经营的前八年中实现的税前利润（发生亏损以“—”号表示）见表9-2。

表9-2　钱塘公司税前利润　　单位：万元

年份	1	2	3	4	5	6	7	8
利润	—100	—40	30	10	10	10	60	40

假设除弥补亏损以外无其他纳税调整事项，该公司的所得税税率一直为25%，钱塘公司按规定享受连续五年税前利润弥补亏损的政策，税后利润（弥补亏损后）按10%计提法定盈余公积金，公司不提取任意盈余公积金。请你分析后回答下列问题：

(1) 该公司第七年是否需要缴纳企业所得税？是否有利润用于提取法定盈余公积金？

(2) 该公司第八年是否有利润用于提取法定盈余公积金？是否有利润可分配给股东？

解：(1) 公司第一年的亏损100万元可以由第三至第六年的利润弥补，但尚有40万元不足弥补，须用以后年度的税后利润加以弥补。公司第七年的利润60万元应弥补第二年发生的亏损40万元，弥补亏损后的利润20万元应缴纳所得税5万元，税后利润15万元还要弥补第一年尚未弥补完的亏损，故第七年应缴纳所得税，但不应提取法定盈余公积金。

(2) 公司第八年的利润40万元应首先缴纳所得税10万元，税后利润30万元弥补第一年亏损25（=40—15）万元后还剩余5万元，故第八年应提取法定盈余公积金0.5万元，剩下的利润4.5万元可用于向股东分配股利。

任务 2
股利政策

引导案例

山东黄金2013年度利润分配实施公告

【背景资料】

山东黄金矿业股份有限公司董事会于2014年7月7日发布如下公告：

一、通过分配方案的股东大会届次和日期

山东黄金矿业股份有限公司（简称“公司”）2013年度利润分配方案已经2014年5月20日召开的2014年第一次临时股东大会审议通过，股东大会决议公告刊登于2014年5月21日的《中国证券报》《上海证券报》和上海证券交易所网站（www.sse.com.cn）上。

二、2013年度利润分配方案

（1）发放年度：2013年度。

（2）发放范围：截至2014年7月15日15:00上海证券交易所收市后，在中国证券登记结算有限责任公司上海分公司（简称“中登上海分公司”）登记在册的本公司全体股东。

（3）分派方案：以2013年12月31日公司总股本1 423 072 408股为基数，向全体股东每10股派现金红利1元（含税），合计分配现金红利142 307 240.80元，剩余未分配利润结转以后年度分配。

（4）所得税代扣代缴说明：……

三、分红派息具体实施日期

（1）股权登记日：2014年7月15日。

（2）除息日：2014年7月16日。

（3）现金红利发放日：2014年7月16日。

四、分派对象

截至2014年7月15日下午15:00上海证券交易所收市后，在中登上海分公司登记在册的本公司全体股东。

五、分红派息实施办法

……

【思考讨论】

请简要分析山东黄金矿业股份有限公司2013年度利润分配方案的主要内容，以及股利发放的日程安排情况。

股利政策不仅会影响股东的财富，而且会影响企业在资本市场上的形象和股票的价格，更会影响企业的长短期利益，因此，合理的股利政策对企业及股东来讲是非常重要的。

一、掌握股利政策的类型

股利政策是由企业在不违反国家有关法律、法规的前提下，根据本企业具体情况制定的。股利政策既要保持相对稳定，又要符合公司财务目标和发展目标。在实际工作中，通常有以下几种股利政策可供选择：

（一）剩余股利分配政策决策

剩余股利政策是指公司生产经营所获得的净利润首先应满足公司的资金需求，如果还有剩余，则分配股利；如果没有剩余，则不分配股利。具体来说，就是公司在有良好的投资机会时，根据目标资本结构，测算出投资所需的权益资金，先从盈余中留用，然后将剩余的盈余作为股利来分配。因此，采用剩余股利政策时，公司要遵循如下四个步骤：

扫一扫

财务微课堂：剩余股利政策

（1）设定目标资本结构，在此资本结构下，公司的加权平均资本成本将达到最低水平；

（2）确定公司的最佳资本预算，并根据公司的目标资本结构预计资金需求中所需增加的权益资本数额；

（3）最大限度地使用留存收益来满足资金需求中所需增加的权益资本数额；

（4）留存收益在满足公司权益资本增加需求后，如果有剩余再用来发放股利。

剩余股利政策的优点：留存收益优先保证再投资的需要，从而有助于降低再投资的资金成本，保持最佳的资本结构，实现企业价值的长期最大化。

剩余股利政策的缺陷：如果完全遵照执行剩余股利政策，股利发放额就会每年随投资机会和盈利水平的波动而波动。在盈利水平不变的情况下，股利发放额与投资机会的多少呈反方向变动；而在投资机会维持不变的情况下，股利发放额将与公司盈利呈同方向波动。剩余股利政策不利于投资者安排收入与支出，也不利于公司树立良好的形象，一般适用于公司初创阶段。

【工作实例9-2】假设钱塘公司2021年税后净利润为3 000万元，2022年的投资计划需要资金2 500万元，公司的目标资本结构为权益资本占60%、债务资本占40%。

要求：计算2022年可以发放的现金股利。

解：按照目标资本结构的要求，公司投资方案所需的权益资本数额为：

2 000×60%=1 200（万元）

公司当年全部可用于分配的盈利为 3 000 万元，除了可以满足上述投资方案所需的权益资本数额外，还有剩余可以用于分配股利。2022 年公司可以发放的股利额为：

3 000−1 200=1 800（万元）

假设该公司当年流通在外的普通股为 5 000 万股，那么，每股股利为：

1 800÷5 000=0.36（元/股）

扫一扫

财务微课堂：固定或稳定增长的股利政策

（二）固定或稳定增长的股利政策决策

固定或稳定增长的股利政策是指公司将每年派发的股利额固定在某一特定水平，或是在此基础上维持某一固定比率逐年稳定增长。公司只有在确信未来盈利增长不会发生逆转时，才会宣布实施固定或稳定增长的股利政策。在这一政策下，企业应首先确定股利分配额，而且该分配额一般不随资金需求的波动而波动。

固定或稳定增长的股利政策的优点：（1）稳定的股利向市场传递着公司经营状况稳定、管理层对未来充满信心的信号，这有利于树立公司良好的形象，增强投资者对公司的信心，稳定公司股票的价格；（2）有利于吸引那些打算作长期投资的股东，这部分股东希望其投资的获利能够成为其稳定的收入来源，以便安排各种经常性的消费和其他支出。

固定或稳定增长的股利政策的缺点：（1）股利支付与公司盈利相脱节，即不论公司盈利多少，均要支付固定的或按固定比率增长的股利，这可能会导致公司资金紧缺，财务状况恶化；（2）在公司出现经营状况不好或短暂的困难时期，如果仍然执行固定或稳定增长的股利政策，那么派发的股利金额大于公司实现的盈利，必将侵蚀公司的留存收益，影响公司现有的资本，给公司的财务运作带来很大压力，最终影响公司正常的生产经营活动。

【工作实例 9-3】假设钱塘公司执行的是固定增长股利政策，2021 年税后净利润为 3 000 万元，现金股利分配额为 1 000 万元，公司固定股利增长率为 10%。

要求：计算 2022 年公司分配现金股利额。

解：2022 年公司分配现金股利额为：

1 000×(1+10%)= 1 100（万元）

扫一扫

财务微课堂：固定股利支付率政策

（三）固定股利支付率政策决策

固定股利支付率政策是指公司将每年净收益的某一固定百分比作为股利分派给股东。这一百分比通常称之为股利支付率，股利支付率一经确定，一般不得随意变更。在这一股利政策下，只要公司的税后利润一经计算确定，所派发的股利也就相应确定了。固定股利支付率越高，公司留存收益越少。

固定股利支付率政策的优点：(1) 股利与公司盈余紧密地结合，体现了“多盈多分、少盈少分、无盈不分”的股利分配原则；(2) 由于公司的获利能力在年度间是经常变动的，因此每年的股利也应当随着公司收益的变动而变动，并保持分配与留存收益间的一定比例关系。采用固定股利支付率政策，公司每年按固定的比例从税后利润中支付现金股利，从企业支付能力的角度看，这是一种稳定的股利政策。

固定股利支付率政策的缺点：(1) 传递的信息容易成为公司的不利因素。因为波动的股利向市场传递的信息就是公司未来收益前景不明确、不可靠等，很容易给投资者带来公司经营状况不稳定、投资风险较大的不良印象。(2) 容易使公司面临较大的财务压力。如果公司现金流量状况不太好，却还要按固定比率支付股利的话，就很容易给公司造成较大的财务压力。(3) 合适的固定股利支付率的确定难度大。

【工作实例 9-4】 假设钱塘公司长期以来采用固定股利支付率政策进行股利分配，确定的股利支付率为 40%。2022 年税后利润为 4 000 万元，假设仍然继续执行固定股利支付率政策。

要求：计算公司 2022 年度将要支付的股利。

解： 公司 2022 年度将要支付的股利为：

4 000×40%=1 600（万元）

（四）低正常股利加额外股利政策决策

低正常股利加额外股利政策是指公司事先设定好一个较低的正常股利额，每年除了按正常的股利额向股东发放现金股利外，还在公司盈利情况较好、资金较为充裕的年份向股东发放额外股利。

扫一扫

财务微课堂：低正常股利加额外股利政策

1. 低正常股利加额外股利政策的优点

(1) 赋予公司较大的灵活性，使公司在股利发放上留有余地，并具有较大的财务弹性。公司可以根据每年的具体情况，选择不同的股利发放水平，以完善公司的资本结构，进而实现公司的财务目标。

(2) 使那些依靠股利度日的股东每年至少可以得到虽然较低但比较稳定的股利收入，从而吸引住这部分股东。

2. 低正常股利加额外股利政策的缺点

(1) 各年度之间公司盈利的波动使得额外股利不断变化，造成分派的股利不同，容易给投资者带来公司收益不稳定的感觉。

(2) 当公司在较长时期持续发放额外股利，可能会被股东误认为是“正常股利”，一旦取消，传递出的信号可能会使股东认为这是公司财务状况恶化的表现，进而导致股价下跌。

相对来说，对那些盈利水平随着经济周期而波动的较大的公司或者公司的盈利与现金流量很不稳定时，低正常股利加额外股利政策也许是一个不错的选择。

二、理解利润分配制约因素

企业的利润分配涉及企业相关各方的切身利益，受到众多不确定因素的影响。在确定分配政策时，企业应当考虑各种相关因素的影响，主要包括法律、公司、股东及其他因素。

（一）法律因素

为了保护债权人和股东的利益，法律法规就公司的利润分配作出了如下规定：

1. 资本保全约束

规定公司不能用资本（包括实收资本或股本和资本公积）发放股利，目的在于维持企业资本的完整性，防止企业任意减少资本结构中的所有者权益的比例，保护企业完整的产权基础，保障债权人的利益。

2. 资本积累约束

规定公司必须按照一定的比例和基数提取各种公积金，股利只能从企业的可供股东分配的利润中支付。此处可供股东分配的利润包含公司当期的净利润按照规定提取各种公积金后的余额和以前累积的未分配利润。另外，在进行利润分配时，一般应当贯彻“无利不分”的原则，即当企业出现年度亏损时，一般不进行利润分配。

3. 超额累积利润约束

由于资本利得与股利收入的税率不一致，因此如果公司为了股东避税而使得盈余的保留大大超过了公司目前及未来的投资需要，则将被加征额外的税款。

4. 偿债能力约束

偿债能力是指企业按时、足额偿付各种到期债务的能力。如果当期没有足够的现金派发股利，则不能保证企业在短期债务到期时有足够的偿债能力。这就要求公司考虑现金股利分配对偿债能力的影响，确定在分配后仍能保持较强的偿债能力，以维持公司的信誉和借贷能力，从而保证公司的正常资金周转。

（二）公司因素

公司基于短期经营和长期发展的考虑，在确定利润分配政策时，需要关注以下因素：

1. 现金流量

由于会计规范的要求和核算方法的选择，公司盈余与现金流量并非完全同步，净收入的增加不一定意味着可供分配的现金流量的增加。公司在进行利润分配时，要保证正常的经营活动对现金的需求，以维持资金的正常周转，使生产经营得以有序进行。

2. 资产的流动性

企业现金股利的支付会减少其现金持有量，降低资产的流动性，而保持一定的资产流动性是企业正常运转的必备条件。

3. 盈余的稳定性

企业的利润分配政策在很大程度上会受盈余稳定性的影响。一般来讲，公司的盈余越稳定，其股利支付水平也就越高。对于盈余不稳定的公司，可以采用低股利政策。

4. 投资机会

如果公司的投资机会多，对资金的需求量大，那么它就很可能会考虑采用低股利支付水平的分配政策；相反，如果公司的投资机会少，对资金的需求量小，那么它就很可能倾向于采用较高的股利支付水平的分配政策。此外，如果公司将留存收益用于再投资所得的报酬低于股东个人单独将股利收入投资于其他投资机会所得的报酬，公司就不应多留留存收益，而应多发放股利，这样有利于股东价值的最大化。

5. 筹资因素

如果公司具有较强的筹资能力，随时都能筹集到所需资金，那么它会具有较强的股利支付能力。

6. 其他因素

由于股利的信号传递作用，公司不宜经常改变其利润分配政策，应保持一定的连续性和稳定性。此外，利润分配政策还会受其他因素的影响，比如不同发展阶段、不同行业的公司股利支付比例会有差异，这就要求公司在进行政策选择时要考虑发展阶段以及所处行业状况。

（三）股东因素

股东在控制权、收入和税负方面的考虑也会对公司的利润分配政策产生影响。

1. 控制权

现有股东往往将股利政策作为维持其控制地位的工具。公司支付较高的股利会导致留存收益减少，当公司为有利可图的投资机会筹集所需资金时，发行新股的可能性增大，新股东的加入必然稀释现有股东的控制权。所以，股东会倾向于较低的股利支付水平，以便从内部的留存收益中取得所需资金。

2. 稳定的收入

如果股东依赖现金股利维持生活，那么他们往往要求公司能够支付稳定的股利，而反对留存过多的利润。还有一些股东认为通过增加留存收益引起股价上涨而获得的资本利得是有风险的，而目前的股利是确定的，即便是现在较少的股利，也强于未来的资本利得，因此他们往往也要求较多的股利支付。

3. 避税

政府对企业利润征收所得税后，还要对自然人股东征收个人所得税，股利收入的税率要高于资本利得的税率。一些高股利收入的股东出于避税的考虑，往往倾向于较低的股利支付水平。

（四）其他因素

1. 债务契约

一般来说，股利支付水平越高，留存收益越少，公司的破产风险越大，就越有可能损害债权人的利益。因此，为了保证自己的利益不受侵害，债权人通常都会在债务契约、租赁合同中加入关于借款公司股利政策的限制条款。

2. 通货膨胀

通货膨胀会带来货币购买力水平下降，导致固定资产重置资金不足，此时，企业往往不得不考虑留用一定的利润，以便弥补由于购买力下降而造成的固定资产重置资金缺口。因此，在通货膨胀时期，企业一般会采取偏紧的利润分配政策。

三、掌握股利分配方案的确定

股利分配方案的制定涉及选择股利政策、确定股利支付水平、确定股利支付形式等环节。财务管理人员应在明确收益分配基本政策的前提下，结合企业的实际情况，具备制定股利分配方案的能力。

（一）股利支付形式

扫一扫

财务微课堂：股利支付的形式

扫一扫

业务挂图：股利支付的形式

按照股份有限公司对股东支付股利形式的不同，股利可分为不同的种类。其中，常见的有以下四类：

1. 现金股利

现金股利是指以现金支付的股利，它是股利支付的最常见的方式。发放现金股利将同时减少公司资产负债表上的留存收益和现金，所以公司选择支付现金股利时，除了要有足够的留存收益外，还要有足够的现金。而充足的现金往往会成为公司发放现金股利的主要制约因素。

2. 财产股利

财产股利是指以现金以外的其他资产支付的股利，主要是以公司所拥有的其他公司的有价证券，如公司债券、公司股票等，作为股利发放给股东。

3. 负债股利

负债股利是指以负债方式支付的股利，通常以公司的应付票据支付给股东，有时也以发行公司债券的方式支付股利。财产股利和负债股利实际上都是现金股利的替代方式，但目前这两种股利方式在我国公司实务中极少使用。

4. 股票股利

股票股利是指公司以增发股票的方式所支付的股利，我国实务中通常也称其为“红股”。股票股利对公司来说，并没有现金流出企业，也不会导致公司的财产减少，而只是将公司的留存收益转化为股本。但股票股利会增加流通在外的股票数量，降低股票的每股价值。它不会改变公司股东权益总额，但会改变股东权益的构成。

【工作实例 9－5】 假设钱塘公司在 2021 年发放股票股利前，其资产负债表上的股东权益账户情况如下：

普通股（面值 1 元，流通在外 2 000 万股）	2 000 万元
资本公积	3 000 万元
盈余公积	2 000 万元
未分配利润	3 000 万元
股东权益合计	10 000 万元

假设该公司宣布发放 10%的股票股利，现有股东每持 10 股即可获赠 1 股普通股。假设股票当时的市价为 5 元。

要求：分析计算股票股利对公司及股东权益的影响。

解： 股票股利对公司及股东权益的影响分析如下：

该公司发放的股票股利为 200 万股，需从“未分配利润”项目划转出的资金为：

2 000×10%×5＝1 000（万元）

由于股票面值（1 元）不变，发放 200 万股，“股本”项目应增加 200 万元，其余的 800（＝1 000－200）万元应作为股票溢价转到“资本公积”项目，而公司的股东权益总额并未发生改变，仍是 10 000 万元，股票股利发放后资产负债表上的股东权益部分如下：

普通股（面值 1 元，流通在外 2 200 万股）	2 200 万元
资本公积	3 800 万元
盈余公积	2 000 万元
未分配利润	2 000 万元
股东权益合计	10 000 万元

假设一位股东派发股利之前持有公司的普通股 10 万股，那么，他拥有的股权比例为：

10÷2 000×100% ＝0.5%

派发股利之后，他拥有的股票数量和股份比例为：

10×（1＋10%）＝11（万股）

11÷2 200×100% ＝0.5%

通过上例可以说明，由于公司的净资产不变，而股票股利派发前后每一位股东的持股比例也不发生变化，因此他们各自持股所代表的净资产也不会发生变化。

（1）股票股利对股东的意义：

①获得股票价值相对上升的利益。公司发放股票股利后其股价一般并不成比例下降；一般在发放少量股票股利（如2%～3%）后，大体不会引起股价的立即变化。这可使股东得到股票价值相对上升的好处，即填权好处，否则就会发生贴权。

②股票股利往往预示着公司将会有较大发展。发放股票股利通常是成长中的公司所为，因此投资者往往认为发放股票股利预示着公司将会有较大发展，利润将大幅度增长，足以抵消增发股票带来的消极影响，这种心理会稳定住股价甚至导致股价上升。

③使得股东可以从中获得纳税上的好处。在股东需要现金时，还可以将分得的股票股利出售，有些国家税法规定出售股票所需交纳税率比收到现金股利所需交纳的税率低，这使得股东可以从中获得纳税上的好处。

发放股票股利后，由于增加了股份数，因此每股净资产会下降。与此同时，如果股票市场价格下跌的幅度大于每股净资产下降的幅度，则会给股东造成实质性的损失，这就是股票股利对股东而言的最大缺点。

（2）股票股利对公司的意义：

①有利于控制现金流出。发放股票股利一方面可以使股东享受公司盈余的好处，另一方面使公司留存了大量现金，便于进行再投资，这有利于公司长远发展。

②可以降低每股市场价格。发放股票股利既有利于促进股票的交易和流通，也有利于吸引更多的投资者成为公司的股东，进而使公司股权更为分散，有效地防止公司被恶意控制。

③提高投资者对公司的信心，在一定程度上稳定股票价格。公司采用股票股利支付形式，有可能被认为是公司现金周转不灵的征兆，特别是当公司财务报表所反映的投资收益率低于投资者的预期或投资项目运转不良时，从而会影响公司的财务形象和再筹资能力，降低投资者对企业的信心，导致公司股价下跌。

（二）股利支付程序

扫一扫

财务微课堂：股利支付的程序

扫一扫

业务挂图：股利支付的程序

公司在选择了股利政策、确定了股利支付水平和方式后，应当进行股利的发放。公司股利的发放必须遵循相关的要求，按照日程安排来进行。一般情况下，股利的发放需要按照下列日程来进行：

1. 预案公布日

上市公司分派股利时，首先要由董事会制定分红预案，包括本次分红的数量、分红的方式，以及股东大会召开的时间、地点及表决方式等，以上内容由公司董事会向社会公开发布。

2. 股利宣告日

股利宣告日是指股东大会决议通过并由董事会将股利支付情况予以公告的日期。公告中将宣布每股应支付的股利、股权登记日、除息日以及股利支付日。

3. 股权登记日

股权登记日是指有权领取本期股利的股东资格登记的截止日期。凡是在此指定日期收盘之前取得了公司股票、成为公司在册股东的投资者都可以享受公司本期分派的股利。在这一天之后取得股票的股东则无权领取本次分派的股利。

4. 除息日

除息日是指领取股息的权利和股票分离的日期。在除息日之前购买股票的股东才能领取本次股利，而在除息日当天或以后购买股票的股东，则不能领取本次股利。由于失去了“收息”的权利，因此除息日的股价会下跌。除息日是指股权登记的下一个交易日。

【工作实例 9-6】 假设钱塘公司于 2020 年 4 月 10 日公布 2019 年度的最后分红方案，其发布的公告如下：“2020 年 4 月 9 日在北京召开的股东大会，通过了 2020 年 4 月 2 日董事会关于每股分派 0.2 元的 2019 年股息分配方案。股权登记日为 4 月 25 日，除息日是 4 月 26 日，股东可以在 5 月 10 日至 25 日之间通过深圳证券交易所按交易方式领取股息。特此公告。”

那么，该公司的股利支付程序如图 9-1 所示：

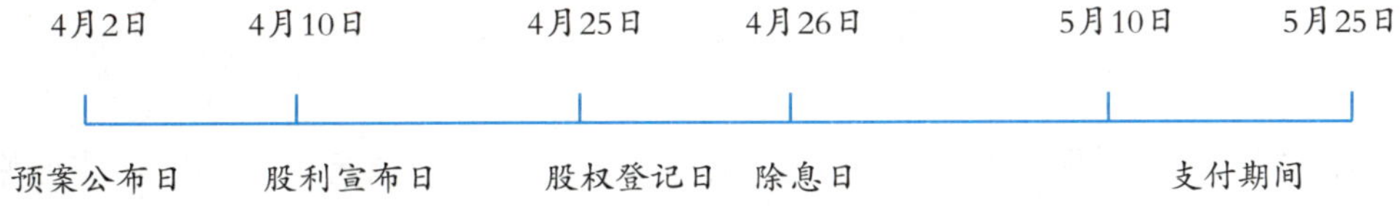

图 9-1 股利分配的四个日期

任务 3

股票分割与股票回购

引导案例

奇虎 360 宣布回购 2 亿美元股票

【背景资料】

2014 年 10 月 2 日，奇虎 360 公司宣布，将回购价值 2 亿美元的股票。奇虎 360 公司称，董事会已经批准了这次股票回购计划，股票回购将在公开市场以线下协商交易的方式进行，回购交易将遵照美国证券交易会的规定进行。该公司表示，回购股票的资金将来自公司自有现金。奇虎 360 公司财报显示，截至 2014 年 6 月底，该公司持有的现金规模为 7.87 亿美元。另外在 2014 年 8 月，奇虎 360 公司还通过发行可转换债券的方式，融资了 10 亿美元。

奇虎 360 公司 CEO 周鸿祎表示，股票回购符合所有股东的利益，也是合理利用现金的方式。未来，奇虎 360 公司还将从各项业务中获得现金收入，并支持后续的业务扩展，"我们对于现有的业务战略和中长期的增长前景，充满信心"。

2014 年 3 月初，奇虎 360 公司股价突破 120 美元，但截至 2014 年 10 月 2 日早间美股收盘，奇虎 360 公司股价跌至 63.89 美元。在西方资本市场，股票回购是上市公司拉抬股价、回报股东利益，同时提振持股员工士气的重要手段。谷歌、苹果等公司均会经常性实施股票回购这一方式。

资料来源：360 宣布回购 2 亿美元股票．(2014-10-02). http://www.diankeji.com/shuju/14455.html.

【思考讨论】

请简要分析奇虎 360 公司为何要进行股票回购。

一、股票分割

（一）股票分割的概念

股票分割，又称拆股，是指将一股股票拆分为多股股票的行为，例如，将原来的 1 股股票拆分成 5 股股票。股票分割一般只会增加公司发行在外的股票总数，但不会对公司的资本结构产生任何影响。股票分割与股票股利非常相似，都是在不增加股东权益的情况下增加股票的数量。然而不同的是，股票股利虽不会引起股东权益总额的改变，但股东权益的内部结构会发生变化，股票分割之后，股东权益总额及其内部结构都不会发生任何变化，变化的只是股票价值。

扫一扫

财务微课堂：股票分割

（二）股票分割的意义

1. 降低公司股票价格

由于股票分割是在不增加股东权益的情况下增加流通中的股票数量，因此分割后每股股票所代表的股东权益的价值将会有所降低，每股股票的市场价格也将相应降低。当股票的市场价格过高时，股票交易会因每手交易所需的资金量太大而受到影响，特别是许多小户、散户，因资金实力有限而难以入市交易，使这类股票的流通性降低，股东人数减少。因此，许多公司在其股价过高时采用股票分割的方法降低股票的交易价格，提高公司股票的流通性，使公司的股东更为广泛。

2. 传递远期良好信号

一般而言，股票分割往往是成长中的公司所为，因此，企业进行股票分割往往被视为一种利好消息而影响其股票价格，这样公司股东就能从股份数量和股票价格的双重变动中获得相对收益。

3. 增加股东的现金股利

股票分割在有些情况下也会增加股东的现金股利。尽管股票分割后各股东持有的股数增加，但持股比例不变，持有股票的总价值不变。不过，只要股票分割后每股现金股利的下降幅度小于股票分割幅度，股东就仍能多获现金股利。例如，假定某企业股票分割前每股现金股利 3 元，某股东持有 100 股，可分得现金股利 300 元；企业按 1 换 2 的比例进行股票分割后，该股东股数增为 200 股，若现金股利降为每股 1.8 元，该股东可得现金股利 360 元，仍大于其股票分割前所得的现金股利。

4. 有助于公司购并的实施

在购并另一个公司之前，首先将自己的股票分割，可以提高对被购并方股东的吸引力。

5. 为新股发行做准备

在新股发行之前利用股票分割降低股价，有利于提高股票的可转让性和促进市场交易活动，由此增加投资者对股票的兴趣，促进新发行股票的畅销。

尽管股票分割与发放股票股利都能达到降低企业股价的目的，但一般地讲，只有在企业股价上涨且预期难以下降时，才采用股票分割的办法降低股价，而在企业股价上涨幅度不大时，往往通过发放股票股利将股价维持在理想的范围之内。

【想一想】股票股利和股票分割对所有者权益的影响有何区别？

【工作实例 9－7】 假设钱塘公司在 2021 年年末，其资产负债表上的股东权益账户情况如下：

普通股（面值 10 元，流通在外 1 000 万股）	10 000 万元
资本公积	20 000 万元
盈余公积	4 000 万元
未分配利润	5 000 万元
股东权益合计	39 000 万元

要求：(1) 假设该公司宣布发放 30%的股票股利，现有股东每持 10 股即可获赠 3 股普通股。发放股票股利后，股东权益有何变化？每股净资产是多少？

(2) 假设该公司按照 1∶5 的比例进行股票分割，股票分割后，股东权益有何变化？每股净资产是多少？

解：(1) 发放股票股利后，股东权益情况如下：

普通股（面值 10 元，流通在外 1 300 万股）	13 000 万元
资本公积	20 000 万元
盈余公积	4 000 万元

未分配利润	2 000 万元
股东权益合计	39 000 万元

每股净资产为：39 000÷(1 000+300)=30（元）

(2) 股票分割后股东权益情况如下：

普通股（面值 2 元，流通在外 5 000 万股）	10 000 万元
资本公积	20 000 万元
盈余公积	4 000 万元
未分配利润	5 000 万元
股东权益合计	39 000 万元

每股净资产为：39 000÷(1 000×5)=7.8（元）

二、股票回购

（一）股票回购的概念

扫一扫

财务微课堂：股票回购

股票回购是指上市公司出资将其发行在外的普通股以一定的价格购买回来予以注销或作为库存股的一种资本运作方式。公司在股票回购完成后可以将所回购的股票注销，但在绝大多数情况下，公司将回购的股份作为“库藏股”保留，仍属于发行在外的股份，但不参与每股收益的计算和收益分配。库藏股日后可移作他用（如雇员福利计划、发行可转换债券等），或者在需要资金时将其出售。

股票回购的方式主要包括公开市场回购、要约回购和协议回购三种。其中，公开市场回购是指公司在公开交易市场上以当前市价回购股票，要约回购是指公司在特定期间向股东发出的以高出当前市价的某一价格回购既定数量股票的要约，协议回购是指公司以协议价格直接向一个或几个主要股东回购股票。

（二）股票回购的动机

在证券市场上，股票回购的动机多种多样，主要有以下几点：

1. 现金股利的替代

现金管理政策会对公司产生未来的派现压力，而股票回购不会。当公司有富余资金时，通过购回股东所持股票将现金分配给股东，这样股东就可以根据自己的需要来选择继续持有股票或出售获取现金。

2. 改变公司的资本结构

无论是现金回购还是举债回购，都会提高公司的财务杠杆水平，改变公司的资本结构。公司认为权益资本在资本结构中所占的比例较大时，为了调整资本结构而进行股票回购，可以在一定程度上降低整体资本成本。

3. 传递公司信息

由于信息不对称和预期差异，证券市场上的公司股票价格可能会被低估，而过低的股价将会对公司产生负面影响。一般情况下，投资者会认为股票回购意味着公司认为其股票价值被低估而采取的应对措施。

4. 基于控制权的考虑

控股股东为了保证其控制权不被改变，往往采取直接或间接的方式回购股票，从而巩固既有的控制权。另外，股票回购使流通在外的股份数变少，股价上升，从而可以有效地防止敌意收购。

（三）股票回购的意义

1. 稳定公司股价

过低的股价，无疑将对公司经营造成严重影响，使人们对公司的信心下降，使消费者对公司产品产生怀疑，削弱公司出售产品、开拓市场的能力。在这种情况下，公司回购本公司股票以支撑公司股价，有利于改善公司形象，股价在上升过程中，投资者又重新关注公司的运营情况，增加消费者对公司产品的信任，公司也有了进一步配股融资的可能性。因此，在股价过低时回购股票，是维护公司形象的有力途径。在西方国家，股份回购也是政府稳定股市的重要手段之一。

2. 帮助股东从股票回购中获得少纳税或推迟纳税的好处

在美国，现金股利要按普通收入所得税率纳税，而资本利得就可以以较低的优惠税率纳税。股东从回购股票得到的现金只有在回购价格超出股东的购买价格时才须纳税，并且是按照较低的优惠税率缴纳。股票回购使得股东能够以较低的资本利得税取代现金股利所应缴纳的较高普通个人所得税。由于个人资本利得税低于股利收入税，且可延期支付，因此增加了公司以股票回购来代替现金股利支付的动力。我国股利的个人所得税税率为 20%，而股票转让所得的个人所得税还未征收，将来在卖出股票换取现金时只需要付出成交额一定比例的佣金、过户费和印花税即可。因此，通过股票回购，用提高股价的方式代替向股东支付现金股利，对公司和股东均有好处。

3. 分配公司超额现金

如果公司的现金超过其投资机会的需求量，但又没有较好的投资机会去使用该笔现金，最好的使用方式就是分配股利。但出于股东避税、控股等多种因素的考虑，就可能通过股票回购而非现金股利的方式进行股利分配。这是因为股票回购会引起每股收益和每股市价的上升。假定市盈率不变，股东所持有的股份的总价值将会随之增加，从而起到了分配超额现金的作用。

4. 反收购措施

股票回购在国外经常是一种重要的反收购措施，此举有助于公司管理者避开竞争对手企图收购的威胁。股票回购导致股价上升和公司流通在外的股票数量减少，从而使收购方要获得控制公司的法定股份比例变得更为困难；股票回购后，公司流通在外的股份少了，可以防止浮动股票落入进攻企业手中；在反收购战中，目标公司通常在股价已上升后实施股票回购，此举使得目标公司流动资金减少，财务状况恶化，但减弱了公司被作为收购目标的吸引力。

5. 改善资本结构，追求财务杠杆利益

当企业管理当局认为其权益资本在整个企业资本结构中所占的比例过大，资产负债率过小时，其就有可能利用留存收益或通过对外举债来回购企业发行在外的普通股。实践证明，这是一种迅速提高资产负债率的很好的方法。

（四）股票回购的影响

（1）股票回购需要大量资金支付回购成本，容易造成资金紧张，降低资产流动性，影响公司的后续发展。

（2）股票回购无异于股东退股和公司资本减少，也可能会使公司的发起人更注重创业利润的实现，不仅在一定程度上削弱了对债权人利益的保护，而且忽视了公司的长远发展，损害了公司的根本利益。

（3）股票回购容易导致公司操纵股价。公司回购自己的股票容易导致其利用内幕消息进行炒作，加剧公司行为的非规范化，损害投资者的利益。

项目小结

根据我国《公司法》及相关法律制度的规定，公司税后利润分配的顺序是：弥补以前年度亏损、提取法定盈余公积金、提取任意盈余公积金、向投资者分配利润或股利。

股利政策的类型包括剩余股利分配政策决策、固定或稳定增长的股利政策决策、固定股利支付率政策决策、低正常股利加额外股利政策决策。

股利支付形式包括现金股利、财产股利、负债股利、股票股利。

股利支付程序为：预案公布日、股利宣告日、股权登记日、除息日。

知识巩固与技能训练

一、单选题

1. 上市公司按照剩余股利政策发放股利的好处是（　　）。

A. 有利于公司合理安排资金结构　　B. 有利于投资者安排收入与支出

C. 有利于公司稳定股票的市场价格　　D. 有利于公司树立良好的形象

2. 在确定企业的收益分配政策时，应当考虑相关因素的影响，其中“资本保全约束”属于（　　）。

A. 股东因素　　B. 公司因素　　C. 法律因素　　D. 债务契约因素

3. 某公司采用固定增长股利政策，增长率为5%，目前的资金结构是60%的负债资金、40%的股权资金，明年计划投资1 200万元，今年税后净利润为500万元，上年支付股利 100 万元，则本年可以发放的现金股利额为（ ）万元。

A. 100 B. 120 C. 140 D. 105

4. 下列股利分配政策中，最有利于股价稳定的是（ ）。

A. 剩余股利政策 B. 固定或持续增长的股利政策

C. 固定股利支付率政策 D. 低正常股利加额外股利政策

5. 某公司目标资本结构为权益资本与债务资本各占 50%，明年将继续保持。已知今年实现税后利润 600 万元，预计明年需要增加投资资本 800 万元，假设流通在外普通股为 200 万股，如果采取固定股利支付率政策，支付率为 10%，明年股东可获每股股利为（ ）万元。

A. 100 B. 55 C. 60 D. 80

6. 某公司业绩相对比较稳定且公司希望其股利与公司盈余紧密配合。基于以上条件，最为适宜该公司的股利政策是（ ）。

A. 剩余股利政策 B. 固定股利政策

C. 固定股利支付率政策 D. 低正常股利加额外股利政策

7. 适用于盈利水平随着经济周期而波动较大的公司或行业的股利分配政策是（ ）。

A. 剩余股利政策 B. 固定股利政策

C. 固定股利支付率政策 D. 低正常股利加额外股利政策

8. 关于低正常股利加额外股利政策，下列说法不正确的有（ ）。

A. 采用该政策，公司具有一定的灵活性

B. 由于盈利的波动，容易给投资者造成收益不稳定的感觉

C. 容易造成财务压力

D. 适用于随着经济周期而波动较大的公司或行业

9. 甲公司以其所拥有的其他公司的债券作为股利支付给股东，甲公司这种股利支付形式为（ ）。

A. 现金股利 B. 股票股利 C. 财产股利 D. 负债股利

10. 下列关于股利支付形式的说法中，不正确的是（ ）。

A. 财产股利和负债股利实际上是现金股利的替代

B. 发放股票股利会引起股东权益内部结构发生变化

C. 以公司所拥有的其他公司的债券支付股利，属于支付负债股利

D. 发放股票股利可能导致资本公积增加

二、多选题

1. 下列情形中，会使企业减少股利分配的有（ ）。

A. 市场竞争加剧，企业收益的稳定性减弱

B. 市场销售不畅，企业库存量持续增加

C. 经济增长速度减慢，企业缺乏良好的投资机会

D. 为保证企业的发展，需要扩大筹资规模

2. 下列关于剩余股利政策的表述中，正确的有（　　）。

A. 说明公司一年中始终保持同样的资本结构

B. 公司可以保持理想的资本结构

C. 公司统筹考虑了资本预算、资本结构和股利政策等财务基本问题

D. 保持目标资本结构是指保持全部资产的负债比率

3. 下列各项股利政策中，股利水平与当期盈利关联性无关的有（　　）。

A. 固定股利政策　　B. 稳定增长股利政策

C. 固定股利支付率政策　　D. 低正常股利加额外股利政策

4. 根据《公司法》规定，下列关于盈余公积金的说法不正确的有（　　）。

A. 只要弥补亏损后，当年的税后利润还有剩余，就必须计提盈余公积金

B. 法定盈余公积金的提取比例为当年税后利润（弥补亏损后）的10%

C. 法定盈余公积金可用于弥补亏损、扩大公司生产经营或转增资本

D. 用盈余公积金转增资本后，法定盈余公积金的余额不得低于转增后公司注册资本的25%

5. 下列关于固定股利支付率政策的说法正确的是（　　）。

A. 使股利和公司盈余紧密结合

B. 有利于传递公司上升发展的信息

C. 公司面临的财务压力较大

D. 制定合适的固定股利支付率难度较大

6. 下列各项中，计算结果等于股利支付率的是（　　）。

A. 每股收益除以每股股利　　B. 每股股利除以每股收益

C. 股利总额除以净利润　　D. 每股收益除以每股市价

7. 有利于公司树立良好的形象、增强投资者信心、稳定公司股价的股利政策有（　　）。

A. 剩余股利政策　　B. 固定或稳定增长的股利政策

C. 固定股利支付率政策　　D. 低正常股利加额外股利政策

8. 采用低正常股利加额外股利政策的理由有（　　）。

A. 增强投资者的信心　　B. 使公司有较大的灵活性

C. 吸引住依靠股利度日的股东　　D. 保持目标资本结构

9. 与发放现金股利相比，发放股票股利的优点包括（　　）。

A. 减少股东税负　　B. 改善公司资本结构

C. 提高每股收益　　D. 避免公司现金流出

10. 以下关于股票股利说法正确的有（　　）。

A. 是股份公司对所有股东派发股票的行为

B. 送股实质上是留存利润的凝固化和资本化

C. 股票股利也称为送股

D. 股票股利派发后，股东在公司里占有的权益份额和账面价值会发生变化

三、判断题

1. 所谓剩余股利政策，就是在公司有着良好的投资机会时，公司的盈余首先应满足投资方案的需要。在满足投资方案需要后，如果还有剩余，再进行股利分配。（ ）

2. 剩余股利政策适用于初创阶段的企业。（ ）

3. 采用固定或稳定增长股利政策的公司财务压力较小，有利于股票价格的稳定与上涨。（ ）

4. 企业的衰退阶段应当采用稳定增长型股利政策来吸引股东。（ ）

5. 固定股利支付率政策比较适用于快速发展的公司。（ ）

6. 采用固定股利支付率政策分配利润时，股利不受经营状况的影响，有利于公司股票价格的稳定。（ ）

7. 企业采用低正常股利加额外股利政策有利于公司灵活掌握资金的调配，有利于维持股价的稳定。（ ）

8. 剩余股利政策相对于其他股利政策而言，既可以维持股利的稳定性，又有利于优化资本结构。（ ）

9. 企业发放股票股利将使企业的利润下降。（ ）

10. 财产股利、负债股利在我国法律不允许企业采用。（ ）

四、综合题

甲公司 2021 年年末每股股票市价为 16 元，每股收益为 2 元，股利支付率为 60%，收益分配前的资料如下：

普通股股本（面值 10 元，流通在外 100 万股）	1 000 万元
资本公积	800 万元
盈余公积	300 万元
未分配利润	1 800 万元
股东权益合计	3 900 万元

要求：

（1）若发放 30%的股票股利（按面值折算），计算发放股票股利后股东权益各项目数额和每股净资产；

（2）若按 1∶4 的比例进行股票分割，计算股票分割后普通股股数、每股面值和每股净资产；

（3）若按市价用现金回购 20 万股股票，假设净利润和市盈率不变，计算股票回购之后的每股收益和每股市价；

（4）若按市价每 10 股发放 2 股股票股利，计算发放股票股利后股东权益各项目数额。

参考文献

[1] 中华人民共和国财政部．管理会计应用指引［M］．上海：立信会计出版社，2019.

[2] 财政部会计资格评价中心．财务管理［M］．北京：经济科学出版社，2020.

[3] 孔德兰，许辉．财务管理——原理、实务、案例、实训［M］．大连：东北财经大学出版社，2019.

[4] 中国注册会计师协会．财务成本管理［M］．北京：中国财政经济出版社，2020.

[5] 王竹泉，孙莹．营运资金管理［M］．北京：中国财政经济出版社，2016.

[6] 韩沚清．基于价值链的营运资金管理绩效评价与策略［M］．北京：经济管理出版社，2017.

[7] 龚巧莉．全面预算管理：案例与实务指引［M］．2 版．北京：机械工业出版社，2020.

[8] 楼土明．筹资管理实务［M］．北京：高等教育出版社，2014.

[9] 杨刚，吴惠彬，等．线性代数学习指导与习题精解［M］．北京：北京理工大学出版社，2004.

[10] 荆新，王化成，刘俊彦．财务管理学［M］．8 版．北京：中国人民大学出版社，2018.

[11] 宋岱清．基于营运资金管控理论的投融资策略研究［J］．中国管理信息，2016，19（2）：13.

图书在版编目（CIP）数据

营运管理/雷舰主编．--北京：中国人民大学出版社，2023.1
新编21世纪高等职业教育精品教材．财务会计类
ISBN 978-7-300-31408-2

Ⅰ.①营… Ⅱ.①雷… Ⅲ.①经营管理-高等职业教育-教材 Ⅳ.①F272.3
中国国家版本馆CIP数据核字（2023）第016719号

新编21世纪高等职业教育精品教材·财务会计类
中国特色高水平高职学校建设项目成果
浙江省普通高校“十三五”新形态教材
浙江省会计优势专业建设项目成果

营运管理

主 编 雷 舰

Yingyun Guanli

出版发行	中国人民大学出版社		
社　　址	北京中关村大街31号	**邮政编码**	100080
电　　话	010－62511242（总编室）		010－62511770（质管部）
	010－82501766（邮购部）		010－62514148（门市部）
	010－62515195（发行公司）		010－62515275（盗版举报）
网　　址	http://www.crup.com.cn		
经　　销	新华书店		
印　　刷	北京宏伟双华印刷有限公司		
规　　格	185 mm×260 mm　16开本	**版　　次**	2023年1月第1版
印　　张	14 插页1	**印　　次**	2023年1月第1次印刷
字　　数	307 000	**定　　价**	38.00元